COMPETÊNCIA CÍVEL DA JUSTIÇA FEDERAL

Dados Internacionais de Catalogação na Publicação (CIP)
(Câmara Brasileira do Livro, SP, Brasil)

Mendes, Aluisio Gonçalves de Castro
Competência cível da justiça federal / Aluisio Gonçalves de Castro Mendes. – 4. ed. rev., atual. e ampl. – São Paulo : Editora Revista dos Tribunais, 2012.

ISBN 978-85-203-4509-2

1. Competência (Justiça Federal) - Brasil I. Título.

12-10958 CDU-347.991:347.98(81)

Índices para catálogo sistemático: 1. Brasil : Competência cível : Justiça Federal : Direito processual 347.991:347.98(81) 2. Brasil : Justiça Federal : Competência cível : Direito processual 347.991:347.98(81)

ALUISIO GONÇALVES DE CASTRO MENDES

COMPETÊNCIA CÍVEL DA JUSTIÇA FEDERAL

Prefácio
JOSÉ CARLOS BARBOSA MOREIRA
Apresentação
LUIZ GUILHERME MARINONI

4.ª edição
revista, atualizada e ampliada

100 ANOS

EDITORA RT REVISTA DOS TRIBUNAIS

COMPETÊNCIA CÍVEL DA JUSTIÇA FEDERAL

ALUISIO GONÇALVES DE CASTRO MENDES

4.ª edição
revista, atualizada e ampliada

1.ª edição: São Paulo: Saraiva, 1998; *2.ª edição*: Ed. RT, 2006; *3.ª edição*: 2010.

Este livro também pode ser adquirido na versão eBook.
visite: **livrariart.com.br**

EDITORA REVISTA DOS TRIBUNAIS LTDA.

GISELLE TAPAI
Diretora responsável

952

Visite nosso *site:* www.rt.com.br

CENTRAL DE RELACIONAMENTO RT
(atendimento, em dias úteis, das 8 às 17 horas)
Tel. 0800-702-2433
e-mail de atendimento ao consumidor: sac@rt.com.br

Rua do Bosque, 820 – Barra Funda
Tel. 11 3613-8400 – Fax 11 3613-8450
CEP 01136-000 – São Paulo, SP – Brasil

Impresso no Brasil [09 – 2012]

Profissional

Fechamento da edição em [06.09.2012]

ISBN 978-85-203-4509-2

Para a minha querida esposa
MARJORIE *e os meus adoráveis filhos*
CHRISTIAN e CAROLINA,
sem os quais a vida não seria tão boa
e alegre, com amor.

Ao meu irmão MARCELO
e aos meus pais
ALUIZIO e OLIVIA,
com carinho.

REGISTROS E AGRADECIMENTOS

Costuma-se registrar, nas páginas iniciais dos livros, a colaboração mais próxima e direta para com a obra. Sem prejuízo da importância do apoio imediato, o presente escrito é fruto de quase uma década de aprendizado do Direito. O estudo jurídico não teria sido tão instigante e proveitoso se não fosse, por certo, a excelência dos meus professores, da graduação e da pós-graduação, nas diversas instituições por que passei. Devo poupá-los, entretanto, de qualquer responsabilidade em relação às falhas deste trabalho.

Da Pontifícia Universidade Católica do Rio de Janeiro (PUC-RJ), onde concluí o curso de Comunicação Social e na qual comecei a *namorar* o Direito, ao frequentar disciplinas isoladas, guardo, na estante e na lembrança, o dicionário de bolso oferecido por Romero Lallemant Lyra, em 1989.

Apaixonado pelo estudo jurídico, ingressei, no ano de 1990, após aprovação em vestibular, na Faculdade de Direito da Universidade do Estado do Rio de Janeiro (UERJ). Encantado fiquei. Em relação ao Professor José Carlos Barbosa Moreira, após ter o prazer de desfrutar das suas aulas por três anos, torna-se difícil mencionar, dentre tantas, as suas maiores qualidades, desde a assiduidade e a pontualidade, passando pela seriedade e o humor perfeitamente dosados e combinados, até o carinho e a dedicação quase paternais. Edina Mambrini foi Mestre de Comercial e companheira de todas as horas. Os Professores George Tavares e Antonio Evaristo de Moraes Filho fizeram-me amante do Direito Penal, além de honrado com o convite e o inesquecível prazer de tê-los servido como estagiário. Yvan Senra Pessanha forneceu lições de Processo Penal e de confiança. O estimado Professor Sérgio D'Andréa Ferreira, além de brilhante na arte de ensinar o Direito Administrativo, assim como Ronaldo de Medeiros de Albuquerque, foi, desde o tempo da faculdade, extremamente generoso e amigo, não obstante a notoriedade do seu renome e da sua cultura jurídica. *Last, but not least*, a Mestre Wanda Vianna Direito foi insubstituível no aprendizado constitucional e determinante para a minha iniciação na vida docente, pois, além de aluno, tive o privilégio de ser seu monitor.

Não posso deixar de consignar o meu apreço pelo Professor Doutor Gustavo José Mendes Tepedino, de quem sempre recebi todo o apoio e estímulo para o desenvolvimento dos estudos de pós-graduação, sendo certo que a sua ajuda foi decisiva para o início do mestrado e, depois, também, do doutorado.

Este livro é o resultado do aprimoramento de trabalho que se iniciou no Curso de Especialização em Direito Processual Civil, oferecido pela Universidade de Brasília conjuntamente com o Centro de Estudos do Conselho da Justiça Federal, na época dirigido pelo Ministro Romildo Bueno de Souza. Depois, acabou sendo aprimorado e oferecido como dissertação de mestrado, aprovada com conceito "A", pela banca formada pelos Professores Luiz Guilherme Marinoni, Flávio Luiz Yarshell e Manoel Caetano Ferreira Filho, na Universidade Federal do Paraná. Nesta casa, fui acolhido fraternalmente, dentre outros, pelos Doutores Aloísio Surgik e Manoel Eduardo Alves Camargo e Gomes. A dissertação foi orientada pelos Professores José Carlos Barbosa Moreira e Luiz Guilherme Marinoni.

Para a terceira edição, contei com a preciosa colaboração de Larissa Clare Pochmann da Silva, então monitora de Direito Processual na UERJ. E, para a quarta edição, registro o auxílio valoroso de Eduardo Tavares Cordeiro, Sabrina Bravo Nazar e Mário Eduardo Marques Serrano do Valle Matos.

Não posso deixar de consignar, ainda, o prazer e a honra pelo convívio com os meus pares, agradecendo especialmente o estímulo sempre recebido dos colegas magistrados federais da primeira instância e dos eminentes integrantes dos Tribunais Regionais da 2.ª e 4.ª Regiões, bem como dos valorosos funcionários da Justiça Federal.

O autor, antecipadamente, expressa a sua gratidão aos leitores que se disponham a formular críticas e sugestões para o aprimoramento desta obra.

Aluisio Gonçalves de Castro Mendes
aluisiomendes@terra.com.br

PREFÁCIO À 1.ª EDIÇÃO

Para o professor que ama seu ofício – e aquele que não o ama não merece o título de professor –, nada mais prazeroso que assistir a conquistas de seus alunos e ex-alunos. É de Carnelutti a frase: "A maior glória, para um professor, não consiste em ser admirado pelos discípulos, mas em ser por eles ultrapassado".

Considero-me feliz por já haver saboreado em mais de um caso, a esta altura da vida, a glória de que falava o mestre. E sinto que estou em via de saboreá-la de novo, em futuro com certeza pouco distante.

Tive o prazer de dar aulas, por três anos, no curso de bacharelado da Faculdade de Direito da Universidade do Estado do Rio de Janeiro, ao autor da presente monografia, com a qual ele galhardamente obteve o grau de mestre na Universidade Federal do Paraná. Não é a primeira de suas vitórias intelectuais: já dera prova de seu preparo em direito com o êxito em mais de um concurso público, o mais recente dos quais para juiz federal, cargo que exerce com dedicação e competência. Mas é a sua primeira vitória no universo acadêmico – estreia auspiciosa, início de trajetória que se pode prever brilhante.

Aluisio Gonçalves de Castro Mendes escolheu tema de grande importância prática. Não é dizer pouco, num momento em que o mundo processual se preocupa antes de tudo com a efetividade do processo. Para promovê-la, é indispensável que dediquemos atenção a este tipo de assunto. Não que isso deva importar renúncia à reflexão sobre os princípios e fundamentos do direito processual: eles continuam a merecer nosso constante interesse – e mais, de tempos em tempos, uma revisão crítica que espane a poeira inevitavelmente acumulada com o fluir dos anos. Acrescento que tampouco é possível cuidar bem de questões práticas sem sólida preparação teórica. Desconfiemos de quem menospreza a teoria e pretende dar solução a quaisquer problemas da Justiça com base exclusiva numa suposta experiência decorrente de visitas amiudadas ao foro e da familiaridade com contrafés e cartas de sentença.

Felizmente – e graças a Deus, se de algum modo eu puder haver contribuído para tanto com minha palavra de professor – Aluisio não incorre em nenhum desses dois pecados simétricos e igualmente mortais. Conhece o valor da teoria;

sabe que o conhecimento seguro da doutrina da competência é pressuposto necessário do tratamento da problemática específica de sua dissertação; e claramente o demonstra, no capítulo 2 da obra. Por outro lado, está consciente de que o domínio das noções teóricas de direito processual é instrumento, como tal imprescindível, de qualquer estudo sério, mas – justamente por ser instrumento – vale principalmente pelo uso que dele se fizer para tentar aperfeiçoar o desempenho da máquina judiciária, assegurar-lhe funcionamento compatível com as necessidades e aspirações dos nossos dias.

A competência é, nessa perspectiva, um dos terrenos de eleição. Pouca será a esperança de que os processos se acelerem, de que os canais da Justiça se desemperrem, de que os litigantes consigam ver julgada a causa (e executada a sentença, se for o caso), enquanto os órgãos judiciais correrem a todo instante o risco de se emaranharem em preliminares do gênero, enquanto a atenção dos magistrados estiver sujeita a desviar-se de seu objeto essencial, a lide, para ficar presa à questão prévia de saber a qual deles incumbe atuar na espécie.

Problemas de competência têm sido fatores agudos de complicação e entorpecimento do curso dos pleitos. Geram, com frequência, uma série de incidentes – exceções, conflitos positivos e negativos, reclamações – fatais para a celeridade do feito. Nem falemos em recursos especiais e extraordinários, uniformizações de jurisprudência e quejandos, não raro decorrentes de decisões sobre competência. Quando desembargador no Tribunal de Justiça do Rio de Janeiro, passaram-me pelas mãos os autos de processo que, em razão de preliminar do gênero, havia subido, um a um, todos os degraus da pirâmide judiciária, até chegar ao Supremo Tribunal Federal, e estava a completar dez anos de sua instauração!

Todos sabem que são numerosas, e algumas bem complexas, as questões ainda controvertidas acerca da disciplina da matéria no Brasil, notadamente no que concerne à Justiça Federal. Aluisio não temeu as dificuldades do assunto. Procurou enfrentá-lo em todos os aspectos mais relevantes. Desceu a minúcias cujo exame nem sempre se encontra na literatura pertinente. Sem a pretensão (tão funesta) de ser original, não fugiu à responsabilidade de inovar, de dizer certas coisas pela primeira vez, sem o confortável apoio de manifestações precedentes. Nem por isso despreza – muito ao contrário – as lições da doutrina e da jurisprudência, invocadas quando oportuno, mas sempre com o indispensável espírito crítico: não para acorrentar o pensamento do autor, senão para esclarecê-lo e ilustrá-lo.

Não vou antecipar aqui o conteúdo da dissertação, nem – menos ainda – as conclusões a que chega Aluisio em sua análise cuidadosa e segura da extensa problemática. Um prefácio não deve transformar-se em biombo colocado entre o livro e o leitor. Ao prefaciador não cabe, em medida alguma, tentar substituir o autor. Nem poderia eu, no caso, pretender fazê-lo com qualquer vantagem. O leitor só terá a ganhar se passar depressa desta modesta apresentação à própria obra apresentada.

José Carlos Barbosa Moreira

APRESENTAÇÃO À 1.ª EDIÇÃO

Aluisio Gonçalves de Castro Mendes foi meu aluno no Curso de Mestrado em Direito da Universidade Federal do Paraná. Aí, ao realizar os créditos necessários para a obtenção do título de Mestre, demonstrou ser um entusiasmado e arguto estudioso do Direito Processual Civil, tendo realizado as disciplinas atinentes à sua área de concentração com grande proveito. A sua vocação para o estudo do processo civil veio a confirmar-se com sua dissertação, defendida com brilho perante banca composta por ilustres professores de Direito Processual Civil.

Atualmente, já cursando o Doutorado na Universidade Federal do Paraná sob minha orientação, dedica-se ao magistério, lecionando Direito Processual Civil na Universidade Federal do Rio de Janeiro. Além disso, é Juiz Federal na cidade do Rio de Janeiro, cuja função, com certeza, despertou-o para o tema que é versado neste livro.

Embora já tendo publicado alguns trabalhos na *Genesis – Revista de Direito Processual Civil*, este é o primeiro livro que apresenta ao público. Trata-se de estudo aprofundado, calcado em bibliografia de inquestionável qualidade, onde estudiosos e profissionais do direito poderão colher preciosas e importantes lições sobre a "competência cível da justiça federal", matéria com a qual o autor mantém íntima relação em virtude da sua atividade como Juiz Federal.

O livro escrito pelo Dr. Aluisio Gonçalves de Castro Mendes, de fato, não é apenas o resultado de uma pesquisa séria e exaustiva, mas também o fruto das suas reflexões como estudioso do Direito Processual Civil e Juiz Federal, função que vem exercendo com dedicação e brilho e que lhe dá o privilégio de estar em contacto diário com os vários e intrincados problemas que envolvem a temática desenvolvida na obra.

Estou certo de que o presente trabalho tornar-se-á em futuro próximo fonte de consulta indispensável para advogados, magistrados, membros do Ministério Público e demais estudiosos do Direito Processual Civil. Estão de parabéns o autor e a sua Editora, pois presenteiam os meios jurídicos nacionais com trabalho que certamente terá grande aceitação, principalmente pela virtude de conciliar os aspectos científico e pragmático de um tema ainda não devidamente amadurecido na literatura nacional.

Luiz Guilherme Marinoni
Professor-titular de Direito
Processual Civil na UFPR

SUMÁRIO

INTRODUÇÃO

A competência é tema básico da teoria geral do processo e do direito processual civil. Sem o seu conhecimento e aprendizado, toda a matéria restante ficará, no mínimo, sob o risco de seguir caminhos errantes. Representa, também, na prática forense, indagação inicial e elementar, quase sempre, para todos os sujeitos do processo: o autor deverá dirigir a petição a determinado órgão judicial; este, por sua vez, deverá verificar a sua competência para a ação proposta; e o réu deverá arguir eventual incompetência, ao apresentar a sua resposta, como questão preliminar da contestação ou oferecendo a respectiva exceção. Nos Tribunais, da mesma forma, é matéria sempre presente e motivo de muita controvérsia.

O estudo da competência no processo civil comporta vários aspectos e enfoques, além de abranger as mais variadas fontes legais, da Constituição da República (CR) até os Regimentos Internos e Provimentos dos Tribunais, passando por Constituições Estaduais, Tratados e Leis complementares e ordinárias. A questão ganha certa complexidade com a dimensão territorial do País e, também, com a pluralidade de Tribunais, organismos e órgãos judiciais. Nesse contexto, estão as Justiças Federal, do Trabalho, Eleitoral, Militar e Estadual, lado a lado, exercendo a jurisdição, nos limites da sua *competência*.

Com o restabelecimento do Estado Democrático de Direito no Brasil, houve verdadeira explosão de litigiosidade contida. Dentro desse quadro, a Justiça Federal tem sido solicitada como nunca. A Constituição de 1988 previu os Tribunais Regionais Federais, criando, imediatamente, cinco, nas Disposições Transitórias. O número de Varas e Juízes Federais, por sua vez, reflete crescimento vertiginoso, transformando um passado de algumas dezenas de Magistrados, concentrados nas Capitais, na realidade de centenas de Juízes distribuídos também pelo interior.

Embora surgida há mais de um século, a produção doutrinária sobre a competência da Justiça Federal é numericamente insignificante. Mais diminuta, ainda, é a quantidade de artigos referentes à competência cível dessa Justiça, sendo o presente livro, desde a sua primeira edição, pioneiro na abordagem específica sobre o tema, muito embora as ações cíveis representem a esmagadora maioria dos feitos em tramitação.

Conquanto limitado o número de dispositivos que regulam a competência cível dos Juízes Federais – seis incisos (I, II, III, VIII, X – em parte – e XI) e quatro parágrafos do art. 109 da Constituição –, os autores não conseguem chegar ao consenso sequer quanto ao critério de determinação das regras estabelecidas. Da mesma forma, no dia-a-dia forense, algumas questões têm sido objeto de tormentosas divergências, como, por exemplo, a competência para as ações revisionais de benefícios acidentários, bem como para os Conselhos de fiscalização das profissões regulamentadas, a possibilidade de atração de causas sujeitas à Justiça dos Estados, por conexão ou continência etc.

A competência está sempre intimamente ligada à organização, motivo pelo qual o trabalho é iniciado com uma visão histórica da Justiça Federal e sua composição nos dias de hoje. Em seguida, algumas observações relacionadas com a competência no processo civil, levando em consideração os critérios de determinação e o *iter* para a elucidação, finalizando com breve confronto entre os conceitos de competência concorrente, relativa e absoluta. Adiante, tentar-se-á elencar as principais características da competência da Justiça Federal, após a transcrição das normas vigentes anteriormente e as inovações da Constituição de 1988. Depois, são relacionadas as causas da competência dos Juízes Federais em três grupos, alocados em capítulos próprios, consoante o critério da pessoa, da matéria e da função. Prosseguindo, o trabalho enfoca a competência territorial, apreciando, dentre outros assuntos, a organização e as divisões judiciárias da Justiça Federal, as regras específicas para a delimitação do foro federal e a chamada "delegação de competência", prevista no art. 109, § 3.º, da Constituição. Ainda no âmbito do primeiro grau, a distribuição dos processos entre os Magistrados Federais é enfocada no capítulo intitulado "Competência Interna nas Varas Federais". Completando a exposição, analisa-se a competência originária e recursal dos Tribunais Regionais Federais. Por fim, um resumo das conclusões.

A escassez de estudos – embora de significativa qualidade os existentes – sobre a competência cível da Justiça Federal deixa sob a responsabilidade da jurisprudência, sem o fornecimento de maiores subsídios, a resolução das controvérsias surgidas e a elaboração de teses, possibilitando o tratamento casuístico, mas sem a finalidade precípua do equacionamento global e sistematizado. Mesmo os temas pouco sujeitos a polêmica serão abordados neste trabalho, na expectativa de que outros transformem em estrada firme a pequena trilha ora deixada.

1

ORGANIZAÇÃO DA JUSTIÇA FEDERAL

1.1 Visão histórica

A Constituição Política do Império de 1824, tendo em vista a forma simples do Estado, estabelecia um Poder Judicial nacional, formalmente independente, composto de Juízes e Jurados, dos Tribunais das Relações, nas Províncias, e do Supremo Tribunal de Justiça, na Capital.

A Proclamação da República dos Estados Unidos do Brasil, cujas Províncias passaram a ficar reunidas pelo laço da federação, nos termos do Dec. 01, de 15 de novembro de 1889 (art. 2.º), encerrou o Estado Monárquico unitário, possibilitando, assim, a organização do Poder Judiciário no âmbito federal e estadual. O Ministro e Secretário de Estado dos Negócios da Justiça Campos Salles elaborou o texto do Dec. 848, de 11.10.1890, editado pelo Marechal Manoel Deodoro da Fonseca, Chefe do Governo Provisório da República, com base na Constituição Provisória, corporificada no Dec. 510, de 22.06.1890, criando a Justiça Federal. Composta inicialmente pelo STF e por Juízes Federais, também intitulados Juízes de Secção, foi inspirada, segundo consta na exposição de motivos do decreto, na experiência norte-americana, com algumas modificações. Cada Estado, bem como o Distrito Federal, formava uma Seção Judiciária, com um Juiz Federal e um Juiz Substituto, inamovíveis e nomeados pelo Presidente da República, sendo o primeiro vitalício e o segundo para um mandato de seis anos. O art. 20 do decreto previa, também, a nomeação de juiz *ad hoc* em todos os casos em que não pudesse funcionar o Juiz Substituto. Para vencer as dificuldades decorrentes do número limitado de Juízes Federais, concentrados tão somente nas capitais, formulou-se, no art. 362, que "os juizes ou tribunaes dos Estados farão cumprir os despachos rogatorios expedidos pela Justiça Federal, quer para fazer citações ou intimações e receber depoimentos de testemunhas, quer para dar à execução sentenças e mandados, e praticar outros actos e diligencias judiciais".[1]

O STF era composto de quinze Ministros e possuía competência originária e recursal, esta com algumas limitações tanto para os Juízes Federais como para os Estaduais, havendo para estes uma feição mais restrita às questões de direito. Como observa Alexandre Vidigal de Oliveira,[2] estava sendo criado, na realidade, sob a denominação de Justiça Federal, o próprio Poder Judiciário da União. O mencionado decreto instituiu, ainda, as normas do Processo Federal.

O art. 55 da Constituição de 1891 manteve, sob a denominação de Poder Judiciário da União, os órgãos previstos no Dec. 848, de 15 de novembro de 1890, inovando, basicamente, na criação dos Tribunais Federais, embora não tenham sido efetivamente instalados. A primeira Carta republicana deixou, entretanto, de conservar, em patamar constitucional, a fixação do número de Juízes Federais no País, passando a incumbência para o Congresso.

A Lei 221, de 20.11.1894, completou a organização da Justiça Federal, instituindo, na sede de cada seção, três Juízes Suplentes do Substituto, com mandatos de quatro anos e nomeados pelo Governo Federal, mediante indicação do Juiz da Seção, e possibilitando a criação de outros, quantos fossem necessários, bastando, para tanto, nos termos do art. 3.º, § 1.º, "decreto do Governo Federal, em vista da representação do respectivo juiz seccional que demonstre a necessidade da creação e designe os limites das circumscripções, podendo cada uma destas comprehender mais de dous termos ou comarcas". Concebia-se, em tese e embrionariamente, a interiorização da Justiça Federal, mediante a divisão das seções judiciárias em circunscrições, terminologia assumida nos Estados do Rio Grande do Sul, Santa Catarina e Paraná (que compõem atualmente a 4.ª Região) ou, conforme denominação adotada posteriormente na 3.ª Região – compreendendo São Paulo e Mato Grosso do Sul – subseções.

O Decreto 3.084, de 05.11.1898, regulamentou a Lei 221/1894. Nos dois estatutos, não há menção à instalação e à competência dos Tribunais Federais, mantendo-se o Supremo como órgão recursal dos Juízes Federais. A Lei 4.381, de 05.12.1921, que autorizou o Poder Executivo a instituir três tribunais, foi declarada inconstitucional pela Corte Suprema.[3]

1. Dec. 848/1890.

2. Oliveira, Alexandre Vidigal. Justiça federal: evolução histórico-legislativa. *Revista do Tribunal Regional Federal da 1.ª Região* 4/107.

3. Silveira, Paulo Fernando. Da Justiça Federal. *Revista do Tribunal Regional Federal da 1.ª Região*, 6(3), p. 37.

A Constituição de 1934 especificou, no seu art. 63, como órgãos do Poder Judiciário, a Corte Suprema, os Juízes e Tribunais Federais, os Juízes e Tribunais Militares; e os Juízes e Tribunais Eleitorais. Os Juízes Federais, nos termos do art. 80, eram nomeados pelo Presidente da República, em lista quíntupla indicada pela Corte Suprema, dentre brasileiros natos, de reconhecido saber jurídico e reputação ilibada, entre 30 e 60 anos. Criou, também, um Tribunal Federal, mas remeteu à lei a sua denominação e organização.[4]

A Constituição de 10 de novembro de 1937 limitou a composição do Poder Judiciário ao STF, aos Juízes e Tribunais dos Estados, do Distrito Federal e dos Territórios, aos Juízes e Tribunais Militares, extinguindo, portanto, os cargos de Juízes Federais, os Tribunais Federais e a Justiça Eleitoral.

A Magna Carta de 1946, além de restaurar a Justiça Eleitoral e criar a Justiça do Trabalho, instituiu o Tribunal Federal de Recursos, mantendo o STF e a Justiça Militar entre os órgãos arrolados no art. 94, como sendo os que exercem o Poder Judiciário. A presença da Justiça dos Estados vem destacada no Título II da Constituição, porquanto o Título I compreende apenas a Organização Federal. Como não foi restabelecida a Justiça Federal de primeiro grau, os Juízes de Direito continuaram a processar e julgar os feitos cuja competência anterior era dos Juízes Seccionais. O Tribunal Federal de Recursos, composto de nove Juízes, sendo dois terços vindos da carreira e um terço da Advocacia e do Ministério Público, possuía competência originária e recursal, esta basicamente em razão da presença da União, como interessada, exceto para as causas falimentares, e, para os mandados de segurança e *habeas corpus*, quando denegatória a decisão e federal a autoridade apontada como coatora.[5] O art. 105 previu, ainda, a criação por lei, mediante a proposta do próprio Tribunal Federal de Recursos e aprovação do STF, de outros Tribunais Federais de Recursos em diferentes regiões do País. O Tribunal Federal de Recursos foi instalado no dia 23 de junho de 1947, localizado na Capital Federal, mas os mencionados Tribunais Federais Regionais, não obstante a previsão constitucional da época, apenas foram criados cerca de quarenta anos depois, com a Constituição de 1988. De acordo com a Lei 87, de 09.09.1947, os Juízes do Tribunal Federal de Recursos passaram a receber a denominação de *Ministros*.

O Ato Institucional 02, de 27 de outubro de 1965, restabeleceu a Justiça Federal de primeiro grau, além de ter aumentado o número de Ministros do STF e do Tribunal Federal de Recursos, respectivamente para dezesseis e treze (08 entre Magistrados e 05 oriundos da Advocacia e Ministério Público). Os Juízes Federais passaram a ser nomeados pelo Presidente da República, den-

4. Art. 79 da Constituição de 1934.

5. Art. 104 da Constituição de 1946.

tre cidadãos indicados na forma da lei pelo STF. Cada Estado ou Território e o Distrito Federal passaram a constituir *de per si* uma Seção Judicial, com sede na respectiva capital. O art. 105, § 3.º, da Constituição,[6] com a redação dada pelo Ato Institucional 02, definiu, em nove alíneas, a competência da Justiça Federal, fixada, no campo cível, em razão da pessoa (alíneas *a*, *b* e *i*) e da matéria (*c* e *d*).

Em seguida, é editada a Lei 5.010, de 30.05.1966, tida como a Lei Orgânica da Justiça Federal,[7] que estruturou as Seções Judiciárias em cinco regiões, criou o Conselho da Justiça Federal e restabeleceu o cargo de Juiz Federal Substituto, a ser provido mediante concurso público. Os Juízes Federais eram escolhidos e nomeados pelo Presidente da República, dentro de uma lista quíntupla, elaborada pelo STF, sendo três Juízes Federais Substitutos escolhidos pelo Tribunal Federal de Recursos e dois bacharéis em Direito com, no mínimo, oito anos de Advocacia, Magistratura, Ministério Público ou Magistério Superior. A lei disciplinou, ainda, a delegação de competência para a Justiça dos Estados, quando não funcionasse Vara Federal na comarca do interior, para o processamento das execuções fiscais da União e suas autarquias, as vistorias e justificações destinadas a fazer prova perante a administração federal, além dos feitos previdenciários.

A Constituição de 1967 reservou o Capítulo VIII do Título I, "Da Organização Nacional", ao Poder Judiciário. Entretanto, deu tratamento apartado à Justiça dos Estados, reservando-lhe a Seção VIII, enquanto enunciava no art. 107, Seção I, que o Poder Judiciário da União era exercido pelo STF, pelos Tribunais Federais de Recursos e Juízes Federais, pelos Tribunais e Juízes Militares, pelos Tribunais e Juízes Eleitorais e pelos Tribunais e Juízes do Trabalho. A Carta autorizou a criação, mediante lei complementar, de mais dois Tribunais Federais de Recursos, sediados em Pernambuco e São Paulo, que acabaram não sendo instalados. Os Juízes Federais passaram a ser nomeados, exclusivamente, por concurso público de títulos e provas, organizado pelo Tribunal Federal de Recursos. A competência da Justiça Federal foi mantida, acrescentando-se as causas referentes à nacionalidade, inclusive a respectiva opção, à naturalização, aquelas que envolvessem as empresas públicas federais e a execução das cartas rogatórias, após o *exequatur*, e das sentenças estrangeiras, após sua homologação.

---

6. Art. 105, § 3.º: Aos juízes federais compete processar e julgar em primeira instância: (a) as causas em que a União ou entidade autárquica federal for interessada como autora, ré, assistente ou opoente, exceto as de falência e acidentes de trabalho; (b) as causas entre Estados estrangeiros e pessoa domiciliada no Brasil; (c) as causas fundadas em tratado ou em contrato da União com Estado estrangeiro ou com organismo internacional; (d) as questões de direito marítimo e de navegação, inclusive a aérea; (...) (i) os mandados de segurança contra ato de autoridade federal, excetuados os casos do art. 101, I, *i*, e do art. 104, I, *b*."

7. Vera Lúcia Rocha Souza Jucovsky, *Justiça Federal nos países que a adotam*, p. 56.

O Dec.-lei 384, de 26.12.1968 estabeleceu que a existência de novas Seções Judiciárias ficaria condicionada ao desenvolvimento de áreas socioeconômicas do território nacional. Criou, entretanto, de forma efetiva, o primeiro órgão da Justiça Federal localizado no interior. Ressalte-se que o referido decreto estabeleceu o surgimento de "mais uma seção judiciária no Estado de São Paulo, com sede na cidade de Santos, cuja área jurisdicional será fixada pelo Conselho de Justiça Federal", e não, simplesmente, a instalação de uma vara no interior, dentro da Seção de São Paulo. Na prática, no entanto, as varas do interior acabaram sendo incorporadas à estrutura das Seções Judiciárias delimitadas pelos Estados. A distinção, todavia, pode ser relevante para a questão da competência no âmbito de varas situadas no mesmo Estado.

A Emenda Constitucional n. 1, de 17 de outubro de 1969, retomou o tratamento unitário do Poder Judiciário, integrando, assim, os Tribunais e Juízes Estaduais ao lado dos demais órgãos. A Emenda Constitucional n. 7, de 13.04.1977, consagrou na norma a realidade, ao prever apenas um Tribunal Federal de Recursos, ampliando a sua composição para 27 Ministros, sendo 15 pelo critério exclusivo da promoção de Juízes Federais, 04 oriundos do Ministério Público Federal, 04 dentre Advogados e outros 04 dentre Magistrados ou membros do Ministério Público dos Estados, do Distrito Federal e dos Territórios. Paulatinamente, a Justiça Federal foi crescendo em número de varas e juízes, bem como prosseguindo na interiorização.

1.2 A Justiça Federal na Constituição de 1988

O art. 92 da Constituição da República estabelece a composição do Poder Judiciário nacional. Pela ordem, estão enumerados o STF, o Conselho Nacional de Justiça, o STJ, os Tribunais Regionais Federais e Juízes Federais, os Tribunais e Juízes do Trabalho, os Tribunais e Juízes Eleitorais, os Tribunais e Juízes Militares, os Tribunais e Juízes dos Estados, do Distrito Federal e Territórios.

Algumas classificações são utilizadas, com frequência, em relação aos órgãos judiciais. Uma delas distingue entre *Justiça Comum* ou *Ordinária* e *Justiças Especiais*, compreendendo esta a Justiça Federal, a do Trabalho, a Eleitoral e a Militar, como o faz Athos Gusmão Carneiro.[8] Outros autores, como Antônio Carlos de Araújo Cintra, Ada Pellegrini Grinover, Cândido Dinamarco[9] e Arruda Alvim,[10] enquadram a Justiça Federal dentro da *Justiça Comum*. A primeira clas-

8. Carneiro, Athos Gusmão. *Jurisdição e competência*. 8. ed. São Paulo: Saraiva, 1997. p. 21.

9. Cintra, Antonio Carlos de Araújo; Grinover, Ada Pellegrini; Dinamarco, Cândido Rangel. *Teoria geral do processo*. 7. ed. São Paulo: Ed.RT, 1990. p. 156.

10. Arruda Alvim. *Manual de direito processual civil*. 5. ed. São Paulo: Ed. RT, 1996. vol. 1, p. 283.

sificação parte do pressuposto de que a "competência das jurisdições especiais é definida expressa e taxativamente na Constituição Federal".[11] Por essa razão, a Justiça Federal é considerada especial, tendo em vista que a sua competência está rigidamente fixada na Carta Magna. A segunda classificação, por sua vez, efetua a distinção com base não na fonte legal, mas levando em consideração a especialização dos órgãos judiciais como um todo, pois, nas Justiças do Trabalho, Eleitoral e Militar a delimitação material está precipuamente presente, o que não ocorre na Justiça Federal, porquanto nesta a competência não está restrita a uma determinada matéria em especial, ou mesmo a algumas disciplinas. Tanto é que, como se verá melhor adiante, a competência dos Juízes Federais encerra um feixe razoavelmente amplo e definido em razão da pessoa, da matéria e da função.

Há ainda, a classificação da Justiça em federal e estadual, subdividindo-se ambas em especial e comum. Na área federal, o ramo especial compreenderia a Justiça do Trabalho, a Eleitoral e parte da Militar, configurando-se a Justiça Federal como comum. Não haveria, entretanto, uniformização da especialização nos Estados, em razão da autonomia destes, embora haja, nas maiores comarcas, com frequência, varas criminais, de família, da infância e juventude, militar e de órfãos e sucessões.

Ressalte-se, todavia, que a Carta de 1988, em sintonia com o pensamento consagrado no Direito Constitucional pátrio, deu tratamento unitário ao Poder Judiciário, consoante o seu caráter nacional, como se pode observar em seu art. 92. Da mesma forma, a indicação de um "gênero" federal da Justiça apenas serve para indicar, em se tratando de Justiça do Trabalho, Eleitoral e parte da Militar, que estas são mantidas pela União e que os integrantes dos respectivos Tribunais, salvo nas hipóteses dos arts. 119, I, e 120, § 1.º, I e II, são nomeados pelo Presidente da República. Entretanto, a própria Constituição previu no art. 125, § 3.º, a criação da Justiça Militar Estadual. No âmbito da Justiça do Trabalho, por sua vez, não havendo Vara do Trabalho instalada na comarca, a lei poderá atribuir o processamento e julgamento das causas aos Juízes de Direito, nos termos do art. 112 da Constituição da República. Por fim, a Justiça Eleitoral é composta, na sua maior parte, no âmbito regional e local, por Magistrados Estaduais, como se depreende dos arts. 120 e 121 da Magna Carta. A utilização da denominação de Justiça Federal no seu sentido estrito deve ser feita em consonância com o disposto no art. 106 da Constituição, *in verbis*:

"Art. 106. São órgãos da Justiça Federal:

I – os Tribunais Regionais Federais;

II – os Juízes Federais."

---

11. Carneiro, Athos Gusmão. *Jurisdição e competência* cit., p. 22.

1.3 Tribunais Regionais Federais

A Constituição de 1988 previu a existência de Tribunais Regionais Federais, com composição mínima de sete Juízes, recrutados, quando possível, na respectiva região e nomeados pelo Presidente da República dentre brasileiros com mais de 30 e menos de 65 anos, sendo um quinto proveniente da Advocacia e do Ministério Público Federal, com mais de dez anos de atividade, e os demais mediante promoção de Juízes Federais, com mais de cinco anos de exercício, por antiguidade e merecimento, alternadamente, conforme o art. 107, *caput*.

O art. 27, § 6.º, do ADCT, da Carta de 1988, criou cinco Tribunais Regionais Federais, com jurisdição (*rectius*: competência territorial) e sede que lhes fixasse o Tribunal Federal de Recursos, tendo em conta o número de processos e sua localização geográfica. Nos termos da Resolução 01, de 06.10.1988 do Tribunal Federal de Recursos, os Tribunais Regionais Federais instalados em 30 de março de 1989, passaram a ter as seguintes sedes e competências territoriais:

– 1.ª Região, com sede em Brasília, abrangendo as Seções Judiciárias do Distrito Federal, Acre, Amapá, Amazonas, Bahia, Goiás, Maranhão, Mato Grosso, Minas Gerais, Pará, Piauí, Rondônia, Roraima e Tocantins;

– 2.ª Região, com sede no Rio de Janeiro, abrangendo as Seções Judiciárias do Rio de Janeiro e Espírito Santo;

– 3.ª Região, com sede em São Paulo, abrangendo as Seções Judiciárias de São Paulo e Mato Grosso do Sul;

– 4.ª Região, com sede em Porto Alegre, abrangendo as Seções Judiciárias do Rio Grande do Sul, Paraná e Santa Catarina;

– 5.ª Região, com sede em Recife, abrangendo as Seções Judiciárias de Pernambuco, Alagoas, Ceará, Paraíba, Rio Grande do Norte e Sergipe.

A Lei 7.727, de 09.01.1989, estabeleceu a composição inicial dos Tribunais Regionais Federais, sendo de 18 Juízes na 1.ª e 3.ª Regiões; 14 nas 2.ª e 4.ª Regiões; e 10 na 5.ª Região. Posteriormente, o Tribunal da 3.ª Região passou a contar com 27 Juízes e os da 2.ª e 4.ª, com 23, por força das Leis 8.418/1992, 8.914/1994 e 8.915/1994, respectivamente. Hoje, os cinco Tribunais Regionais Federais, tendo em vista a diferença no número de componentes e a autonomia de que gozam, possuem uma organização interna razoavelmente variada, com a seguinte estruturação:[12]

– 1.ª Região: Plenário (27 Desembargadores Federais); Corte Especial (18 Desembargadores); 04 Seções Especializadas (compostas por seis Desembarga-

12. Leis 9.967 e 9.968, ambas de 10.05.2000.

dores, que integram as respectivas turmas especializadas); e 08 Turmas (cada uma com 03 Desembargadores);

– 2.ª Região: Plenário (27 Desembargadores Federais); 03 Seções Especializadas (as duas primeiras com seis e a terceira com doze Desembargadores Federais, que integram as respectivas turmas especializadas) e 08 Turmas (cada uma com 03 Desembargadores Federais);

– 3.ª Região: Plenário (43 Desembargadores Federais); Órgão Especial (18 Desembargadores); 03 Seções (presididas pelo Vice-Presidente do Tribunal e compostas pelos integrantes das respectivas turmas especializadas, sendo as duas primeiras por três turmas e a terceira Seção pelas quatro últimas turmas); e 10 Turmas (cada uma com 04 Desembargadores);

– 4.ª Região: Plenário (27 Desembargadores Federais); Órgão Especial (15 Desembargadores); 04 Seções Especializadas (cada uma com 06 Desembargadores, que integram as respectivas turmas especializadas); 08 Turmas (cada uma com 03 Desembargadores);

– 5.ª Região: Plenário (15 Desembargadores Federais); 04 Turmas (cada uma com 03 Desembargadores).

1.4 Juízes Federais

Nos termos do art. 110 da Constituição da República, cada Estado, bem como o Distrito Federal, constituirá uma Seção Judiciária, que terá por sede a respectiva Capital, e varas localizadas segundo o estabelecido em lei. A Justiça Federal, desde a sua criação em 1890, sempre esteve instalada nas Capitais. A Vara de Santos, em 1968, foi a primeira a funcionar no interior, dando início a uma possibilidade inicialmente prevista na Lei 5.010/1966 e que visava consolidar a implantação da Justiça Federal e facilitar o acesso à prestação jurisdicional.

A legislação ordinária prevê, em regra, a existência de um Juiz Federal e um Juiz Federal Substituto em cada vara. As varas federais, por sua vez, estão instaladas nas Capitais ou em cidades do interior, configurando, em cada Estado e no Distrito Federal, uma seção judiciária, que, por sua vez, pertence a uma Região, conforme descrito no item anterior. As seções judiciárias são desmembradas, por sua vez, em divisões territoriais denominadas de subseções ou circunscrições judiciárias.

Em praticamente todas as regiões há varas especializadas na matéria criminal, e em algumas foram instaladas varas previdenciárias, de execução fiscal, além da concentração de disciplinas (como desapropriações, opção de nacionalidade etc.) em determinadas varas, com especialização parcial, e de juizados especiais federais.

2
COMPETÊNCIA NO PROCESSO CIVIL

2.1 Generalidades

A prestação jurisdicional, como se sabe, é um dever do Estado, que corresponde, por outro lado, ao direito de ação. A jurisdição, nas palavras de Chiovenda,[1] "é a função do Estado que tem por escopo a atuação da vontade concreta da lei por meio da substituição, pela atividade dos órgãos públicos, da atividade de particulares ou de outros órgãos públicos, já no afirmar a existência da vontade da lei, já no torná-la, praticamente, efetiva".

A jurisdição está presente em todos os órgãos do Poder Judiciário, tendo em vista que o juiz, com a investidura no cargo, dotado está do poder de dizer o direito, ou seja, da função judicante. Na medida em que a prestação jurisdicional é um serviço público e, como tal, deve ser realizado a contento, não obstante todas as carências, há uma necessidade prática de divisão do trabalho e das tarefas, a fim de otimizar ou, quando menos, viabilizar o exercício da função como um todo. Essa razão de ordem prática norteia, em geral, a fixação da competência dos órgãos judiciais. Sob o prisma teórico, a jurisdição pode ser entendida como o poder, enquanto a competência é o exercício delimitado daquele. Tecnicamente, portanto, a jurisdição estará sempre presente para o juiz, podendo faltar-lhe, entretanto, a competência. Nessa direção, ensina Couture que:

"La competencia es una medida de jurisdicción. Todos los jueces tienen jurisdicción; pero no todos tienen competencia para conocer en un determinado asunto. Un juez competente es, al mismo tiempo, juez con jurisdicción; pero un

1. CHIOVENDA, Giuseppe. *Instituições de direito processual civil*. 2. ed. Trad. J. Guimarães Menegale. Notas Enrico Tullio Liebman. São Paulo: Saraiva, 1943. vol. 2, p. 11.

juez incompetente es un juez con jurisdicción y sin competencia. La competencia es el fragmento de jurisdicción atribuído a un juez."[2]

A investidura na jurisdição e a competência são tratadas dentro da doutrina tradicional, cuja tendência é ampliativa, segundo José Roberto dos Santos Bedaque,[3] como pressupostos processuais subjetivos. A investidura seria necessária para a própria existência da relação instrumental, enquanto a competência, para a sua validade. Na sistemática atual do Direito pátrio, o enquadramento da competência como pressuposto para a validade do processo não encontra respaldo nas normas vigentes. Como leciona o mestre Barbosa Moreira,[4] a "incompetência nunca faz nulo o processo: consoante já se recordou, mesmo a absoluta invalida unicamente os atos decisórios (art. 113, § 2.º)". No caso da incompetência relativa, haverá simplesmente a prorrogação, se não for oferecida a exceção respectiva, nos termos do art. 114 do CPC, ou, se oposta e acolhida, a única consequência será a remessa dos autos para o juiz competente, como preceituam os arts. 311 e 113, § 2.º, *a contrario sensu*. Melhor, portanto, compreender a competência como pressuposto para a apreciação do mérito pelo juiz, não gerando, entretanto, a sua falta a extinção do processo, mas, sim, a decisão interlocutória[5] de remeter os autos ao órgão competente.

Do exposto, não se vulnera nem um pouco a importância da questão da competência, pois esta será sempre a primeira indagação dos advogados, do Ministério Público quando oficiante, do juiz da causa e do Tribunal, este último quando chamado a apreciar um recurso, um conflito de competência (indevidamente chamado de jurisdição no processo penal) ou mesmo uma ação rescisória fundada na segunda parte do inc. II do art. 485 do CPC. Para as partes, o desacerto na escolha pode representar a ausência de solução para a lide por vários meses (art. 306 do CPC) ou anos, ou mesmo a rescisão da sentença já prolatada.

Por fim, a Constituição da República foi taxativa ao elencar, no art. 5.º, princípios básicos e relacionados como o do devido processo legal (LIV) e do juiz natural (XXXVII), além de dispor textualmente que:

---

2. Couture, Eduardo Juan. *Fundamentos del derecho procesal civil*. 3. ed. Buenos Aires: Depalma, 1993, p. 29.

3. Bedaque, José Roberto dos Santos. Pressupostos processuais e condições da ação. *Justitia*, n. 53, p. 49 e 50.

4. Barbosa Moreira, José Carlos. Sobre pressupostos processuais. *Temas de direito processual*. São Paulo: Saraiva, 1989. 4.ª série, p. 90 a 92.

5. Mendes, Aluisio Gonçalves de Castro. Decisão ou sentença. *Revista Forense*, n. 333, vol. 92. A regra encontra exceção hoje nos Juizados Especiais Cíveis, porque, segundo o art. 51, III, da Lei 9.099/1995, a incompetência territorial, alegada e reconhecida, enseja a extinção do processo sem resolução do mérito.

"LIII – ninguém será processado nem sentenciado senão pela autoridade competente."

2.2 Critérios de determinação

Chiovenda[6] estabeleceu os critérios de determinação da competência em três grupos: (a) objetivo, englobando o valor da causa, sua natureza (competência por matéria) e a qualidade das pessoas litigantes; (b) funcional, em consideração às funções que se chama o magistrado a exercer no processo; (c) territorial, relacionado com a área geográfica atribuída a cada órgão judicial.

A classificação e os critérios descritos por Chiovenda fizeram escola na doutrina brasileira. Note-se, contudo, que, embora em algumas obras[7] o pensamento do jurista italiano seja transmitido com clareza e fidelidade, em outras, há omissões e confusões. Por outro lado, a presença de críticas e, consequentemente, do aprofundamento e renovação da discussão sobre o tema é salutar. Entretanto, o presente trabalho não tem por escopo tamanho desafio, razão pela qual apenas lançará algumas observações, procurando, outrossim, não escapar da natureza introdutória deste tópico.

No concernente ao critério objetivo, Chiovenda destacou a competência em razão do valor da causa, da matéria e da qualidade das pessoas litigantes. Quanto ao último, levando em conta a realidade italiana da época, afirmou que "já teve grande importância na formação de jurisdições especiais (privilegiadas); mas hoje, por si só, não inflúe mais na competência do juiz, salvo em casos excepcionalíssimos".[8] Por sua vez, no Brasil, a competência *ratione personae* é de grande importância, sendo o principal e tradicional critério para a fixação da competência da Justiça Federal, além de se fazer também sentir na Justiça dos Estados, diante das Varas de Fazenda Pública. Certo é, no entanto, que o Código de Processo Civil de 1973 deixou de elencar, no seu bojo, a competência em razão da pessoa. Entretanto, a falta não é relevante para a exclusão do critério, como bem observa Celso Agrícola Barbi:

"A omissão do legislador em se referir à competência determinada pela qualidade das pessoas não constitui, porém, empecilho à sua existência, no que

6. Chiovenda, Giuseppe Chiovenda. Op. cit., p. 214.

7. Barbi, Celso Agrícola. *Comentários ao Código de Processo Civil*. 7. ed. Rio de Janeiro: Forense, 1992. vol. 1, p. 246; Amaral Santos, Moacyr Amaral. *Primeiras linhas de direito processual civil*. 18. ed. São Paulo: Saraiva, 1995. vol. 1, p. 197 e ss. e Bermudes, Sérgio. *Introdução ao processo civil*. Rio de Janeiro: Forense, 1995. p. 60 e ss.

8. Chiovenda, Giuseppe Chiovenda. Op. cit., p. 214.

se refere à Justiça Federal de primeira instância, porque ela está assegurada no art. 109, I, da CF/1988.

"Essa omissão não é também de molde a impedir que os Estados criem juízos privativos para causas da Fazenda Pública Estadual e Municipal, os quais são tradicionais no nosso direito e atendem à conveniência geral."[9]

Chiovenda denominou objetivo o grupo compreendido pelos critérios em razão do valor da causa, da matéria e da qualidade das pessoas. Algumas indagações, contudo, poderiam ser formuladas: (a) haveria um critério subjetivo em contrapartida ao objetivo? (b) a competência *ratione personae* estaria apropriadamente compreendida no grupo objetivo? (c) as pessoas fariam parte do objeto da relação jurídica processual ou do processo?[10]

Explicando o que seria o critério funcional, Chiovenda afirmou que "extrái-se da natureza especial e das exigências especiais das funções que se chama o magistrado a exercer num processo. Tais funções podem repartir-se entre diversos órgãos na mesma causa (assim, há juizes de primeiro gráu e segundo gráu, juizes da cognição, juizes da execução), ou devem confiar-se ao juiz de dado território, em vista, exatamente, de suas exigências, abrindo lugar a uma competência em que o elemento funcional concorre com o territorial".[11]

No sentido exposto na parte final do texto acima transcrito, em que há concorrência dos elementos funcional e territorial, é perfeitamente possível apontar-se, por exemplo, a competência para o cumprimento das cartas rogatórias, de ordem e precatórias, incluindo-se nestas últimas a chamada execução por carta,[12] em que, na realidade, podem ser deprecadas a penhora, a avaliação e a arrematação. Todavia, o enquadramento no critério funcional-territorial, por vezes, vem sendo utilizado de modo impróprio, seja pelo legislador, seja pela doutrina. A Lei 7.347/1985, por exemplo, definiu, no art. 2.º, como funcional,

9. Barbi, Celso Agrícola. *Comentários ao Código de Processo Civil* cit., p. 248.

10. Nelson Nery Junior e Rosa Maria Andrade Nery (*Código de Processo Civil comentado e legislação processual civil extravagante em vigor*. 2. ed. São Paulo: Ed. RT, 1996. p. 491) elaboraram classificação que resolve os questionamentos acima, em relação aos critérios de definição da competência, afirmando que: "Quando os critérios para determiná-la são objetivos, diz-se tratar-se de competência objetiva, de que são exemplos, as competências material, valor da causa e territorial. Quando o critério é relativo às pessoas que devem integrar a lide (qualidade da parte), a competência é subjetiva, como por exemplo quando a CF no art. 109, I, diz ser competente a justiça federal para as ações em que a União é parte ou interveniente. O CPC não alude à competência pela qualidade da parte (*ratione personae*)".

11. Op. cit., p. 214.

12. Vide art. 747 do CPC, parte inicial.

a competência do foro do local do dano.[13] O propósito, segundo bem assinalado por Barbosa Moreira,[14] "foi o de deixar claro que qualquer outro foro é incompetente de maneira absoluta, porque uma das características da chamada competência funcional é exatamente esta: quando um órgão pode tornar-se competente, isto é, todos os outros órgãos são absolutamente incompetentes".

Há casos, entretanto, em que o equívoco terminológico decorre tão-somente da doutrina, ao apontar como "funcional" o critério determinador da competência. Exemplo típico é o mandado de segurança.[15] Nesse caso, além do critério utilizado, discutível também é o próprio efeito pretendido: a inderrogabilidade da competência, pois não há qualquer dispositivo legal imputando a alegada funcionalidade como critério e, também, a proibição à prorrogação. Por fim, embora inserida expressamente dentro da seção denominada "Da competência territorial" e assim considerada pela maior parte da doutrina, há quem classifique a hipótese prevista na parte final do art. 95 do CPC como sendo proveniente de critério funcional.[16]

Nada há, entretanto, de função, mas tão-somente de elemento territorial nos casos acima apontados. Por outro lado, a regra da competência modificável em razão do valor e do território pode ser ressalvada por determinação legal, assim como feito na parte final do art. 95, sem que, para tanto, haja a necessidade de violação dos conceitos.

A competência cível da Justiça Federal é determinada, basicamente, em razão da pessoa (art. 109, I, II e VIII, da CF/1988), em razão da matéria (art. 109, III e XI, CF/1988), e em termos funcionais (art. 108, I, *c* e *e*, e II, da CF/1988).

2.3 Modo de definição (*iter*)

O princípio do juiz natural estabelece que a demanda seja formulada sempre perante um julgador cuja competência foi abstratamente fixada, em geral

13. Comentando o emprego duvidoso do adjetivo "funcional", afirma o eminente processualista Barbosa Moreira (Interesses difusos e coletivos. *Revista Trimestral de Direito Público* 3/193): "Na verdade, pessoalmente, preferiria que esse termo não tivesse sido usado. Preferiria que se tivesse reservado a expressão 'competência funcional' para aquele outro tipo de competência, isto é, a determinada pela diversidade de funções sucessivamente exercidas por diferentes órgãos ao longo de um mesmo processo. Do contrário, criamos uma zona cinzenta, pois quando se estabelece a competência de um órgão de determinado lugar – seja por qual razão for – o que se está, realmente, fixando é a competência territorial". No mesmo sentido: Carvalho Filho, José dos Santos. *Ação civil pública*: comentários por artigo. Rio de Janeiro: Freitas Bastos, 1995. p. 43-44.

14. Idem.

15. Cretella Júnior, José. *Comentários à lei do mandado de segurança*: de acordo com a Constituição de 5 de outubro de 1988. 6. ed. Rio de Janeiro: Forense, 1993. p. 298.

16. Nery Junior, Nelson e Nery, Rosa Maria Andrade. Código de Processo civil... cit., nota 1 do art. 95.

por regra legal prévia. Por essa razão, os critérios de determinação da competência, acima apontados, estarão presentes em variadas normas processuais, cujas fontes (ou formas de expressão do direito)[17] podem ser a Constituição da República e as dos Estados, os tratados, leis complementares e ordinárias, tanto federais como estaduais, como o Código de Processo Civil e os Códigos de Organização e Divisões Judiciárias, os regimentos internos dos Tribunais e provimentos de órgãos com atribuição legal.[18]

O primeiro passo para a definição do órgão ao qual deve ser dirigida a demanda diz respeito à jurisdição nacional, ou seja, é a verificação se a causa pode ou deve ser ajuizada perante o Poder Judiciário brasileiro, levando-se em conta os arts. 88 e 89 do CPC, que regulam, respectivamente, as chamadas competências concorrente e exclusiva.

Subsumindo-se o caso em uma das hipóteses previstas nos arts. 88 e 89, passa-se, então, à etapa seguinte, que é a da identificação da competência interna. Cabe indagar, agora, se a causa não se enquadra dentro de uma das hipóteses da competência originária do STF ou do Superior Tribunal de Justiça. Questiona-se, em seguida, se o feito deve ser entregue a um dos organismos ou ramos de especialização do Poder Judiciário, verificando-se se a matéria é trabalhista (art. 114 da CF/1988), eleitoral ou militar, e, por último, se a causa é da competência da Justiça Federal (Tribunais Regionais Federais e Juízes Federais). Encontra-se, por exclusão, a competência da Justiça dos Estados, que é residual. Define-se, nesse segundo momento, qual a Justiça competente, o que é chamado de competência de "jurisdição", denominação essa que recebeu a seguinte crítica formulada por Araújo Cintra, Ada Pellegrini e Cândido Dinamarco:

"A expressão *competência de jurisdição* é, a rigor, incorreta e contraditória (ou o problema a que se refere é de competência, ou de jurisdição – nunca de ambas as coisas). Ela é utilizada aqui, à falta de outra melhor (e segundo o uso da doutrina), para significar o conjunto de atividades jurisdicionais cujo exercício é atribuído a cada organismo judiciário, ou sistema integrado e autônomo de órgãos (Justiças). Como se vê, a 'competência de jurisdição' é típico fenômeno de competência, não interferindo de maneira alguma na jurisdição como expressão do poder inerente ao Estado soberano (que todas as Justiças, indiferentemente, têm)".[19-20]

---

17. Limongi França, Rubens. *Manual de direito civil*. 4. ed. São Paulo: Ed.RT, 1980. p. 15.
18. Vide, por exemplo, o art. 12 da Lei 5.010/1966.
19. Cintra, Antonio Carlos de Araújo; Grinover, Ada Pellegrini; Dinamarco, Cândido Rangel. Op. cit., p. 210.
20. Contra, entendendo que se trata, de fato, de jurisdição, J. J. Calmon de Passos, conforme aula ministrada no curso de especialização em processo civil, ministrado, em conjunto,

Não sendo o feito da competência originária de nenhum Tribunal (se não for do STF e do STJ, deve ser analisada a competência originária dos Tribunais situados na respectiva "Justiça") e definido o tronco da Justiça (do Trabalho, Militar, Eleitoral, Federal ou Estadual), a operação seguinte consiste na localização do foro competente, utilizando-se, para tanto, o critério territorial. As regras respectivas estão presentes, principalmente, no Código de Processo Civil (arts. 94 a 100), mas também em leis especiais, v.g., art. 2.º da Lei 7.347/1985, e até mesmo na Constituição da República (§§ 1.º a 3.º do art. 109).

Definido o foro, há que se precisar o órgão, caso haja mais de um, obviamente, indagando-se sobre a existência ou não de varas especializadas (execução fiscal, previdenciária, família, Fazenda Pública etc.). Se houver mais de um órgão, especializado ou não, com competência para o feito, estar-se-á diante da chamada competência concorrente, que se resolverá, nos termos do art. 251 do Estatuto Processual Civil, com a distribuição da petição inicial, considerando-se prevento o juiz que despachou em primeiro lugar, à luz do previsto no art. 106, que incide na espécie.[21] Observe-se que a distribuição e o fenômeno da prevenção servem para definir não apenas o juízo (órgão judicial), mas, também, o juiz competente, porquanto a Constituição de 1988 estabeleceu, no inc. I do art. 93, o cargo de Juiz Substituto como inicial da carreira, podendo haver, assim como há sempre na Justiça Federal, órgãos com dois Juízes.

2.4 Competência concorrente, relativa e absoluta

Chiovenda, ao abordar a competência territorial, procurou demonstrar que a lei pode prever para uma determinada causa apenas um foro competente, denominado por ele exclusivo ou diversos foros que seriam, assim, concorrentes. Em relação a estes últimos, subdividiu-os, ainda, em eletivos e sucessivos. Nada melhor que as próprias palavras do insigne jurista para esclarecer:

"Relativamente a uma mesma causa, pode dar-se que haja um só fôro competente, ou diversos. Distinguem-se, pois, os fóros, ainda, em:

pela UnB e CJF. Segundo o mestre baiano, a incompetência de jurisdição revela, portanto, a falta de pressuposto processual no campo da existência (Vide vídeo-aula gravada pelo Centro de Estudos do Conselho da Justiça Federal).

21. A regra prevista no art. 219 do CPC, por outro lado, conforme entendimento predominante, só incide para a prevenção relacionada com juízes cuja competência territorial seja diversa. Contrariamente, Moniz de Aragão afirma que a prevenção sempre decorre da disposição do art. 219, salvo quando as citações são feitas ao mesmo tempo, situação essa que, diante da inexistência da anterioridade cronológica, implica a utilização de "outros elementos, avultando o despacho aposto à petição inicial (art. 106) ou a ordem da distribuição (como sugeriu Pontes de Miranda)" (*Comentários ao Código de Processo Civil*. 3. ed. Rio de Janeiro: Forense, 1996. t. III, p. 250-251).

a) *exclusivos* (se o réu pode pretender ser chamado perante êles, com exclusão de qualquer outro, salvo sempre o direito de *prorrogar* o fôro; exclusividade expressa pela lei com o imperativo: '*propor-se-á* a ação', '*deve-se* propor'...);

b) *concorrentes eletivamente* (se o autor pode escolher diversos fóros, direito de escolha expresso pela lei com o facultativo 'a ação *pode-se* propor';

c) *concorrentes sucessivamente* (se há diversos fóros competentes, sem direito à escolha pelo autor, mas um na falta do outro)."[22]

Ressalte-se, no entanto, que a competência concorrente pode ocorrer na fixação do foro ou do juízo, pois o que a caracteriza é a atribuição a mais de um órgão judicial, situado no mesmo ou em diverso foro, para julgar determinadas causas, havendo ou não a possibilidade de escolha por parte do autor. Note-se que, diante da competência concorrente no mesmo foro, a vontade do autor será sempre irrelevante, porque a remessa, como dito no item anterior, para este ou aquele juízo decorrerá da distribuição. A competência concorrente territorial caracteriza-se, por sua vez, pela formulação legislativa de mais de um foro competente, cabendo, conforme o caso, a escolha ao autor (eletiva), apenas dentre as opções oferecidas ou por uma situação de subsidiariedade prevista pela norma (chamada de sucessiva). No ordenamento processual civil pátrio, a competência territorial prima pela exclusividade, não obstante a possibilidade de prorrogação, como mencionou Chiovenda, tendo em vista a relatividade do critério territorial de competência como regra, que não se confunde com a concorrência, como se recordará em seguida. Mas há também, vários casos de foros concorrentes.

Ocorre a possibilidade de escolha pelo autor, por exemplo, quando o réu tem mais de um domicílio (art. 94, § 1.º, do CPC); no caso de litisconsortes com diferentes domicílios (art. 94, § 4.º, do CPC); nas ações fundadas em direito real sobre imóveis, entre o foro do imóvel e o do domicílio ou de eleição, desde que não incida a parte final do art. 95 do CPC; nas ações de responsabilidade civil do fornecedor de produtos e serviços (art. 101, I, do CDC); e nas causas intentadas contra a União (art. 109, § 2.º, da CF/1988).

São hipóteses de concorrência subsidiária a possibilidade de o réu ser demandado no domicílio do autor, quando aquele não tiver domicílio ou residência no País (art. 94, § 3.º, 1.ª parte, do CPC), o foro da situação dos bens (art. 96, parágrafo único, I, do CPC) e o do lugar em que ocorreu o óbito (art. 96, parágrafo único, II, do CPC).

Do exposto, pode-se perceber com clareza que na competência concorrente os órgãos judiciais já eram competentes, segundo as normas processuais

22. Chiovenda, Giuseppe Chiovenda. Op. cit., p. 271-272.

pertinentes. Não há qualquer problema, falta ou modificação de competência, pois a fixação, num ou noutro órgão judicial, não alterará ou derrogará a competência, porque – repetindo – ela preexistia.

A relatividade e a inderrogabilidade, por outro lado, dizem respeito, aí sim, à possibilidade ou não de ser a competência modificada. A regra básica está inserta no art. 111 do CPC, prevendo que a competência em razão da matéria e da hierarquia (*rectius*: funcional) é absoluta, sendo, entretanto, modificável a competência em razão do valor e do território. A falta de definição legal em relação ao critério *ratione personae* não tem provocado, todavia, qualquer dissenso na doutrina e na jurisprudência no que respeita à rigidez da competência assim fixada. A norma geral, em alguns casos, como na parte final do art. 95 do CPC, é derrogada por regras especiais.

Para que se possa discorrer adiante em termos específicos, é importante ressaltar que, quando relativa, a competência pode ser modificada apenas por vontade das partes (art. 111, *caput, in fine*) ou quando não oferecida tempestivamente a respectiva exceção, diante do ajuizamento perante um órgão incompetente (art. 114). Havendo eleição de foro, não há que se falar, no momento do ajuizamento da demanda, sequer em órgão incompetente, porque, com a escolha, já ocorrera a prorrogação. A outra espécie de prorrogação pode acontecer quando o autor ajuíza a ação perante um foro incompetente, ou seja, diverso do estabelecido pela lei. Nesse caso, não se enquadrando a hipótese em um dos casos de incompetência territorial absoluta, o réu precisa oferecer, no prazo da resposta, a exceção de incompetência, pois, do contrário, haverá o fenômeno da prorrogação. Consequentemente, o que não era, passa a ser competente (art. 114).

Em posição correlata à competência concorrente e relativa estão os fenômenos da prevenção e da prorrogação, o primeiro só ocorre entre Juízes competentes e o segundo, diante da falta de competência.

A competência cível da Justiça Federal fixada na primeira instância em razão da pessoa, da matéria ou da função e, no segundo grau pela hierarquia, é absoluta em relação aos demais organismos (ramos ou Justiças). Entretanto, na fixação do foro será relativa, porque decorrente do critério territorial, não sendo, todavia, pacífico (como se verá no Capítulo 7) o entendimento referente às varas localizadas no interior. Na determinação do juízo, havendo varas especializadas em razão da matéria ou da pessoa, absoluta será a competência desses órgãos.

3

COMPETÊNCIA CÍVEL DA JUSTIÇA FEDERAL

SUMÁRIO: 3.1 Direito anterior – 3.2 A Constituição de 1988 – 3.3 Principais características da competência cível da Justiça Federal.

3.1 Direito anterior[1]

- Dec. 848, de 11.10.1890

"Art. 15. Compete aos juízes de secção processar e julgar: (a) as causas em que alguma das partes fundar a acção ou a defesa em disposições da Constituição Federal, ou que tenham por origem actos administrativos do Governo Federal; (b) os litigios entre um Estado e habitantes de outros Estados ou do Distrito Federal; (c) os litigios entre os habitantes de Estados differentes, inclusive os do Districto Federal, quando sobre o objecto da acção houver diversidade nas respectivas legislações, caso em que a decisão deverá ser proferida de accordo com a lei do fôro do contracto; (d) as acções que interessarem ao fisco nacional; (e) os pleitos entre nações estrangeiras e cidadãos brazileiros, ou domiciliados no Brazil; (f) as acções movidas por estrangeiros e que se fundem quer em contractos com o Governo da União, quer em convenções ou tratados da União com outras nações; (g) as questões relativas à propriedade e posse de embarcações, sua construcção, reparos, vistoria, registro, alienação, penhor, hypotheca e pessoal; as que versarem sobre o ajuste e soldada dos officiaes e gente da tripolação; sobre contractos de fretamento de navios, dinheiros a risco, seguros maritimos; sobre naufragios e salvados, arribadas forçadas, damnos por abalroação, abandono, avarias; e em geral as questões resultantes do direito maritimo e navegação, tanto no mar como nos rios e lagos da exclusiva juris-

1. Os dispositivos assinalados com um "*" indicam que contêm apenas matéria criminal, razão pela qual não foram transcritos.

dicção da União, comprehendidas nas disposições da parte segunda do Codigo Commercial; (h) as causas provenientes de aprezamento e embargos maritimos em tempo de guerra, ou de auxilios prestados em alto mar e nos portos, rios e mares em que a Republica tenha jurisdicção; (i) *. §§ 1.º, 2.º e 3.º (...). Art. 16. Quando um pleito, que em razão das pessoas ou da natureza do seu objecto deva pertencer à competencia da Justiça Federal, for, não obstante, proposto perante um juiz ou tribunal de Estado, e as partes contestem a lide sem propor excepção declinatoria, se julgará prorrogada a jurisdicção, não podendo mais a acção ser sujeita à jurisdicção federal, nem mesmo em grão de recurso, salvo nos casos especificados no art. 9.º, II, paragrapho unico".[2]

- Constituição de 1891 (redação inicial)

"Art. 60. Compete aos juizes ou Tribunaes Federaes processar e julgar: (a) as causas em que alguma das partes fundar a acção, ou a defesa, em disposição da Constituição Federal; (b) todas as causas propostas contra o Governo da União ou Fazenda Nacional, fundadas em disposições da Constituição, leis e regulamentos do Poder Executivo, ou em contractos celebrados com o mesmo Governo; (c) as causas provenientes de compensações, reivindicações, indemnização de prejuizos ou quaesquer outras, propostas pelo Governo da União contra particulares ou vice-versa; (d) os litigios entre um Estado e cidadãos de outro, ou entre cidadãos de Estados diversos, diversificando as leis destes; (e) os pleitos entre Estados estrangeiros e cidadãos brazileiros; (f) as acções movidas por estrangeiros e fundadas, quer em contractos com o Governo da União, quer em convenções ou tratados da União com outras nações; (g) as questões de direito maritimo e navegação, assim no oceano como nos rios e lagos do País; (h) as questões de direito criminal ou civil internacional; (i) *; § 1.º É vedado ao Congresso commetter qualquer jurisdicção federal ás justiças dos Estados. § 2.º As sentenças e ordens da magistratura federal são executadas por officiaes judiciarios da União, aos quaes a policia local é obrigada a prestar auxilio, quando invocado por elles".

- Constituição de 1891 (com a redação dada pela Emenda Constitucional de 03 de setembro de 1926)[3]

"Art. 60. Compete aos juizes e Tribunaes Federaes: processar e julgar: (...) (d) os litigios entre um Estado e habitantes de outro; (...) (h) *. § 1.º

2. O art. 9.º, II, parágrafo único, estabelece a competência recursal do Supremo Tribunal Federal em relação às sentenças definitivas proferidas pelos tribunais e juízes dos Estados arroladas nas alíneas seguintes.

3. Foram transcritos apenas os dispositivos modificados e que continuaram relacionados com a Justiça Federal.

(...).[4] § 2.º Nos casos em que houver de applicar leis dos Estados, a Justiça Federal consultará a jurisprudencia dos tribunaes locaes e, vice-versa, as justiças dos Estados consultarão a jurisprudencia dos tribunaes federaes, quando houverem de interpretar leis da União. § 3.º (...).[5] § 4.º (...).[6] § 5.º."

- Constituição de 1934

"Art. 81. Aos juizes federaes compete processar e julgar, em primeira instancia: (a) as causas em que a União fôr interessada como autora ou ré, assistente ou opponente; (b) os pleitos em que alguma das partes fundar a acção, ou a defesa, directa e exclusivamente em dispositivo da Constituição; (c) as causas fundadas em concessão federal ou em contracto celebrado com a União; (d) as questões entre um Estado e habitantes de outro, ou domiciliados em paiz estrangeiro, ou contra autoridade administrativa federal, quando fundadas em lesão de direito individual, por acto ou decisão da mesma autoridade; (e) as causas entre Estado estrangeiro e pessôa domiciliada no Brasil; (f) as causas movidas com fundamento em contracto ou tratado do Brasil com outras nações; (g) as questões de direito marítimo e navegação no oceano ou nos rios e lagos do paiz, e de navegação aerea; (h) as questões de direito internacional privado ou penal; (i) *; (j) *; (k) os mandados de segurança contra actos de autoridades federaes, exceptuado o caso do art. 76, I, letra 'i';[7] (l) *. Paragrapho unico. O disposto no presente artigo, letra 'a', não exclue a competencia da justiça local nos processos de falencia e outros em que a Fazenda Nacional, embora interessada, não intervenha como autora, ré, assistente ou oponente".

- Constituição de 1946 (com a redação dada pelo Ato Institucional n. 02, de 27 de outubro de 1965, que restaurou a justiça federal de primeira instância)

"Art. 105, § 3.º. Aos juízes federais compete processar e julgar em primeira instância: (a) as causas em que a União ou entidade autárquica federal fôr interessada como autora, ré, assistente ou opoente, exceto as de falência e acidentes de trabalho; (b) as causas entre Estados estrangeiros e pessoa domiciliada no Brasil; (c) as causas fundadas em tratado ou em contrato da União com Estado estrangeiro ou com organismo internacional; (d) as questões de direito marítimo e de navegação, inclusive a aérea; (e) *; (f) *; (g) *; (h) *; (i) os mandados

4. A redação do § 1.º foi totalmente modificada, passando a dispor sobre a hipótese de recurso das sentenças estaduais para o STF.

5. Redação idêntica à do antigo § 1.º.

6. Redação idêntica à do antigo § 2.º.

7. Art. 76, I, *i* "o mandado de segurança contra actos do Presidente da Republica ou de Ministro de Estado".

de segurança contra ato de autoridade federal, excetuados os casos do art. 101, I, 'i', e do art. 104, I, 'b'."

- Constituição de 1967

"Art. 119. Aos Juízes Federais compete processar e julgar, em primeira instância: I – as causas em que a União, entidade autárquica ou empresa pública federal for interessada na condição de autora, ré, assistente ou opoente, exceto as de falência e as sujeitas à Justiça Eleitoral, à Militar ou a do Trabalho, conforme determinação legal; II – as causas entre Estado estrangeiro, ou organismo internacional, e pessoa domiciliada ou residente no Brasil; III – as causas fundadas em tratado ou em contrato da União com Estado estrangeiro ou organismo internacional; IV – *; V – *; VI – *; VII – *; VIII – os mandados de segurança contra ato de autoridade federal, excetuados os casos de competência do Supremo Tribunal Federal ou dos Tribunais Federais de Recursos; IX – as questões de direito marítimo e de navegação inclusive a aérea; X – *, a execução das cartas rogatórias, após o *exequatur*, e das sentenças estrangeiras, após a homologação; as causas referentes à nacionalidade, inclusive a respectiva opção, e à naturalização. § 1.º As causas em que a União for autora serão aforadas na Capital do Estado ou Território em que tiver domicílio a outra parte. As intentadas contra a União poderão ser aforadas na Capital do Estado ou Território em que for domiciliado o autor; na Capital do Estado em que se verificou o ato ou fato que deu origem à demanda ou esteja situada a coisa; ou ainda no Distrito Federal. § 2.º As causas propostas perante outros Juízes, se a União nelas intervir, como assistente ou opoente, passarão a ser da competência do Juiz Federal respectivo. § 3.º A lei poderá permitir que a ação fiscal seja proposta noutro foro, e atribuir ao Ministério Público estadual a representação judicial da União".

- Constituição de 1969

"Art. 125. Aos juízes federais compete processar e julgar, em primeira instância: I – as causas em que a União, entidade autárquica ou empresa pública federal forem interessadas na condição de autoras, rés, assistentes ou opoentes, exceto as de falência e as sujeitas à Justiça Eleitoral e à Militar; II – as causas entre Estado estrangeiro ou organismo internacional e Municípios ou pessoa domiciliada ou residente no Brasil; III – *idem*; IV – *; V – *; VI – *; VII – *; VIII – os mandados de segurança contra ato de autoridade federal, excetuados os casos de competência dos tribunais federais;[8] IX – as questões de direito marítimo e

8. A EC 7/1977 deu a seguinte redação: "VIII – os mandados de segurança contra ato de autoridade federal, como tal definida em lei, excetuados os casos de competência dos Tribunais Federais".

de navegação, inclusive a aérea;[9] e X – *, a execução de carta rogatória, após o *exequatur*, e de sentença estrangeira, após a homologação; as causas referentes à nacionalidade, inclusive a respectiva opção, e à naturalização. § 1.º As causas em que a União for autora serão aforadas na Capital do Estado ou Território onde tiver domicílio a outra parte; as intentadas contra a União poderão ser aforadas na Capital do Estado ou Território em que for domiciliado o autor; e na Capital do Estado onde houver ocorrido o ato ou fato que deu origem à demanda ou onde esteja situada a coisa ou ainda no Distrito Federal. § 2.º As causas propostas perante outros juízes, se a União nelas intervier, como assistente ou opoente, passarão a ser da competência do juiz federal respectivo. § 3.º Processar-se-ão e julgar-se-ão na justiça estadual, no foro do domicílio dos segurados ou beneficiários, as causas em que for parte instituição de previdência social e cujo objeto for benefício de natureza pecuniária, sempre que a comarca não seja sede de vara do juízo federal. O recurso, que no caso couber, deverá ser interposto para o Tribunal Federal de Recursos. § 4.º Nos portos e aeroportos onde não existir vara da justiça federal, serão processadas perante a justiça estadual as ratificações de protestos formados a bordo de navio ou aeronave".

3.2 A Constituição de 1988

A Constituição em vigor manteve praticamente intacto o feixe de competência cível da Justiça Federal. A tônica está na definição feita para os Juízes Federais no art. 109, pois há vinculação direta entre as funções dos Tribunais Regionais Federais e a competência da primeira instância, seja no âmbito recursal, seja nas ações originárias (rescisória[10] e mandado de segurança).

A Carta de 1988 inovou, entretanto, ao estabelecer, no inc. XI do art. 109, a competência para a disputa sobre direitos indígenas. Nenhuma das Cartas anteriores havia incluído a matéria na esfera federal do Poder Judiciário. A inclusão demonstrou uma preocupação maior com a situação vivida pelos índios, assim como a sua preservação. A norma está em harmonia com a distribuição de bens e competências efetuada pelo constituinte. No art. 20, XI, atribuíram-se à União as terras tradicionalmente ocupadas pelos índios. No inc. XIV do art. 22, estabeleceu-se a competência privativa da União para legislar sobre populações indígenas. No Título VIII da Carta (Da Ordem Social), o Capítulo VIII (arts. 231 e 232) dispôs unicamente sobre os índios, atribuindo, à União, a demarcação, proteção e respeito aos bens indígenas.

9. A EC 7/1977 deu a seguinte redação: "IX – os crimes cometidos a bordo de navios ou aeronaves, ressalvada a competência da Justiça Militar".

10. Quanto à competência de TRF para o processamento e julgamento de ação rescisória de acórdão ou sentença da Justiça do Estado, vide Capítulo 9.

A nova Constituição mudou também, ao retirar da competência da Justiça Federal – elencada no inc. I do art. 109 – as causas sujeitas à Justiça do Trabalho, exceção que estava presente na Carta de 1967, mas que foi retirada por força da Emenda de 1969. No entanto, as ações trabalhistas envolvendo a União, as autarquias ou empresas públicas federais, propostas até a data da promulgação da Constituição de 1988, ou seja, 05 de outubro, tiveram a sua competência perpetuada, diante do disposto no art. 27, § 10, do Ato das Disposições Constitucionais Transitórias.[11]

Criou, a atual Carta, o instituto do *habeas data*,[12] atribuindo aos Juízes Federais o seu processamento e julgamento quando impetrado contra ato de autoridade federal, seguindo, assim, o paradigma da regra antes existente apenas para o mandado de segurança.

No que diz respeito aos litígios relativos a acidentes do trabalho, que já eram da competência da Justiça Estadual, embora com localização que ensejava certa controvérsia, porque contida na seção pertinente à Justiça Trabalhista,[13] a exclusão foi inserida no corpo do inc. I do art. 109, encerrando, assim, qualquer dúvida.

A Carta de 1988 seguiu, por outro lado, a alteração introduzida em 1969, retirando da competência cível da Justiça Federal as questões de direito marítimo e de navegação, inclusive aérea, como constava até 1967, mantendo no rol do art. 109, tão somente, os crimes cometidos a bordo de navios ou aeronaves, nos termos do inc. IX.

Por fim, a Emenda Constitucional 45, de 8 de dezembro de 2004, inseriu o inc. V-A e o § 5.° no art. 109 da CF/1988, estabelecendo que, nas hipóteses de grave violação de direitos humanos, o Procurador-Geral da República, com a finalidade de assegurar o cumprimento de obrigações decorrentes de tratados internacionais de direitos humanos dos quais o Brasil seja parte, poderá suscitar,

11. Vide infra, Capítulo 4, em relação às ações não propostas ou ajuizadas na Justiça do Trabalho.

Art. 5.°, LXXII: "conceder-se-á *habeas data*: (*a*) para assegurar o conhecimento de informações relativas à pessoa do impetrante, constantes de registros ou bancos de dados de entidades governamentais ou de caráter público; (*b*) para a retificação de dados, quando não se prefira fazê-lo por processo sigiloso, judicial ou administrativo".

12. Art. 142, § 2.°, da Constituição de 1969.

13. Nesse sentido: "Processual Civil e Constitucional – Mandado de Segurança. – Competência. Art. 109 da CF. I – A competência da Justiça Federal é de fundo constitucional, pelo que não se contendo no elenco do art. 109 da Constituição, cabe, residualmente, à Justiça Estadual. II – A competência dos Tribunais Regionais Federais se esgota no elenco do art. 108 da Constituição, que não dá guarida à espécie. III – Encaminhamento dos autos ao E. TJRJ" (TRF-2.ª Reg., MS 90.02.26106/RJ, 2.ª T., *DJ* II, 04.07.1995, p. 42).

perante o STJ, incidente de deslocamento de competência para a Justiça Federal. É de se notar que, embora tenha provavelmente maior aplicação prática na área criminal, a previsão foi formulada de modo amplo, sendo possível, em tese, que causas cíveis relativas a direitos humanos tenham também a sua competência deslocada para a Justiça Federal.[14]

3.3 Principais características da competência cível da Justiça Federal

A competência da Justiça Federal é taxativa e vem elencada *numerus clausus* na Constituição da República, arts. 108 e 109, não comportando a ampliação das hipóteses previstas por norma infraconstitucional.[15] Permite-se, apenas, na esfera penal, com fulcro no inc. VI do art. 109, que a lei determine os crimes contra o sistema financeiro e a ordem econômico-financeira que devam ser da competência da Justiça Federal.

O permissivo previsto na parte final do § 3.º do art. 109,[16] por sua vez, não afasta ou altera a competência da Justiça Federal, em primeiro lugar porque o processamento e julgamento na Justiça Estadual apenas ocorre quando não há vara federal sediada na comarca, cessando, inclusive, imediatamente a competência daquela com a instalação desta. Em segundo lugar, porquanto há tão somente delegação[17] ou exercício da competência federal,[18] por órgão estadual, estando o respectivo pronunciamento judicial sempre submetido a recurso ou ação rescisória perante o TRF.

14. Vide, nessa direção, o parágrafo único do art. 1.º do PL 6.647/2006, que visa regulamentar o dispositivo constitucional, estabelecendo textualmente que o referido deslocamento abrange as matérias penal e cível em sentido amplo. O § 5.º do art. 109 da CF/1988 faz menção, ainda, que o deslocamento poderá ser suscitado em qualquer fase do inquérito ou processo. O inquérito, no caso, poderá ter a natureza penal ou civil.

15. A competência dos Juízes Federais é estabelecida na Constituição, não podendo ser ampliada com base em disposições de normas infraconstitucionais. Assim, excluído o ente federal do feito, a competência passa à Justiça Estadual, ainda que o processo cautelar preparatório tenha sido ajuizado no foro federal" (STJ, CComp 9.100-4/SP, 2.ª Seção, rel. Min. Eduardo Ribeiro, *DJ* I 17.10.1994, p. 27854).

16. "(...) a lei poderá permitir que outras causas sejam também processadas e julgadas pela Justiça Estadual."

17. Denominação usada com mais frequência na prática forense e adotada, dentre outros, por Vladimir Souza Carvalho (*Competência da Justiça Federal*. 2. ed. Curitiba: Juruá, 1995. p. 129-153) e Athos Gusmão Carneiro (*Jurisdição e competência*. 8. ed. São Paulo: Saraiva, 1997. p. 93), não obstante as ressalvas feitas por Edgar Silveira Bueno Filho (Competência da justiça federal. *Revista da Procuradoria-Geral do Estado de São Paulo*. p. 93).

18. Moraes, José Roberto de. *Competência civil da Justiça Federal comum*. Dissertação de Mestrado, São Paulo, PUC, p. 267 e ss.

Como o constituinte não deixou nenhum espaço para que o legislador ordinário tratasse da matéria, o acréscimo, alteração ou subtração formulado por norma hierarquicamente inferior será inconstitucional ou inócuo, conforme o caso. Se a lei infraconstitucional acrescentar hipóteses não previstas no art. 109 ou indicar outro órgão para os casos descritos na Lei Magna como sendo da competência da Justiça Federal, haverá manifesta inconstitucionalidade. Por outro lado, na simples repetição de previsão já inclusa na competência da Justiça Federal, nenhum conteúdo normativo ou inovador defluirá do escrito, valendo como simples lembrança ou perda de tinta e papel.

Refletir-se-á, todavia, na competência da Justiça Federal a edição de comando legal que determine, por exemplo, a presença obrigatória de um dos entes elencados no art. 109, I, seja em termos de legitimação extraordinária, seja em litisconsórcio necessário ou assistência,[19] ou mesmo efetuar qualificações, como, v.g., a definição de autoridade federal,[20] desde que não implique modificação indireta.

A competência cível da Justiça Federal é fixada em razão da pessoa, da matéria (*ratione materiae*) e da função.[21] Os casos *ratione personae* decorrem da presença da União, entidade autárquica[22] ou empresa pública federal,[23] na condição de autoras, rés, assistentes ou opoentes (art. 109, I, da CF/1988), do litígio envolvendo Estado estrangeiro ou organismo internacional e Município ou pessoa domiciliada ou residente no País (art. 109, II, da CF/1988) e da indicação de autoridade federal como coatora nos mandados de segurança e nos *habeas data* (art. 109, VIII, da CF/1988), conjugando-se, neste último, com a natureza do processo. Fixadas *ratione materiae* são as causas fundadas em tratado ou contrato da União com Estado estrangeiro ou organismo internacional (art. 109, III, da CF/1988), a disputa sobre direitos indígenas (art. 109, XI, da CF/1988), as causas referentes à nacionalidade – inclusive a respectiva opção – e à naturalização (art. 109, X, *in fine, da* CF/1988), bem como as relativas a direitos humanos (art. 109, V-A, da CF/1988). Por último, decorrente do critério funcional, a execução de carta rogatória, após o *exequatur*, e de sentença estrangeira, após a homologação (art. 109, X, da CF/1988).

---

19. Ver art. 5.º da Lei 9.469/1997, transcrito infra, 4.1.3.2.

20. Vide art. 2.º da Lei 12.016/2009 (Lei do Mandado de Segurança).

21. Também chamada de hierárquica, embora a primeira denominação seja mais ampla, porque abarca não apenas o sentido vertical, denotando a hierarquia, mas, também, a função sob o ponto de vista horizontal, não havendo nesta última qualquer conotação hierárquica propriamente dita.

22. Como o Instituto Nacional do Seguro Social (INSS).

23. Por exemplo, a Caixa Econômica Federal.

Pacífico é o entendimento sobre a inderrogabilidade da competência da Justiça Federal. Entretanto, a leitura dos autores e das decisões judiciais relacionadas com o tema propicia certa diferenciação entre os argumentos expendidos, que ora sobrelevam a fonte normativa subjacente, a Constituição, ora os critérios determinadores, ou seja, por ser a competência fixada em razão da pessoa, da matéria ou da função, e, embora destoando dos demais, há quem entenda que a competência é sempre funcional.[24]

A distinção possui relevância, porque, adotado o primeiro entendimento, toda e qualquer competência elencada na Constituição, inclusive a territorial, passaria a ser absoluta, o que afastaria a aplicação do art. 111 do CPC, como regra pertinente.

Nos termos do art. 102 do Estatuto Processual Civil, apenas a competência em razão do valor e do território pode ser alterada pela conexão ou continência.[25] Não há que se falar em modificação da competência da Justiça Federal em razão dos institutos mencionados. Isso porque apenas a competência relativa pode ser derrogada, como expressa o artigo mencionado. A competência, em razão da pessoa, da matéria ou da função, não pode ser alterada, motivo pelo qual não caberia a atração de uma causa da competência da Justiça Federal para outro ramo do Poder Judiciário. Da mesma forma, por ser taxativa, a competência da Justiça Federal não atrai feitos outros, salvo se também arrolados no art. 109 da Carta Magna. Por tudo isso, a conexão e a continência somente poderão ocasionar a atração de ações afetas à Justiça Federal, ou seja, que estejam em curso nas varas federais ou nas estaduais por força do § 3.º do art. 109 da CF/1988. Nesse sentido, vêm decidindo, respectivamente, o STJ e o STF:

"Competência – Conflito – Juízo Federal e Juízo Estadual – Conexão – Declaratória proposta contra banco credor e entes federais em litisconsórcio perante a Justiça Federal. Execução e ação de depósito ajuizadas pelo devedor contra Banco Estadual credor – Inocorrência – Competência absoluta – Art. 102, CPC. Art. 109, da Constituição. I – Nos termos do art. 102, CPC, a competência prorrogável por conexão ou continência é somente a relativa. II – A competência da Justiça Federal, fixada na Constituição, somente pode ser ampliada ou reduzida por emenda constitucional, contra ela não prevalecendo dispositivo legal hierarquicamente inferior. III – Não há prorrogação da competência da Justiça Federal se em uma das causas conexas não participa

24. Nery Júnior, Nelson e Nery, Rosa Maria Andrade. *Código de Processo Civil comentado e legislação processual civil extravagante em vigor*. 2. ed. São Paulo: Ed. RT, 1996. nota 1, p. 219.

25. Em relação à continência, vide a parte final do presente capítulo, sobre o enunciado 489 do STJ, editado em 2012.

ente federal"(CComp 6.547, 2.ª Seção, j. 23.02.1994, rel. Min. Sálvio de Figueiredo, v.u., *RSTJ* 60/67, ago. 1994).[26]

"Competência – Cumulação de pedidos – Não é possível a acumulação de dois pedidos sucessivos no mesmo processo se um deles é da competência da Justiça Federal e outro da competência da Justiça Estadual. Somente a competência relativa é modificável pela conexão. Aplicação do art. 125, *i*, da CF c.c. os arts. 86, 102 e 104 do CPC. Recurso extraordinário conhecido e provido" (STF, RE 101914, 1.ª T., j. 15.05.1984, rel. Min. Soares Muñoz, *RTJ* 110-02/901).

"Competência – Controvérsias, no plano regional, entre associações desportivas, relacionadas com o seu posicionamento na primeira divisão de clubes. Suposta colisão entre medida liminar de juiz federal contra ato do conselho nacional de desportos, e medidas de órgãos judiciários estaduais, atinentes ao início do campeonato regional. Inexistência de conflito de jurisdição no sentido constitucional, eis que as atuações tidas como conflitantes derivam de competência absoluta dos respectivos órgãos judiciários, a da justiça federal para a concessão de mandado de segurança contra órgão da administração federal; a da justiça estadual para as causas em que só estão presentes associações civis dedicadas ao futebol. Competências não modificáveis pela conexão ou continência, segundo decorre do art. 102 do CPC (STF, CJur 6405, Pleno, j. 13.10.1983, rel. Min. Decio Miranda, *RTJ* 108-02/522)."

É de se notar que o risco de decisões conflitantes, em causas conexas[27] que não podem ser cumuladas ou reunidas em razão da incompetência abso-

26. Na mesma direção: "Agravo regimental – Conflito de competência – Reunião de ações – Conexão ou continência– Competência absoluta – Impossibilidade – A competência absoluta não pode ser modificada por conexão ou continência – Não é possível reunir ações, sob o fundamento de que o fato que as originou é o mesmo, se para uma delas a competência do Juízo é absoluta" (AgRg no CComp 92.346/RS, 2.ª Seção, j. 13.02.2008, rel. Min. Humberto Gomes de Barros, *DJe* 03.09.2008); "(...) 2. A Justiça Federal é absolutamente incompetente para o julgamento de ação possessória entre particulares, pois sua competência é determinada em face do interesse de um dos entes elencados no artigo 109, inciso I, da Constituição Federal. 3. Impossibilidade de reunião dos feitos, porquanto, em se tratando de competência absoluta *ratione personae*, não se pode cogitar de modificação de competência por conexão. (...)" (CComp 46.945/PR, 2.ª Seção, j. 27.02.2008, rel. Min. Fernando Gonçalves, *DJe* 05.03.2008); (...) Justiça Federal. Competência – Improrrogabilidade – Constituição Federal, art.. 109, I. De acordo com a disposição constitucional inserta no art. 109, I, cabe à Justiça Federal o processamento e o julgamento de ações em que se configure interesse de ente federal, na condição de autor, réu, assistente ou opoente, não se lhe aplicando a conexão prevista no Código de Processo Civil se não atendida aquela condição. Precedentes (AgRg no CComp 101.633/RS, 2.ª Seção, j. 25.03.2009, rel. Min. Aldir Passarinho Junior, *DJe* 28.04.2009).

27. Vide, em relação às causas com a presença do Instituto Nacional de Propriedade Industrial (Inpi) e pertinentes à propriedade industrial, o item 4.1.2.2, parte final.

luta, pode ser evitado com a suspensão do processo, nos termos do art. 265, IV, *a*, do CPC.[28]

Por fim, em relação ao critério *ratione personae*, cabe à Justiça Federal a competência para aferir a existência do interesse e da legitimidade da pessoa federal em questão. Nesse sentido, o STJ editou a Súmula 150:

"Compete à Justiça Federal decidir sobre a existência de interesse jurídico que justifique a presença, no processo, da União, suas autarquias ou empresas públicas."[29]

Como supramencionado, a fixação da competência da Justiça Federal se dá em razão da pessoa, da matéria e da função, critérios estes que ensejam uma incompetência absoluta. Por conseguinte, dificilmente se poderá pensar em hipótese na qual haja a continência e não estejam os dois processos relacionados, continente e contido, sujeitos à competência do mesmo ramo judiciário, seja em razão da qualidade da parte, da matéria ou da função.

28. Essa é a orientação da jurisprudência: "(...) Embargos de terceiro opostos pela União. Exame pela justiça comum federal. Processo executório que, contudo, deve permanecer na justiça comum estadual, onde foi proferida a sentença de mérito objeto de execução. Inexistência, no caso, de prorrogação de competência da justiça federal por conexão. Competência da justiça paulista para o exame da execução. Sobrestamento do feito até o julgamento final dos embargos de terceiro. 1. A União ajuizou embargos de terceiro contra decisão proferida pelo juízo comum estadual, que determinou, nos autos de execução de título judicial movida por pensionistas de ex-ferroviários, a penhora de créditos da Rede Ferroviária Federal S.A., sucessora da Fepasa – Ferrovia Paulista S/A, que entende lhes pertencer. 2. Nos termos do art. 109, I, da CF/1988, compete à justiça comum federal o exame dos embargos de terceiro, pois presente a União no polo ativo da demanda. 3. Todavia, apenas os embargos de terceiro se deslocam para a justiça federal, devendo o processo executório em curso na justiça comum estadual lá permanecer. Isso porque a competência da justiça federal é absoluta e, por isso, não se prorroga por conexão. (...) 4. Impõe-se, de outra parte, o sobrestamento da execução em curso na justiça comum estadual até o julgamento final dos embargos de terceiro pela justiça federal, a fim de se evitar a prolação de decisões conflitantes ou irreversíveis (...)" (CComp 83.326/SP, 3.ª Seção, j. 27.02.2008, rel. Min. Maria Thereza De Assis Moura, *DJe* 14.03.2008).

29. No que diz respeito ao mandado de segurança, a jurisprudência assinala na mesma direção: "Compete à Justiça Federal decidir da admissibilidade de mandado de segurança impetrado contra atos de dirigentes de pessoas jurídicas privadas, ao argumento de estarem agindo por delegação do poder público federal" (Súmula 60 do extinto TFR).

"Mandado de segurança. Competência. Art. 125, VIII, da Emenda Constitucional 1/1969. É à Justiça Federal que, por força do disposto no artigo 125, VIII, da Emenda Constitucional 1/1969, compete decidir se a pessoa jurídica de direito privado apontada como autoridade coatora está, ou não, investida na qualidade de autoridade federal por delegação. Recurso extraordinário conhecido e provido" (STF, RE 107.978, j. 30.10.1987, rel. Min. Moreira Alves, *DJ* I, p. 705).

Problemas poderão advir, em primeiro lugar, de certas atribuições, materiais e legislativas, comuns e concorrentes que se encontram afetadas a diversas pessoas jurídicas, como nas hipóteses dos arts. 23 e 24 da CF/1988. O rol de responsabilidades conferidas à União, aos Estados, ao Distrito Federal e aos Municípios é amplo e se espraia em diversas matérias, como patrimônio público; saúde e assistência pública, proteção e garantia das pessoas portadoras de deficiência, de documentos, obras e outros bens de valor histórico, artístico e cultural, monumentos, paisagens naturais notáveis e sítios arqueológicos; acesso à cultura, à educação e à ciência; proteção ao meio ambiente e combate à poluição em qualquer de suas formas; preservação das florestas, fauna e flora; fomento à produção agropecuária e organização do abastecimento alimentar; promoção de programas de construção de moradias e de melhoria das condições habitacionais e de saneamento básico; combate às causas da pobreza e dos fatores de marginalização, promovendo a integração social dos setores desfavorecidos; registro, acompanhamento e fiscalização das concessões de direitos de pesquisa e de exploração de recursos hídricos e minerais em seus territórios; e o estabelecimento e implantação de política de educação para a segurança do trânsito. Do mesmo modo, na esfera da competência legislativa, como se pode constatar no rol do art. 24 da CF/1988, abrangendo produção e consumo, meio ambiente, educação, cultura, desporto, proteção e defesa da saúde, proteção e integração das pessoas portadoras de deficiência, da infância e da juventude, dentre outros.

As atribuições comuns ou concorrentes podem ensejar eventualmente a presença, concomitante, por parte do Ministério Público da União ou dos Estados, bem como da União, dos Estados, do Distrito Federal ou dos Municípios, na relação processual instaurada perante a Justiça Federal ou Estadual. Dessa situação, poderão advir problemas principalmente relacionados à continência, envolvendo normalmente ações coletivas. É o que ocorre, por exemplo, quando um Promotor de Justiça ajuíza uma demanda para a defesa de um interesse difuso relacionado ao meio ambiente e também o faz um Procurador da República, em face de um mesmo demandado, ainda que um pedido seja mais amplo que o outro. Considerando-se a própria indivisibilidade decorrente da pretensão, não devem prosseguir, em paralelo, as duas demandas. Neste caso, a prevenção será necessariamente da Justiça Federal, como definido pelo STJ, no enunciado 489 da sua Súmula:

"Reconhecida a continência, devem ser reunidas na Justiça Federal as ações civis públicas propostas nesta e na Justiça Estadual."

4

COMPETÊNCIA DOS JUÍZES FEDERAIS EM RAZÃO DA PESSOA

SUMÁRIO: 4.1 Causas em que a União, entidade autárquica ou empresa pública federal forem interessadas na condição de autoras, rés, assistentes ou opoentes, exceto as de falência, as de acidentes do trabalho e as sujeitas à Justiça Eleitoral e à Justiça do Trabalho: 4.1.1 As causas e as exceções; 4.1.2 As pessoas; 4.1.3 Interessada na condição de autora, ré, assistente ou opoente – 4.2 Causas entre Estado estrangeiro ou organismo internacional e Município ou pessoa domiciliada ou residente no País – 4.3 Mandados de segurança e *habeas data* contra ato de autoridade federal, excetuados os casos de competência dos Tribunais Federais.

A competência da Justiça Federal de primeira instância, como visto anteriormente, é fixada em razão da pessoa, da matéria e da função. Pelo primeiro critério – a qualidade da pessoa –, estabelece a Constituição da República, no art. 109, três regras básicas,[1] que serão analisadas nas seções seguintes.

A primeira, inscrita no inc. I, diz respeito às causas em geral, excetuando-se as de falência, as de acidentes de trabalho e as sujeitas à Justiça Eleitoral e à Justiça do Trabalho, desde que a União, entidade autárquica ou empresa pública federal sejam interessadas na condição de autoras, rés, assistentes ou opoentes.

1. Vladimir Souza Carvalho (*Competência da Justiça Federal*. 2. ed. Curitiba: Juruá, 1995. p. 96) entende que a "competência cível específica é *ratione materiae*, porque é a matéria – a trazida em cada inciso – que vai caracterizá-la. Para a sua configuração *não* exige interesse jurídico da União, nem necessita, tampouco, da presença da União, entidade autárquica ou empresa pública federal como autora, ré, assistente ou opoente na causa". Todavia, a determinação da competência em razão da pessoa, e não da matéria, pode ser fixada em função de outras pessoas além das arroladas no inc. I do art. 109. No inc. II, por exemplo, não há menção a qualquer matéria, mas apenas à pessoas. A classificação adotada no presente trabalho é semelhante à feita por Athos Gusmão Carneiro (*Jurisdição e competência*. 8. ed. São Paulo: Saraiva, 1997. p. 91, item 82), o que revela, se não suficientes os demais, argumento de autoridade.

Como se vê, na primeira hipótese, basta a presença de uma dessas entidades como parte, originariamente ou como terceiro interveniente.

No inc. II, o legislador constituinte teve em mente, para fixar a competência da Justiça Federal, a participação de Estado estrangeiro ou organismo internacional, num dos polos da relação processual, quando, no outro, figurar Município ou pessoa domiciliada ou residente no País. Não houve qualquer restrição expressa, condizente com a matéria ou com a natureza da ação proposta.

Por último, estabeleceu-se regra específica para a impugnação dos atos de autoridade federal, mediante mandado de segurança e *habeas data*, conforme o caso, ressalvando-se a competência dos Tribunais Federais (inc. VIII). A competência para os mandados de segurança e os *habeas data*, embora leve também em consideração a natureza do processo, é fixada principalmente em razão da pessoa, no caso, autoridade federal. Pode-se, com facilidade, perceber que, dos dois critérios conjugados – *ratione personae* e *ratione materiae* –, é predominante o primeiro pessoal, porque o simples fato de ser mandado de segurança ou *habeas data*, por si só, muito pouco restringe, em termos de afastar outros ramos do Poder Judiciário. Por outro lado, a qualidade da pessoa impetrada (autoridade federal) exclui a competência de todos os demais órgãos no campo horizontal e, no vertical, fica perfeitamente delimitada pela ressalva contida na parte final, em relação aos Tribunais Federais.

4.1 Causas em que a União, entidade autárquica ou empresa pública federal forem interessadas na condição de autoras, rés, assistentes ou opoentes, exceto as de falência, as de acidentes do trabalho e as sujeitas à Justiça Eleitoral e à Justiça do Trabalho

4.1.1 As causas e as exceções

4.1.1.1 As causas

O inc. I do art. 109 da CF/1988 menciona causas em geral, ressalvando apenas as de falência, de acidente de trabalho, as sujeitas à Justiça Eleitoral e à Justiça do Trabalho. Deixou de mencionar, nesse inciso, a Justiça Militar, porque esta cuida tão somente de matéria penal.

As causas aqui em questão referem-se ao campo cível, englobando os casos de jurisdição em sentido estrito e, também, a chamada voluntária ou graciosa, cuja tônica é a inexistência de lide. A doutrina tradicionalmente afirma que na "jurisdição" voluntária não há partes, mas apenas interessados.[2] A condição, descrita na

2. Como, por exemplo, nos arts. 1.104, 1.105 e 1.107 do CPC.

norma, de autor, réu ou assistente deve ser lida em sentido amplo, não afastando, assim, os processos em que, a rigor, há interessados e o juiz exerce, precipuamente, uma função administrativa, como ocorre, por exemplo, nas justificações. Há, como se verá adiante, no rol do art. 109, outros casos de "jurisdição" voluntária, como na opção de nacionalidade e naturalização. Entretanto, salvo nestas últimas, para que haja a competência da Justiça Federal, necessária se faz a participação da União, entidade autárquica ou empresa pública federal, como requerente ou requerido.

Nos tribunais o tema já foi por diversas vezes debatido, havendo se firmado jurisprudência no sentido de dar interpretação abrangente à expressão "causas", sem prejuízo do necessário comparecimento de um dos entes federais qualificados. Nesse sentido, os seguintes enunciados e ementa do STJ:

"Súmula 32. Compete à Justiça Federal processar justificações judiciais destinadas a instruir pedidos perante entidades que nela têm exclusividade de foro, ressalvada a aplicação do art. 15, II, da Lei 5.010/1966".[3]

"Súmula 82. Compete à Justiça Federal, excluídas as reclamações trabalhistas, processar e julgar os feitos relativos a movimentação do FGTS".[4]

"Conflito de competência – Juízo federal comum e trabalhista – Alvará – Seguro desemprego – O pedido de alvará para percepção de seguro desemprego não é uma ação trabalhista ou processo dela dependente, razão por que em função do interesse federal preponderante, o Juízo competente para apreciar o feito é o Federal Comum"[5] (STJ, CComp 11.993-6-PE, rel. Min. Cláudio Santos, *DJ* 06.03.1995, *RSTJ*, vol. 77, p. 141).

Inexigindo o procedimento de "jurisdição" voluntária a presença de um dos entes federais em questão, mesmo que haja uma relação ou até potencial interesse, não há que se falar, segundo também o entendimento jurisprudencial, em competência da Justiça Federal. Os exemplos mais vivos dessa situação

3. A parte final não exclui a competência federal para a espécie, por ser caso de delegação ou mero exercício por outro órgão, diante da inexistência de vara federal sediada na comarca.

4. O voto do Min. José de Jesus, ao relatar um dos precedentes que ensejaram a uniformização da jurisprudência, deixa mais claro o alcance e o sentido do verbete: "Tenho para mim, que a movimentação dos depósitos do FGTS, em princípio, é matéria de cunho administrativo, a ser resolvida pelo Gestor do Sistema, fora dos casos em que a intervenção do Poder Judiciário se faz necessária, como por exemplo nas reclamatórias por despedida injusta. Mas, nada impede que a parte, se o desejar, venha valer-se da jurisdição voluntária e, neste caso, será obrigatória a citação dos interessados, bem como do Ministério Público (art. 1.105 do CPC). Nesta hipótese, uma vez citado o Gestor do Sistema, e se este vier integrar a relação jurídica processual, a competência se defere ao Juízo Federal, tanto na vigência da Constituição de 1969 (art. 125, I), como na atual (art. 109, I), por manifesto interesse dos órgãos governamentais na disciplina e gestão do Fundo" (*RSTJ*, 49/237).

5. CComp 11.993-6-PE, rel. Min. Cláudio Santos, *RSTJ*, 77/141.

decorrem da Lei 6.858/1980, que dispõe sobre o pagamento, aos dependentes ou sucessores, de valores não recebidos em vida pelos respectivos titulares, dentre os quais sobressaem, no âmbito federal, os saldos das contas individuais do Fundo de Garantia do Tempo de Serviço e do Fundo de Participação PIS-Pasep. Nesse sentido, o Enunciado 161 da Súmula do STJ: "É da competência da Justiça Estadual autorizar o levantamento dos valores relativos ao PIS/Pasep e FGTS, em decorrência do falecimento do titular da conta".

Cabe ressaltar, por fim, que a regra inscrita no inc. VIII do art. 109 da CF/1988 não exclui a possibilidade do processamento e julgamento pela Justiça Federal de outros mandados de segurança, sem a indicação de autoridade federal como coatora. Isto porque haverá a competência prevista no inc. I quando o mandado de segurança for impetrado pela União, entidade autárquica ou empresa pública federal. Consoante esse entendimento, a Súmula 511 do STF: "Compete à Justiça Federal, em ambas as instâncias, processar e julgar as causas entre autarquias federais e entidades públicas locais, inclusive mandados de segurança, ressalvada a ação fiscal, nos termos da Constituição Federal de 1967, art. 119, § 3.º".[6-7-8]

4.1.1.2 Falência

A falência é uma das espécies de execuções que se caracterizam pela universalidade,[9] seja do ponto de vista objetivo – arrecadação de todos os bens do devedor – seja do prisma subjetivo, pois é realizada para a satisfação, pelo menos em tese, de todos os credores, dentro, obviamente, das disponibilidades e preferências legais. A competência da Justiça Federal compreendida no inc. I do art. 109 da CF/1988 leva em conta a participação de um dos entes federais arrolados. Na maioria dos processos de falência, há créditos da União, de entidades autárquicas (leia-se Instituto Nacional do Seguro Social, principalmente) e, às vezes, de empresas públicas federais (como a Caixa Econômica Federal).[10]

6. A ressalva diz respeito à delegação prevista agora no art. 109, § 3.º, que, aliás, não exclui a competência federal.

7. No mesmo sentido decidiu o STJ: "Impetrado o mandado de segurança por autarquia federal, compete à Justiça Federal processá-lo e julgá-lo, ainda que apontada como coatora autoridade estadual ou municipal" (CComp 4.606-2/SC, 1.ª Seção, rel. Min. Garcia Vieira, *DJ* I, 07.06.1993, p. 11230).

8. O mesmo se diga quanto às empresas públicas federais. Vide *RTJ*, 95/795, 101/1.295, 105/209 e *RTFR*, 126/335.

9. Vide Barbosa Moreira, José Carlos. *O novo processo civil brasileiro*. 18. ed. Rio de Janeiro: Forense, 1996. p. 309.

10. Sobre a questão, muito bem explanou José Roberto de Moraes (*Competência civil da Justiça Federal comum*. Dissertação de Mestrado, São Paulo, PUC, p. 184): "Facilmente se percebe

Portanto, a exclusão não se efetuou por falta de interesse das pessoas federais, mas porque, em decorrência dele, estar-se-ia deslocando, também, a pretensão de um número razoável de credores particulares ou dos entes públicos estaduais e municipais para a Justiça Federal. Haveria manifesta disfunção, quanto mais outrora, quando a estrutura da Justiça Federal era bastante diminuta e concentrada nas Capitais. Não é à toa que a exceção remonta à Constituição de 1934, tendo firmado, desde aquela data, tradição.

Como se vê, o motivo não está relacionado com a falência em especial, mas às execuções universais, da qual a falência diz respeito ao mundo do comércio. Manda o bom-senso aplicar, ao tema, interpretação teleológica e sistemática, em prejuízo da literal. Consequentemente, estarão sob a competência da Justiça Estadual todas as execuções ajuizadas contra devedores insolventes, como vêm entendendo a doutrina[11] e a jurisprudência, valendo ressaltar a Súmula do extinto TFR, o seguinte verbete:

"Súmula 244. A intervenção da União, suas autarquias e empresas públicas em concurso de credores ou de preferência não desloca a competência para a Justiça Federal."

Cabe lembrar, contudo, que o crédito tributário, com fulcro no art. 187 do CTN, e, de modo mais amplo, a dívida ativa da Fazenda Pública, por força do art. 29 da Lei 6.830/1980, não estão sujeitos a concurso de credores ou habilitação em falência, recuperação judicial, liquidação, inventário ou arrolamento. A situação, não é de hoje, costuma suscitar, por vezes, alguns incidentes. O confronto entre a data da propositura da ação e o momento da "quebra", na falência ou na execução contra devedor insolvente, é fundamental, como demarcou a Súmula 44[12] do extinto TFR. A seguinte Ementa, do STF, é clara e didática:

---

o alcance da medida constitucional. Podemos dizer, sem medo de errar, que se não fosse essa excepcionalidade estabelecida na Constituição, todos os processos falimentares teriam curso perante a Justiça Federal, pois dificilmente encontraríamos processo falimentar em que a União Federal, suas autarquias ou empresas públicas não figurem como credoras".

11. Pontes de Miranda (*Comentários à Constituição de 1967: com a Emenda n. 1, de 1969*. 2. ed. São Paulo: Ed. RT, 1970. p. 205) afirmava: "Na Constituição de 1934, além de se ressalvarem os processos de falência, dizia-se (art. 81, parágrafo único): '(...) e outros (processos) em que a Fazenda nacional, embora interessada, não intervenha como autora, ré, assistente ou opoente'. Não era preciso dizê-lo. Nem é preciso dizer-se que o interesse da União nos concursos de credores não falenciais é insuficiente para se estabelecer foro privativo, originário ou recursal. 'Falência' está, no art. 125, I, 2.ª parte da Constituição de 1967, por 'falência ou outro concurso de credores'".

12. "Ajuizada a execução fiscal anteriormente à falência, com penhora realizada antes desta, não ficam os bens penhorados sujeitos à arrecadação no juízo falimentar; proposta a execução fiscal contra a massa falida, a penhora far-se-á no rosto dos autos do processo da quebra, citando-se o síndico".

"Os precedentes do Supremo Tribunal se orientam no mesmo sentido que veio a ser consubstanciado na Súmula 44, do Tribunal Federal de Recursos, e que inspira a decisão recorrida, a saber, ajuizada a execução fiscal anteriormente à falência, com penhora realizada antes desta, não ficam os bens penhorados sujeitos à arrecadação no processo falimentar; proposta a execução fiscal contra a massa falida, a penhora far-se-á no rosto dos autos do processo de quebra, citando-se o síndico".[13]

Consolidado o entendimento esposados nos Enunciados 44 e 244 da Súmula do extinto TFR, em relação às execuções fiscais iniciadas antes da quebra, passou a existir certa discordância em torno da competência para a destinação do produto da arrecadação do bem levado a hasta pública. Deveria servir, desde logo, para o pagamento da Fazenda Pública ou ser encaminhado para o juízo falimentar, no sentido de serem estabelecidas as preferências e destinações? A Corte Especial do STJ acabou firmando posição no sentido de que, embora os créditos fiscais não estejam sujeitos à habilitação no juízo falimentar, que a decretação da falência não paralisa o processo de execução fiscal, nem desconstitui a penhora, e que a execução continuará a se desenvolver até a alienação dos bens penhorados, o dinheiro resultante da alienação de bens penhorados deve ser entregue ao juízo da falência, para que se incorpore ao monte e seja distribuído, observadas as preferências e as forças da massa.[14]

As instituições financeiras, por sua vez, estão sujeitas à intervenção ou à liquidação extrajudicial, promovidas pelo Banco Central, por força da Lei 6.024/1974. O procedimento pode desembocar na própria falência. Entretanto, a decretação da liquidação e a nomeação do liquidante são feitas pelo Banco Central do Brasil, autarquia federal. Por conseguinte, embora as ações propostas em face das instituições financeiras, que não sejam empresas públicas federais, estejam na esfera da Justiça dos Estados, eventuais demandas ajuizadas contra o liquidante, comumente na via mandamental, serão, segundo os precedentes do STF e do STJ, processadas e julgadas pelos Juízes Federais, conforme se pode extrair da seguinte ementa:

"Competência – Liquidação extrajudicial de financeira privada – Ação ajuizada contra o liquidante – Interesse do Banco Central – Lei 6.024/1974 – Justiça Federal. Diferentemente das ações contra as instituições financeiras privadas, em liquidação extrajudicial, em relação às quais competente é a Justiça Comum Estadual, nas ações contra o interventor e liquidante, tendo por objeto os atos por ele praticados na condição de órgão executor do Banco Central, a quem cabe decretar e supervisionar a intervenção, competente é a

13. RE 105.632/RJ, rel. Min. Rafael Mayer, *RTJ* 115/1.408.

14. REsp 188.148/RS, rel. Min. Humberto Gomes de Barros, *DJ* 27.05.2002, p. 121.

Justiça Federal. Precedentes (CJur 6.275 – *RTJ* 101/527). Agravo regimental improvido".[15-16]

4.1.1.3 Acidentes de trabalho

Cabe, aqui, uma breve retrospectiva do tratamento constitucional dado à competência para o processamento e julgamento dos acidentes de trabalho. A Constituição de 1946, ao criar a Justiça do Trabalho, como ramo do Poder Judiciário, estabeleceu no seu art. 123 a sua competência, ressalvando, contudo, no § 1.º, que "os dissídios relativos a acidentes de trabalho são da competência da justiça ordinária". Ressalte-se que, na Constituição de 1946, estava sendo instituído o Tribunal Federal de Recursos, não havendo, contudo, a Justiça Federal de primeiro grau, reintroduzida apenas em 1965. Em 1965, com o ressurgimento da primeira instância da Justiça Federal, o Ato Institucional n. 2 modificou a redação constitucional, prevendo para os juízes federais a competência para processar e julgar, dentre outras, "as causas em que a União ou entidade autárquica federal fôr interessada como autora, ré, assistente ou opoente, exceto as de falência e acidentes de trabalho". A ressalva tinha como escopo afastar, em especial, a competência da Justiça Federal, porque, em se tratando de benefícios previdenciários, a parte legítima seria o respectivo ente federal previdenciário. As Constituições de 1967 e 1969 mantiveram a exclusão, pertinente aos acidentes de trabalho, da competência da Justiça do Trabalho, tal como na Constituição de 1946. Na Constituição de 1988, a excludente referente aos acidentes de trabalho não se encontra mais localizada junto à Justiça do Trabalho, mas, sim, na seção da Justiça Federal, ensejando prolongados debates em torno da questão.

O inc. I do art. 109 da Carta Magna excepciona os acidentes de trabalho, sem, contudo, como era de se esperar, fornecer a definição e o alcance do instituto. A proteção contra o acidente do trabalho é um direito social, assegurado constitucionalmente, nos termos do art. 7.º, XXVIII, da CF/1988.

Wladimir Novaes Martinez[17] afirma que o "conceito legal de acidente do trabalho, sem dúvida, um dos mais complexos, difíceis e polêmicos do Direito Previdenciário, é desenvolvido em 5 artigos, aclarados em nada menos do que 36 dispositivos. A definição não é fácil – nunca se quis generalizá-la – e por isso, além de uma descrição genérica, ou seja, a do *caput* do art. 19, seguem-se narrativas da ideia (arts. 20 e 21), imprescindivelmente recorríveis, pois elas são instrumentos úteis de perquirição".

15. AgIn no AgRg 103.696-6/RJ, rel. Min. Rafael Mayer, *RTJ* 114/1.180.

16. Em relação ao STJ, vide *RSTJ* 52/19.

17. *Comentários à lei básica da previdência social*. 3. ed. São Paulo: Ed. LTr, 1995. p. 148.

Não obstante a complexidade apontada e o número de dispositivos relacionados, a solução é oferecida pelo próprio comentarista supramencionado. A definição e a casuística legais, portanto, estão atualmente enunciadas nos arts. 19, *caput*, 20 e 21 da Lei 8.213/1991.[18]

18. Art. 19, *caput*: Acidente do trabalho é o que ocorre pelo exercício do trabalho a serviço da empresa ou pelo exercício do trabalho dos segurados referidos no inc. VII do artigo 11 desta Lei, provocando lesão corporal ou perturbação funcional que cause a morte ou a perda ou redução, permanente ou temporária, da capacidade para o trabalho. (...) Art. 20. Consideram-se acidente do trabalho, nos termos do artigo anterior, as seguintes entidades mórbidas: I – doença profissional, assim entendida a produzida ou desencadeada pelo exercício do trabalho peculiar a determinada atividade e constante da respectiva relação elaborada pelo Ministério do Trabalho e da Previdência Social; II – doença do trabalho, assim entendida a adquirida ou desencadeada em função de condições especiais em que o trabalho é realizado e com ele se relacione diretamente, constante da relação mencionada no inciso I. § 1.º Não são consideradas como doença do trabalho: (*a*) a doença degenerativa; (*b*) a inerente a grupo etário; (*c*) a que não produza incapacidade laborativa; (*d*) a doença endêmica adquirida por segurado habitante de região em que ela se desenvolva, salvo comprovação de que é resultante de exposição ou contato direto determinado pela natureza do trabalho. § 2.º Em caso excepcional, constatando-se que a doença não incluída na relação prevista nos incisos I e II deste artigo resultou das condições especiais em que o trabalho é executado e com ele se relaciona diretamente, a Previdência Social deve considerá-la acidente do trabalho. Art. 21. Equiparam-se também ao acidente do trabalho, para efeitos desta Lei: I – o acidente ligado ao trabalho que, embora não tenha sido a causa única haja contribuído diretamente para a morte do segurado, para redução ou perda da sua capacidade para o trabalho, ou produzido lesão que exija atenção médica para a sua recuperação; II – o acidente sofrido pelo segurado no local e no horário do trabalho, em consequência de: (*a*) ato de agressão, sabotagem ou terrorismo praticado por terceiro ou companheiro de trabalho; (*b*) ofensa física intencional, inclusive de terceiro, por motivo de disputa relacionada com o trabalho; (*c*) ato de imprudência, de negligência ou de imperícia de terceiro ou de companheiro de trabalho; (*d*) ato de pessoa privada do uso da razão; (*e*) desabamento, inundação, incêndio e outros casos fortuitos ou decorrentes de força maior; III – a doença proveniente de contaminação acidental do empregado no exercício de sua atividade; IV – o acidente sofrido pelo segurado, ainda que fora do local e horário de trabalho: (*a*) na execução de ordem ou na realização de serviço sob a autoridade da empresa; (*b*) na prestação espontânea de qualquer serviço à empresa para lhe evitar prejuízo ou proporcionar proveito; (c) em viagem a serviço da empresa, inclusive para estudo quando financiada por esta dentro de seus planos para melhor capacitação da mão de obra, independentemente do meio de locomoção utilizado, inclusive veículo de propriedade do segurado; (*d*) no percurso da residência para o local de trabalho ou deste para aquela, qualquer que seja o meio de locomoção, inclusive veículo de propriedade do segurado. § 1.º Nos períodos destinados a refeição ou descanso, ou por ocasião da satisfação de outras necessidades fisiológicas, no local do trabalho ou durante este, o empregado é considerado no exercício do trabalho. § 2.º Não é considerada agravação ou complicação de acidente do trabalho a lesão que, resultante de acidente de outra origem, se associe ou se superponha às consequências do anterior".

A jurisprudência pátria sempre procurou distinguir, em sede de acidente de trabalho, entre a proteção do empregado decorrente da seguridade social e a do eventual direito à indenização, lastreado na responsabilidade civil derivada do dolo ou da culpa do empregador. [19] O inc. XXVIII do art. 7.º da CF/1988 consagrou esse entendimento. A ação, fundada na conduta dolosa ou culposa do contratante, por não possuir natureza acidentária, ou seja, não estar relacionada com o benefício previdenciário, deve seguir as regras gerais para a fixação da competência. Assim sendo, se fosse uma ação de responsabilidade civil decorrente de acidente de trabalho, poder-se-ia, inicialmente, discutir se o processo deveria ser intentado perante a Justiça do Trabalho, por ser uma controvérsia decorrente de relação de trabalho, nos termos da redação originária do art. 114 da Carta Magna, ou se deveria ser instaurado perante a Justiça Comum, considerando o conflito em torno da responsabilidade civil. Enquanto não editada a EC 45/2004, entenderam majoritariamente os tribunais, capitaneados pelo STF, mas com resistências que foram se alargando, que a competência seria da Justiça Comum. A confusão existia, dentro mesmo do âmbito da Justiça Comum, pois o próprio verbete 501 da Súmula do STF, [20] de 1969, enunciava genericamente que caberiam as causas de responsabilidade civil por acidente de trabalho sempre à Justiça Estadual, o que não faria sentido, pois a exceção consignada no texto constitucional sempre foi dirigida apenas aos conflitos relacionados com os benefícios acidentários. Por conseguinte, entendia-se que, figurando uma das pessoas federais descritas no inc. I do art. 109 da CF/1988 como parte, o feito seria da competência da Justiça Federal. Nesse sentido, a seguinte ementa do TRF 5.ª Região:

"Civil – Ação de indenização por ato ilícito e acidente do trabalho – Competência da Justiça Federal para conhecer da responsabilidade civil, tendo em vista o dispositivo no art. 109 da CF/1988 – Não configuração dos pressupostos necessários à obrigação de reparar o dano – Apelo a que se dá provimento. I – A indenização por ato ilícito segue a competência das ações comuns, e não a especial das acidentárias. II – Empregado de empresa pública". [21]

A EC 45/2004, promulgada em 08.12.2004 e publicada em 31.12.2004, ao modificar a redação do art. 114 da CF/1988, previu expressamente, no inc. VI, na competência da Justiça do Trabalho, "as ações de indenização por dano

19. Súmula 229 do STF: "A indenização acidentária não exclui a do direito comum, em caso de dolo ou culpa grave do empregador".

20. "Compete à justiça ordinária estadual o processo e o julgamento, em ambas as instâncias, das causas de acidente do trabalho, ainda que promovidas contra a União, suas autarquias, empresas públicas ou sociedades de economia mista."

21. AC 93.05.26220/PE, rel. Juiz José Delgado, *DJ* II, 27.08.1993, p. 34.497.

moral ou patrimonial, decorrentes da relação de trabalho". Com isso, embora se tenha admitido que a redação originária já permitisse a nova interpretação, o STF chancelou entendimento no sentido de que, a partir da referida Emenda Constitucional, a competência para a solução de controvérsias relacionadas com a indenização decorrente de acidente de trabalho é da Justiça do Trabalho, mas ressalvou que deveriam permanecer na Justiça Comum todos os processos que já tivessem sido sentenciados na data da promulgação da Emenda. Nesse sentido, decidiu STF, no CComp 7.204-MG:[22]

"(...) Numa primeira interpretação do inc. I do art. 109 da *Carta de Outubro*, o STF entendeu que as ações de indenização por danos morais e patrimoniais decorrentes de acidente do trabalho, ainda que movidas pelo empregado contra seu (ex-)empregador, eram da competência da Justiça comum dos Estados-membros.

2. Revisando a matéria, porém, o Plenário concluiu que a Lei Republicana de 1988 conferiu tal competência à Justiça do Trabalho. Seja porque o art. 114, já em sua redação originária, assim deixava transparecer, seja porque aquela primeira interpretação do mencionado inc. I do art. 109 estava, em boa verdade, influenciada pela jurisprudência que se firmou na Corte sob a égide das Constituições anteriores.

3. Nada obstante, como imperativo de política judiciária – haja vista o significativo número de ações que já tramitaram e ainda tramitam nas instâncias ordinárias, bem como o relevante interesse social em causa –, o Plenário decidiu, por maioria, que o marco temporal da competência da Justiça trabalhista é o advento da EC 45/2004, Emenda que explicitou a competência da Justiça Laboral na matéria em apreço.

4. A nova orientação alcança os processos em trâmite pela Justiça comum estadual, desde que pendentes de julgamento de mérito. É dizer: as ações que tramitam perante a Justiça comum dos Estados, com sentença de mérito anterior à promulgação da EC 45/2004, lá continuam até o trânsito em julgado e correspondente execução. Quanto àquelas cujo mérito ainda não foi apreciado, hão de ser remetidas à Justiça do Trabalho, no estado em que se encontram, com total aproveitamento dos atos praticados até então. A medida se impõe, em razão das características que distinguem a Justiça comum estadual e a Justiça do Trabalho, cujos sistemas recursais, órgãos e instâncias não guardam exata correlação. (...)."

O STJ manteve, contudo, em julgados proferidos entre 2005 e 2008, a interpretação de que não haveria a competência da Justiça do Trabalho nas ações

22. Rel. Min. Carlos Britto, *DJ* 09.12.2005.

em que se postulasse indenizações, por danos materiais ou morais, decorrentes de acidente do trabalho, quando ajuizados por sucessores do empregado. Com base nesse entendimento, o STJ inseriu, em 2008, o enunciado n. 366 na sua súmula.[23] Contudo, revendo o seu posicionamento, afirmou o STJ, em julgamento[24] que culminou com o cancelamento do enunciado n. 366, "que o STF tem entendimento de que é de acidente do trabalho qualquer causa que tenha como origem essa espécie de acidente, razão pela qual é irrelevante, para a definição da competência jurisdicional da Justiça do Trabalho, que a ação de indenização não tenha sido proposta pelo empregado, mas por seus sucessores. Considerando que ao STF compete dar a palavra final sobre a interpretação da Constituição, e aqui a questão é tipicamente constitucional, pois envolve juízo sobre competência estabelecida no art. 114 da CF/1988, é importante a adoção do entendimento por ele assentado, até mesmo para evitar que a matéria acabe provocando recursos desnecessários".

Por fim, o Pleno do STF aprovou, no final de 2009, o enunciado número 22 da sua Súmula Vinculante, com a seguinte redação:

"A Justiça do Trabalho é competente para processar e julgar as ações de indenização por danos morais e patrimoniais decorrentes de acidente de trabalho propostas por empregado contra empregador, inclusive aquelas que ainda não possuíam sentença de mérito em primeiro grau quando da promulgação da Emenda Constitucional 45/2004."[25]

Registre-se, por outro lado, que a competência da Justiça do Trabalho abrange apenas as demandas relacionadas com os danos decorrentes de relação do trabalho, abarcando, assim, as relações regidas pela Consolidação das Leis do Trabalho, ainda quando envolvidas as pessoas arroladas no inc. I do art. 109 da CF/1988, o que ocorrerá, em regra, quando se tratar de empresa pública federal, por força do disposto no art. 173, § 1.º, da Lei Magna consequentemente, passível de ter os seus empregados sob a proteção do benefício acidentário. Os servidores da União e das autarquias federais estão submetidos, de modo geral, ao regime estatutário previsto na Lei 8.112/1990, não tendo direito aos benefícios acidentários. Os litígios decorrentes de acidentes em serviço não se subsumem no conceito de acidente de trabalho para fins de excepcionar a competência da Justiça Federal. Elucidando essa questão, a seguinte ementa de julgamento proferido pelo TRF 1.ª Região:

---

23. Compete à Justiça estadual processar e julgar ação indenizatória proposta por viúva e filhos de empregado falecido em acidente de trabalho (Súmula 366, Corte Especial, j. 19.11.2008, *DJe* 26.11.2008).

24. Corte Especial, CComp 101.977/SP, j. 16.09.2009, rel. Min. Teori Zavascki, Informativo 407.

25. *DJe* 232, 11.12.2009, p. 1.

"Processo Civil – Competência – Acidente do Trabalho – Funcionário Público Federal. 1. O Enunciado da Súmula 501, do STF, ao atribuir competência à Justiça local para o processo e julgamento da causa de acidente do trabalho promovida contra a União, teve em mira, exclusivamente, os servidores (empregados públicos) regidos pela CLT, sem englobar os estatutários, submetidos a regime jurídico próprio. 2. Conflito improcedente" (TRF-1.ª Reg., CComp 115.088, Plenário, rel. Juiz Fernando Gonçalves, v.u., *DJ* I, 06.11.1989).

É de se notar, ainda, que inicialmente, o *caput* do art. 39 da CF/1988, previa a instituição de um Regime Jurídico Único, no qual todos os que prestavam serviço à União e às autarquias federais seriam considerados estatutários. [26] Posteriormente, foi editada a EC 19/1998, dando nova redação ao *caput* do art. 39 da Magna Carta, colocou-se fim à previsão do regime único. O STF, no entanto, declarou, em sede de liminar,[27] a inconstitucionalidade da modificação, com efeitos *ex nunc*, restabelecendo a redação originária do *caput* do art. 39 da CF/1988, restaurando, assim, a previsão de instituição de regime jurídico único no âmbito da União, dos Estados, do Distrito Federal e do Municípios.

Outro tema polêmico envolve as demandas que visam à revisão dos benefícios acidentários. A questão era altamente delicada, porque, de um lado, estava o STF, com a sua reiterada interpretação no sentido de que o acessório segue o principal, daí portanto a qualificação dada para as revisões como sendo ações de acidente de trabalho. [28] De outro, o STJ, que, modificando o seu entendimento inicial, passou a decidir pela competência da Justiça Federal, sob o fundamento de que as ações de cunho apenas revisional não visam rediscutir nada relacionado especificamente com o benefício acidentário, razão pela qual deveriam ser julgadas como qualquer outra ação previdenciária. [29]

Embora seja coerente o argumento que vinha sendo usado pelo STJ, pois, ressalvando o cálculo da renda mensal inicial, os reajustes previdenciários utilizam-se dos mesmos índices, independentemente da espécie, cabe ao STF, no

26. Vide 4.1.1.5, sobre a Justiça do Trabalho.

27. A liminar foi concedida em 02.08.2007, na ADIn 2.135-4, com acórdão publicado no *DJ* 07.08.2008.

28. "AgRg em AgIn – Previdenciário – Benefício acidentário – Reajustamento – Competência – As ações acidentárias têm como foro competente a Justiça Comum, a teor do disposto no art. 109, I, da CF, que as excluiu da competência da Justiça Federal – Reajuste de benefício acidentário – Competência da Justiça estadual não elidida. Precedentes. Agravo Regimental a que se nega provimento" (AgRg. 154938/RS, rel. Min. Paulo Brossard, *DJ* I, 24.06.1994, p. 16.641).

29. "Processual Civil – Competência – Reajuste de benefício acidentário. Tem natureza previdenciária a ação que, sem pretender qualquer exame de matéria relacionada à legislação acidentária, pede apenas a revisão de cálculo de benefício. Competência da Justiça Federal" (CComp 5.503-2/RJ, *DJ* I 20.02.1995, p. 3.104).

caso, a interpretação final das normas constitucionais. A Corte Suprema tem mantido o pensamento anterior, inclusive reformando acórdãos proferidos pelo STJ quanto ao tema, até mesmo em recurso extraordinário contra decisões emitidas em conflito de competência. Por se tratar de incompetência absoluta, os atos decisórios são considerados nulos e as sentenças de mérito transitadas em julgado podem ser rescindidas, o que enseja insegurança nas relações jurídicas processuais e materiais. Não convém, portanto, para as partes e para os demais órgãos do Poder Judiciário, continuar desafiando a jurisprudência do Supremo, a quem compete, sempre, dar a palavra definitiva em termos de Constituição.[30] Ressalte-se, por fim, que o próprio STJ passou a acatar, a partir de 2002, o pensamento esposado pelo STF, consagrando, assim, a competência da Justiça Estadual, como se pode constatar no seguinte aresto:

"(...) VI – Segundo entendimento consolidado pelo C. STF e por este E. STJ, a Justiça Estadual é competente para processar e julgar litígios decorrentes de acidente do trabalho, tanto para conceder o benefício quanto para proceder a sua revisão. Sobre o tema, há precedentes da E. 2.ª Seção reiterando este entendimento."[31]

4.1.1.4 Justiça Eleitoral

Nos termos do art. 121 da CF/1988, lei complementar disporá sobre a organização e a competência dos tribunais, dos juízes de direito e das juntas eleitorais. Obviamente, a competência não poderá extrapolar os limites da matéria eleitoral, salvo em relação à competência dos tribunais para os mandados de segurança.[32]

Vladimir Souza Carvalho[33] entende que à "Justiça Federal é reservada a revisão dos atos administrativos da Justiça Eleitoral, naquilo que não diz respeito à matéria eleitoral".

30. Nessa direção, decidiu-se: "Processo civil – Previdenciário – Competência – Revisão de benefício acidentário. I – Segundo a jurisprudência do STF, compete à Justiça Estadual processar e julgar pedido de revisão de benefício acidentário, com o que vai perdendo sentido insistir na competência da Justiça Federal. II – Recurso improvido" (TRF-2.ª Reg., AgIn 96.02.31158-4/RJ, 2.ª T., rel. Castro Aguiar, *DJU* 18.11.1997, p.115).

31. STJ, CComp 47811/SP, 3.ª Seção, rel. Min. Gilson Dipp, *DJ* 11.05.2005, p. 161. No mesmo sentido, vide o CComp 102459/SP, 3.ª Seção, rel. Min. Napoleão Nunes Maia Filho, *DJe* 10.09.2009.

32. "O mandado de segurança impetrado contra ato de tribunal deve ser resolvido no âmbito do próprio tribunal (LOM, art. 21-VI), não havendo que se falar em competência originária do STF, restrita às hipóteses referidas no art. 102, I, *d*, da CF/1988 – Entendimento da Corte reafirmado após a Constituição vigente – Agravo regimental improvido" (STF, Pleno, v.u., j. 12.11.1993, rel. Min. Ilmar Galvão, *RTJ* 151/482).

33. Op. cit., p. 80.

De fato, o Código Eleitoral, instituído pela Lei 4.737/1965, confere ao TSE e aos TREs tão somente competência para o processamento e julgamento dos mandados de segurança em matéria eleitoral.[34] Entretanto, os arts. 22, I, *e*, e 29, I, *e*, do Código Eleitoral, estão em confronto com a LC 35/1979, art. 21, VI, porque deixam de estabelecer a competência para a apreciação dos mandados de segurança impetrados contra os seus próprios atos.[35] Por outro lado, os mencionados tribunais devem conhecer e julgar os mandados de segurança ajuizados contra os seus respectivos atos, independentemente da matéria, tendo em vista a norma contida na Lei Orgânica da Magistratura, porque hierarquicamente superior. Consoante esse entendimento, pronunciou-se o Tribunal Regional Federal TRF da 1.ª Região, em acórdão com a seguinte ementa:

"Mandado de segurança – Ato do Presidente de Tribunal Regional Eleitoral – Processo e julgamento – Competência. Competem ao TRE o processo e julgamento de mandado de segurança contra ato do seu Presidente, ainda que de cunho administrativo. II – Exegese dos arts. 121, *caput*, da CF/1988 e 21, VI, da LC 35/1979. III – Remessa dos autos ao TRE/MT" (TRF-1.ª Reg., MS 93.01.14487-5/MT, Plenário, rel. Juiz Nelson Gomes da Silva, *DJ* II, 28.03.1994, p. 12545).[36]

Não obstante o acima exposto, as Justiças Federal e Eleitoral não têm uma área de competência comum, nem sequer próxima, razão pela qual não se registram situações de conflito no dia a dia forense.

4.1.1.5 Justiça do Trabalho[37]

Como dito anteriormente, a matéria trabalhista não estava excluída da competência da Justiça Federal até o advento da Carta de 1988. Havia empre-

34. Lei 4.737/1965: "Art. 22. Compete ao Tribunal Superior: I – processar e julgar originariamente: (...) (*e*) o *habeas corpus* ou mandado de segurança, em matéria eleitoral, relativos a atos do Presidente da República, dos Ministros de Estado e dos Tribunais Regionais; ou, ainda, o *habeas corpus*, quando houver perigo de se consumar a violência antes que o juiz competente possa prover sobre a impetração". "Art. 29. Compete aos Tribunais Regionais: I – processar e julgar originariamente: (...) (*e*) o *habeas corpus* ou mandado de segurança, em matéria eleitoral, contra ato de autoridades que respondam perante os Tribunais de Justiça por crime de responsabilidade e, em grau de recurso, os denegados ou concedidos pelos juízes eleitorais".

35. Sobre isso, decidiu o STF: "Mandado de Segurança – Competência – Não compete ao STF processar e julgar, originariamente, mandado de segurança contra ato ou decisão do Tribunal Superior Eleitoral, consoante decorre do art. 102, I, letra '*d*', da Constituição. Mandado de segurança não conhecido" (Plenário, v.u., rel. Min. Neri da Silveira, *DJ* I, 01.07.1992, p. 10.556).

36. Vide, no item 4.3, infra, acórdão da 1.ª T. do TRF-1.ª Região, publicado praticamente na mesma época, em sentido contrário.

37. Vide Tupinambá, Carolina. *Competência da justiça do trabalho à luz da reforma constitucional*. Rio de Janeiro: Forense, 2006.

gados públicos, da União e das autarquias federais, além das empresas públicas, regidos pela Consolidação das Leis do Trabalho, tendo estas últimas o regime jurídico das empresas privadas, inclusive quanto às obrigações trabalhistas, por força do art. 173, § 1.º, da CF/1988. O art. 27, § 10, do ADCT ressalvou, entretanto, que:

"Compete à Justiça Federal julgar as ações nela propostas até a data da promulgação da Constituição, e aos Tribunais Regionais Federais bem como ao Superior Tribunal de Justiça julgar as ações rescisórias das decisões até então proferidas pela Justiça Federal, inclusive daquelas cuja matéria tenha passado à competência de outro ramo do Judiciário." [38]

O art. 114, I,[39] da CF/1988 estabelece[40] que compete à Justiça do Trabalho processar e julgar "as ações oriundas da relação de trabalho, abrangidos os entes de direito público externo e da administração pública direta e indireta da União, dos Estados, do Distrito Federal e dos Municípios".

Como se pode ler, a Justiça do Trabalho processa e julga "as ações oriundas da relação de trabalho". Portanto, a relação existente não pode ser de simples prestação de serviço, regida pelo Direito Civil ou de exercício de um cargo público, pois de natureza estatutária, na órbita do Direito Administrativo.

O art. 39 da Carta Magna previu, na sua redação inicial, que a União instituiria, no âmbito de sua incumbência, regime jurídico único e planos de carreira para os servidores da Administração Pública direta, das autarquias e das fundações públicas. Cumprindo-se essa determinação, foi editada a Lei 8.112/1990, que transformou os empregos e funções públicas em cargos públicos, regidos

38. A regra em questão foi necessária para afastar a incidência do disposto no art. 87, *in fine*, do CPC, que, excepcionando o princípio da perpetuação da jurisdição (*rectius:* competência), afirma a relevância da alteração, quando fixada em razão da matéria, como na espécie. A *contrario sensu* da norma transitória, as demandas formuladas após a promulgação passaram a seguir a nova ordem estabelecida, mesmo que decorrentes de fundamentos anteriores. Já as que foram propostas antes da promulgação, por erro, na Justiça do Trabalho, ficaram sob a competência residual da Justiça Federal, tendo em vista que a determinação da competência é feita no momento do ajuizamento da ação, por força do art. 87, parte inicial, do CPC, no caso combinado com o art. 27, § 10, do ADCT, como decidiram o TST (ERR 4.356/DF) e o TRF-1.ª Reg. (AgIn Trabalhista 89.01.06686-6/DF).

39. De acordo com a nova redação dada pela Emenda Constitucional n. 45, publicada em 31.12.2004.

40. A redação originária do art. 114 previa, no seu *caput*, a competência da Justiça do Trabalho para "conciliar e julgar os dissídios individuais e coletivos entre trabalhadores e empregadores, abrangidos os entes de direito público externo e da administração pública direta e indireta dos Municípios, do Distrito Federal, dos Estados e da União, e, na forma da lei, outras controvérsias decorrentes da relação de trabalho, bem como os litígios que tenham origem no cumprimento de suas próprias sentenças, inclusive coletivas".

pelo novo estatuto. Sem guardar coerência com as mudanças estabelecidas no regime do serviço público, assegurou aos servidores civis, no art. 240, *e*,[41] o direito de "ajuizamento, individual e coletivamente, frente à Justiça do Trabalho, nos termos da Constituição Federal". A atribuição de competência formulada gerou grande controvérsia em relação ao dispositivo específico e, também, no que diz respeito ao art. 114 da Magna Carta. O STF selou o dissenso, ao julgar a ADIn 492[42] e vários conflitos de competência suscitados. Entendeu a Corte Suprema que a competência da Justiça do Trabalho estava constitucionalmente limitada às lides fundadas em relação de trabalho, não se subsumindo nestas o vínculo funcional dos servidores públicos. Assim sendo, apenas as relações decorrentes de emprego público é que estariam qualificadas como trabalhistas, e, nos casos em que houve a transformação posterior, a definição da competência passa pela prévia aferição do pedido e da causa de pedir, a fim de se saber se estão ligados ao regime anterior (de emprego, trabalhista) ou posterior (cargo, estatutário), com as respectivas competências das Justiças do Trabalho e Federal. Esclarecedora, nesse sentido, a decisão do STF assim ementada:

"Competência – Controvérsia a envolver servidor público – Relação jurídica regida pela Consolidação das Leis do Trabalho. Conforme decidido pelo Plenário no julgamento da ADIn 492-1, foge à Justiça do Trabalho competência para apreciar controvérsias relacionadas com o chamado Regime Jurídico Único. *A contrario sensu*, subsiste a conclusão no sentido de que o art. 114 da Constituição FederalCF/1988 alberga a atuação da Justiça do Trabalho quando a relação jurídica está submetida à Consolidação das Leis do Trabalho".[43]

A competência da Justiça do Trabalho foi ampliada, após a Constituição de 1988, inicialmente com a EC 20/1998, que lhe atribuiu a possibilidade de executar, de ofício, as contribuições sociais previstas no art. 195, I, *a*, e II, e seus acréscimos legais, decorrentes de sentenças que proferir.[44]

41. A alínea *e* havia sido vetada pelo Presidente da República, mas o veto foi derrubado e o dispositivo mantido pelo Congresso Nacional. Finalmente, a alínea *e* do art. 240 foi revogada pela Lei 9.527/1997. A sua trajetória acabou servindo para delinear a interpretação dos tribunais em torno dos limites da competência da justiça laboral.

42. O acórdão do julgamento da ação direta de inconstitucionalidade foi assim ementado: "Constitucional – Trabalho – Justiça do Trabalho – Competência – Ações dos Servidores Públicos Estatutários –arts. 37, 39, 40, 41, 42 e 114 da CF/1988; art. 240, *d* e *e*, da Lei 8.112/1990. II, – Servidores públicos estatutários: incompetência da Justiça do Trabalho para o julgamento dos seus dissídios individuais. Inconstitucionalidade da alínea *e* do art. 240 da Lei 8.112/1990. III – Ação direta de inconstitucionalidade julgada procedente" (STF, rel. Min. Carlos Velloso, *RTJ* 145/68).

43. RE 183.999 no AgRg/PE, 2.ª T., rel. Min. Marco Aurélio, *DJ* I, 22.09.1995, p. 30.639.

44. A possibilidade foi mantida, com a EC 45/2004, no novo inc. VIII do art. 114.

Com a edição da EC 45, publicada em 31.12.2004, a competência da Justiça do Trabalho, prevista no art. 114, foi detalhada em nove incisos. No que diz respeito à competência da Justiça Federal, a modificação operada na justiça laboral, com a EC 45, foi especialmente relevante, no sentido de (a) lhe estabelecer a competência para os mandados de segurança, *habeas corpus* e *habeas data*, quando o ato questionado envolver matéria sujeita à sua jurisdição;[45] (b) para espancar de dúvidas a sua competência para as ações de indenização por dano moral ou patrimonial, decorrentes da relação de trabalho;[46] e (c) para modificar a competência para as ações relativas às penalidades administrativas impostas aos empregadores pelos órgãos de fiscalização das relações de trabalho.[47]

Por fim, em relação ao inc. I do art. 114, cabe ressaltar que, tal como a redação anterior, há menção expressa no sentido de estarem abrangidos os entes de direito da administração pública direta e indireta da União, dos Estados, do Distrito Federal e dos Municípios. Registre-se que, embora o novo texto não se reporte expressamente aos dissídios individuais e coletivos entre empregados e empregadores, como no *caput* antigo, a parte inicial do dispositivo delimita, com clareza, que o objeto da competência é o processamento e julgamento das "ações oriundas da relação de trabalho". Esclareça-se, ainda, que, ao longo do processo legislativo, o Senado Federal havia acrescentado ao texto a seguinte ressalva: "exceto os servidores ocupantes de cargos criados por lei, de provimento efetivo ou em comissão, incluídas as autarquias e fundações públicas dos referidos entes da federação". O acréscimo, aprovado no Senado, acabou sendo suprimido na Câmara dos Deputados, deixando sem delimitação clara o que seria a relação de trabalho e ensejando, até mesmo, a arguição de inconstitucionalidade, proposta pela Associação dos Juízes Federais (Ajufe),[48] que acabou recebendo, em medida cautelar, liminar deferida pelo Presidente do STF, dando ao tema o mesmo contorno desenhado anteriormente na ADIN 492 e na jurisprudência da Corte Constitucional, para suspender "toda e qualquer interpretação dada ao inc. I do art. 114 da CF/1988, na redação dada pela EC 45/2004, que inclua, na competência da Justiça do Trabalho, a '... apreciação ... de causas que ... sejam instauradas entre o Poder Público e seus servidores, a ele vinculados por típica relação de ordem estatutária ou de caráter jurídico-administrativo'.[49]

---

45. Leia-se matéria trabalhista – Art. 114, IV.

46. Art. 114, VI.

47. Art. 114, VII. A competência, agora da Justiça do Trabalho, era da Justiça Federal, na medida em que a atribuição pela fiscalização era exercida por órgãos federais.

48. ADIn 3.395.

49. Decisão proferida pelo Min. Nelson Jobim, na ADIn 3.395, *DJ* 25.04.2005, Ata n. 4. No pronunciamento ficou consignado: "Não há que se entender que justiça trabalhista, a par-

É de se notar que o STF consolidou entendimento, no sentido de que os contratos temporários firmados pelo Poder Público possuem natureza administrativa, sendo, portanto, da competência da Justiça Comum.[50] Por conseguinte, os litígios decorrentes de contratos temporários firmados com a União e com autarquias federais serão da competência da Justiça Federal.[51]

Por fim, nos termos do enunciado 349 da Súmula do STJ: "Compete à Justiça Federal ou aos juízes com competência delegada o julgamento das execuções fiscais de contribuições devidas pelo empregador ao FGTS".

4.1.2 As pessoas

4.1.2.1 União

A União é pessoa jurídica de direito público interno e a sua existência, qualificação e representação não têm despertado maiores discussões no campo processual. Há, entretanto, a começar pela denominação, erros comuns e reiterados, como o de alterar a sua grafia para União Federal, sem amparo constitucional ou legal para a inovação e representando incorreção, como bem apontado, em obra patrocinada pelo Conselho da Justiça Federal, pelo Juiz Novély Vilanova da Silva Reis. [52]

No dia a dia forense, por vezes, confunde-se a pessoa jurídica legitimada com o órgão, que, como o próprio nome indica, é apenas uma parte daquela. Da confusão, surgem as demandas formuladas em face de Ministérios, Departamentos etc., além da já tradicional utilização da expressão "Fazenda Nacional", como parte nas ações fiscais, em vez da pessoa jurídica União, quando, sabidamente, a Procuradoria da Fazenda Nacional é, também, um órgão ou organismo da Advocacia-Geral da União. O que pode parecer mero precio-

tir do texto promulgado, possa analisar questões relativas aos servidores públicos. Essas demandas vinculadas a questões funcionais a eles pertinentes, regidos que são pela Lei 8.112/1990 e pelo direito administrativo, são diversas dos contratos de trabalho regidos pela CLT".

50. Nesse sentido, decidiu o Pleno do STF: Reclamação constitucional – Autoridade de decisão proferida pelo ATF: art. 102, I, *l*, da CF/1988 – Medida cautelar na ADIn 3.395 – Contratação temporária de servidores públicos: art. 37, IX, da CF/1988 – Ações ajuizadas por servidores públicos: art. 37, IX, da CF/1988 – Ações ajuizadas por servidores temporários contra a administração pública: competência da justiça comum – Causa de pedir relacionada a uma relação jurídico-administrativa. Agravo regimental provido e reclamação procedente (Rcl no AgRg 4489, j. 21.08.2008, rel. p/ acórdão Min. Cármen Lúcia, *DJe*-222).

51. Vide a Rcl nos EDcl 5577, Pleno, j.16.04.2009, rel. Min. Menezes Direito, *DJe*-157.

52. *O que não deve ser dito*: notas de linguagem forense e algumas observações práticas. Brasília: Conselho da Justiça Federal, 1994. p. 8.

sismo jurídico, ou linguístico, também permite a indicação de incoerência. Afinal, como pode o mesmo julgador, ao ler uma petição apontando um Ministério como parte, extinguir o processo, se descumprida a regularização, e, simplesmente, deferir outra, em que se atribui a alguma Procuradoria o polo ativo da relação?

4.1.2.2 Entidade autárquica federal

Segundo Maria Sylvia Zanella Di Pietro,[53] "pode-se conceituar autarquia como a pessoa jurídica de direito público, criada por lei, com capacidade de autoadministração, para o desempenho de serviço público descentralizado, mediante controle administrativo exercido nos limites da lei".

As entidades autárquicas podem ser criadas pelos respectivos entes políticos. No caso, para a fixação da competência da Justiça Federal, a autarquia precisa ser federal, ou seja, criada pela União. No âmbito da Administração Pública Federal, o Dec.-lei 200/1967, definiu no art. 5.º, I, a autarquia como "o serviço autônomo, criado por lei, com personalidade jurídica, patrimônio e receita próprios, para executar atividades típicas da Administração Pública, que requeiram, para seu melhor funcionamento, gestão administrativa e financeira descentralizada".

Diogo de Figueiredo Moreira Neto[54] classifica, fornecendo alguns exemplos, as autarquias em:

"a) *Autarquias de Polícia Administrativa* – Instituto Brasileiro do Meio Ambiente e dos Recursos Renováveis (Ibama), Ordem dos Advogados do Brasil (OAB), Conselho Federal de Engenharia e Arquitetura (CFEA) e todas as demais do tipo *corporativo*.

b) *Autarquias de Serviços Públicos* – Departamento Nacional de Estradas de Rodagem (DNER), Comissão Nacional de Energia Nuclear (CNEN) etc.

c) *Autarquias de Ordenamento Econômico* – Banco Central, Conselho Administrativo de Defesa Econômica (Cade), Superintendência Nacional do Abastecimento (Sunab) etc.

d) *Autarquias de Ordenamento Social e de Fomento Público* – Instituto de Seguridade Social (INSS), Universidade Federal do Rio de Janeiro (UFRJ), Superintendência do Desenvolvimento da Amazônia (Sudam) etc."

O enquadramento dos conselhos de fiscalização profissional no conceito de autarquia volta e meia tem suscitado dúvidas e manifestações contrárias. A

53. *Direito administrativo*. 3. ed. São Paulo: Atlas, 1992. p. 270.

54. *Curso de direito administrativo*. 10. ed. Rio de Janeiro: Forense, 1992. p. 181.

doutrina[55] e a jurisprudência, antes[56] e depois da Carta de 1988, sempre mantiveram a inclusão. Em 1992, o STJ acabou por sumular o seguinte verbete:

"Súmula 66 do STJ. Compete à Justiça Federal processar e julgar execução fiscal promovida por Conselho de fiscalização profissional."

Entretanto, ao reeditar a Medida Provisória 1.549/1997, na sua 35.ª versão, o Presidente da República alterou a redação do art. 58, cujo *caput* passou a ser o seguinte: "Os conselhos de fiscalização de profissões liberais, instituídos por lei, dotados de personalidade jurídica de direito privado e forma federativa, prestam atividades de serviço público".

O texto do art. 58 da Medida Provisória 1.549/1997 continuou a sofrer mudanças nas versões seguintes. Em abril de 1998, ao ser reeditada, transformou-se na Medida Provisória 1.651-43, convertida na Lei 9.649, publicada em 28.05.1998.[57]

---

55. Além de Diogo de Figueiredo Moreira Neto, conforme exemplo transcrito, *vide*, também, Di Pietro, Maria Sylvia Zanella. Op. cit., p. 271.

56. Vide, do STF, o CComp 5.977-75-SC, e, do TFR, a Ap 102.868/PR e o CComp 6.004/BA.

57. "Art. 58. Os serviços de fiscalização de profissões regulamentadas serão exercidos em caráter privado, por delegação do poder público, mediante autorização legislativa. § 1.º A organização, a estrutura e o funcionamento dos conselhos de fiscalização de profissões regulamentadas serão disciplinados mediante decisão do plenário do conselho federal da respectiva profissão, garantindo-se que na composição deste estejam representados todos seus conselhos regionais. § 2.º Os conselhos de fiscalização de profissões regulamentadas, dotados de personalidade jurídica de direito privado, não manterão com os órgãos da Administração Pública qualquer vínculo funcional ou hierárquico. § 3.º Os empregados dos conselhos de fiscalização de profissões regulamentadas são regidos pela legislação trabalhista, sendo vedada qualquer forma de transposição, transferência ou deslocamento para o quadro da Administração Pública direta ou indireta. § 4.º Os conselhos de fiscalização de profissões regulamentadas são autorizados a fixar, cobrar e executar as contribuições anuais devidas por pessoas físicas ou jurídicas, bem como preços de serviços e multas, que constituirão receitas próprias, considerando-se título executivo extrajudicial a certidão relativa aos créditos decorrentes. § 5.º O controle das atividades financeiras e administrativas dos conselhos de fiscalização de profissões regulamentadas será realizado pelos seus órgãos internos, devendo os conselhos regionais prestar contas, anualmente, ao conselho federal da respectiva profissão, e estes aos conselhos regionais. § 6.º Os conselhos de fiscalização de profissões regulamentadas, por constituírem serviço público, gozam de imunidade tributária total em relação aos seus bens, rendas e serviços. § 7.º Os conselhos de fiscalização de profissões regulamentadas promoverão, até 30 de junho de 1998, a adaptação de seus estatutos e regimentos ao estabelecido neste artigo. § 8.º Compete à Justiça Federal a apreciação das controvérsias que envolvam os conselhos de fiscalização de profissões regulamentadas, quando no exercício dos serviços a eles delegados, conforme disposto no *caput*. § 9.º O disposto neste artigo não se aplica à entidade de que trata a Lei 8.906, de 04 de julho de 1994".

Por influxo da inovação legislativa mencionada, o tema foi mais uma vez ventilado. Os conselhos de fiscalização de profissões regulamentadas desempenham, na verdade, poder de polícia, função esta que é "tradução do *ius imperii* estatal, no exercício de atividade pública", como bem assinalado pelo professor Sérgio D'Andréa Ferreira, na obra *Direito administrativo didático*. Embora tenha havido, no início,[58] certa controvérsia em torno da manutenção da competência da Justiça Federal para processar e julgar os conselhos de fiscalização das profissões, a matéria foi pacificada com a declaração de inconstitucionalidade do *caput* do art. 58 e §§ 1.º, 2.º, 4.º, 5.º, 6.º, 7.º e 8.º da Lei 9.649, sob o argumento da indelegabilidade para entidades privadas de atividades tipicamente de Estado, abrangendo o poder de polícia, de punir e de tributar.[59] Nessa linha de pensamento, o STJ passou a chancelar a competência da Justiça Federal para as causas dos conselhos de fiscalização das profissões:[60]

"Administrativo – Agravo regimental – Conselhos profissionais – Processos disciplinar e ético – Competência do Conselho Federal de Contabilidade – Classificação como entidade autárquica – Competência da Justiça Federal processar e julgar (art. 109, I e IV, da CF/1988) – Jurisprudência do STJ – Precedentes. O STJ entende que os conselhos regionais de fiscalização do exercício profissional têm natureza jurídica de autarquia federal e, como tal, atraem a competência da Justiça Federal nos feitos de que participem (art. 109, IV, da CF/1988)."

Em razão da qualificação dos conselhos de fiscalização profissionais como autarquias federais, será competente a Justiça Federal para processar e julgar o conjunto de órgãos internos ou respectivos entes regionais ou locais, como, por exemplo, os Conselhos Regionais,[61] as Seções estaduais, Subseções locais e Caixas de Assistência, ainda quando possuam eventual personalidade jurídica própria, como vem sendo assentado pela jurisprudência. A questão foi especialmente debatida em torno das Caixas de Assistência dos Advogados, como integrantes da estrutura da Ordem dos Advogados do Brasil, tendo a Corte Especial do STJ firmado entendimento em torno da competência da Justiça Federal.[62]

58. Como indicado na edição anterior do presente livro.

59. ADIn 1.717-6/DF, j. 07.11.2002, rel. Min. Sydney Sanches, *RTJ* 186/76, e medida cautelar concedida em julgamento proferido em 22.09.1999.

60. AgRg no REsp 314.237, 1.ª T., rel. Min. Humberto Gomes de Barros, *DJ* 09.06.2003, p. 174, junto com farta jurisprudência, em especial quanto aos executivos fiscais, na linha do Enunciado 66 supramencionado da Súmula do STJ.

61. Vide, dentre outros, no STJ, os CComp 30043, 1.ª Seção, rel. Min. Milton Luiz Pereira, *DJ* 28.05.2001, p. 146, e 23957, 2.ª Seção, rel. Min. Ruy Rosado de Aguiar, *DJ* 31.05.1999, p. 74.

62. Nesse sentido, os CComp 36557, rel. p/ acórdão Min. Franciulli Netto, *DJ* 01.07.2004, p. 164, e 38927, rel. Min. Humberto Gomes de Barros, *DJ* 31.05.2004, p. 167.

É de se notar que a 3.ª Seção do STJ, em caso concreto dotado de certa peculiaridade, no qual a Seccional da Ordem dos Advogados do Tocantins ajuizou uma ação civil pública, envolvendo controvérsia relacionada com concurso público para o cargo de Juiz Substituto no Estado, invocando, também, a intangibilidade do Pacto Federativo e a garantia da autonomia dos entes federados, mas afirmando a falta de vínculo entre a OAB e a Administração Pública Federal e falta de interesse da União, decidiu que a competência seria da Justiça Estadual.[63] No entanto, o STF tem colocado a tônica tão somente na presença, como parte ou terceiro interveniente, de autarquia federal, ainda quando de regime especial.[64]

"Recurso extraordinário – Agravo regimental – Mandado de segurança coletivo impetrado pela OAB em defesa de seus membros – Competência: Justiça Federal – Art. 109, I, da CF/1988. (...) 2. O art. 109, I, da CF/1988 não faz distinção entre as várias espécies de ações e procedimentos, bastando, para a determinação da competência da Justiça Federal, a presença num dos polos da relação processual de qualquer dos entes arrolados na citada norma. Precedente: RE 176.881. 3. Presente a Ordem dos Advogados do Brasil – autarquia federal de regime especial – no polo ativo de mandado segurança coletivo impetrado em favor de seus membros, a competência para julgá-lo é da Justiça Federal, a despeito de a autora não postular direito próprio. (...) ".

As Agências Nacionais, de Petróleo, Energia Elétrica, de Telecomunicações, de Saúde e outras que foram criadas, possuem a natureza de autarquia federal, configurando a sua presença no processo como causa para a competência da Justiça Federal.[65] Caberá, assim, ao Juiz Federal, verificar a existência ou não do interesse jurídico da respectiva Agência Nacional para integrar a lide, pois a indicação ou pretensão da mesma, em participar da relação processual, pode não se configurar como legítima ou cabível. Sendo afastada a sua intervenção e não havendo outro motivo para perdurar a competência federal, os autos devem ser encaminhados ou devolvidos à Justiça Estadual.[66]

63. CComp 47.613/TO, j. 22.06.2005, rel. Min. José Arnaldo da Fonseca, *DJ* 22.08.2005, p. 126.

64. AgRg no RE 266.689/MG, 2.ª T., rel. Min. Ellen Gracie, *DJ* 03.09.2004, p. 32.

65. Nesse sentido, vem decidindo o STJ: "Cobrança de tarifa interurbana pela concessionária de telefonia – Anatel – Legitimidade – Competência – Justiça Federal. 1. Proposta a ação em face da Agência Reguladora Federal, de natureza autárquica, é competente a Justiça Federal. Acaso a pretensão não seja acolhida em face da mesma, a matéria é meritória. A legitimidade afere-se *in abstracto* (*vera sint exposita*) (...)" (REsp 572.906, 1.ª Seção, rel. Min. Luiz Fux, j. 08.06.2004, *DJ* 28.06.2004, p. 199).

66. "Conflito negativo de competência – Serviços de telefonia – Assinatura básica residencial ou comercial – Cobrança – Ação declaratória de ilegalidade cumulada com repetição de

A Fundação Habitacional do Exército também possui natureza equiparada a de autarquia federal, conforme entendimento jurisprudencial, consagrado no enunciado 324 da Súmula do STJ.

Os arts. 57 e 175 da Lei da Propriedade Industrial (Lei 9.279/1996) estabelecem, respectivamente, que as ações de nulidade de patente e de registro de marca serão ajuizadas na Justiça Federal e que o Instituto Nacional de Propriedade Industrial (INPI), quando não for o autor, intervirá no feito. Como visto anteriormente,[67] a competência da Justiça Federal é determinada expressamente na Constituição da República, não podendo ou cabendo ao legislador infraconstitucional ampliar ou restringir o rol previsto na Magna Carta. Portanto, a competência da Justiça Federal decorrerá da incidência de um dos incisos do art. 109 da Lei Maior, principalmente em razão da presença de um dos entes federais elencados no inc. I ou da causa estar fundada em tratado do Brasil com Estado estrangeiro ou organismo internacional, nos termos do inc. III.

A presença do Instituto Nacional de Propriedade Industrial nas demandas relacionadas com a propriedade industrial não decorre da determinação de intervenção contida tão somente nos arts. 57 e 175 supramencionados, mas, sim, da atribuição conferida à autarquia federal, nos termos da Lei 5.648/1970,[68] para a execução das normas de propriedade industrial,[69] especialmente para o registro de marcas, concessão de patentes, averbação de contratos de transferência de tecnologia e de franquia empresarial, e registros de programas de computador, desenho industrial e indicações geográficas, de acordo com a Lei da Propriedade Industrial (Lei 9.279/1996) e a Lei de Software (Lei 9.609/1998). Portanto, o INPI figurará, em razão das suas atribuições, necessariamente, como autor ou réu,[70] e não apenas como terceiro, nos processos em que houver conflito em torno das concessões, registros e averbações sob a sua responsabilidade.

---

indébito – União – Agência Nacional de Telecomunicações – Anatel – Interesse afastado pela Justiça Federal – Súmula 150 do STJ – Competência da Justiça Estadual. 1. Se o Juízo Federal entende inexistir interesse jurídico da União ou da Anatel que justifique o processamento do feito naquela Justiça especializada, não há como afastar-se a competência estadual, a teor do que enuncia a Súmula 150 do STJ, segundo a qual 'compete à Justiça Federal decidir sobre a existência de interesse jurídico que justifique a presença, no processo, da União, suas autarquias ou empresas publicas' (...)" (STJ, CComp 47.016,1.ª Seção, j. 09.03.2005, rel. Min. Castro Meira, *DJ* 18.04.2005, p. 208).

67. Item 3.3.

68. Lei de criação do INPI. A natureza de autarquia federal encontra-se indicada no art. 1.º da Lei 5.648/1970.

69. Nos termos do art. 2.º da Lei 5.648/1970.

70. Nesse sentido, os reiterados julgados do TRF-2.ª Região: "(...) 1. A circunstância de que o direito em discussão nas ações de nulidade de patente ou de registro decorre de ato adminis-

Por outro lado, vem sendo objeto de discussão a possibilidade de cumulação de demandas pertinentes a concessões e registros da atribuição do INPI com pedidos de abstenção de uso ou de perdas e danos em face de pessoas jurídicas privadas não arroladas no inc. I do art. 109 da CF/1988, sob a justificativa de que seriam causas conexas. Embora a posição favorável à admissibilidade da cumulação seja, em princípio, sob o prisma da economia processual e do afastamento de decisões contraditórias, tentadora, a aceitação parece esbarrar em dificuldades jurídicas e materiais. A primeira delas diz respeito ao princípio do juiz natural e à delimitação constitucional da competência da Justiça Federal. Como visto anteriormente,[71] no âmbito do Processo Civil, a conexão somente possui o condão de alterar a incompetência relativa e, portanto, prorrogável. No caso, a competência da Justiça Federal poderá existir em razão da qualidade da parte (inc. I do art. 109 da CF/1988) ou da matéria (inc. III do art. 109, quando a causa for pertinente a tratado firmado pelo Brasil com Estado estrangeiro ou organização internacional). A dificuldade residirá, naturalmente, quando a competência decorrer tão somente da presença da autarquia federal, porque, na espécie, o INPI não estará legitimado para ser demandado em relação a eventuais pedidos de abstenção de uso por parte de entes particulares ou mesmo no que diz respeito a condenações por perdas e danos em face apenas das pessoas privadas.

A competência cível da Justiça Federal é determinada, basicamente, em razão da pessoa (art. 109, I, II e VIII, da CF/1988), em razão da matéria (art. 109, III e XI, da CF/1988), e em termos funcionais (art. 108, I, *c* e *e*, e II, da

trativo praticado pelo INPI implica necessariamente que este integre o feito na qualidade de litisconsorte passivo, necessário e unitário. (...)" (AgIn 200602010084070, 2.ª T., rel. Des. Fed. Liliane Roriz, *DJ* 04.12.2006, p. 360; "(...) I – Nas ações objetivando a invalidação de registro de marca, uma vez que o ato impugnado é de atribuição do Instituto Nacional de Propriedade Industrial – INPI, deve o mesmo figurar na relação jurídico-processual como réu. (...)" (AC 200351015043094, 2.ª T., rel. Des. Fed. André Fontes, *DJU* 22.10.2008, p. 106); "(...)1 I – Nas ações onde o objetivo é a nulidade do registro marcário, deve o INPI integrar a lide na qualidade de corréu, sendo litisconsorte passivo do titular da marca cuja declaração de nulidade se pretende, tendo em vista que a concessão do registro impugnado resultou de ato administrativo da Autarquia e que, certamente, será atingido diretamente pela decisão judicial (...)" (AC 200251015118557, 1.ª T., rel. Des. Fed. Abel Gomes, *DJU* 30.06.2008, p. 318); "(...) IV – O INPI, nas ações destinadas a anular registro de marcas e patentes, é parte autônoma e não mero assistente, sendo cabível a condenação, *pro rata*, ao reembolso das custas judiciais e ao pagamento dos honorários advocatícios arbitrados, na hipótese de sucumbência (...)" (RE 200451015188878, 1.ª T., rel. Juiz Fed. Conv. Aluisio Gonçalves de Castro Mendes, *DJU* 03.04.2009, p. 249).

71. No item 3.3, referente às características da competência cível da Justiça Federal.

CF/1988). Quando se está diante de um critério material, não resta dúvida de que possa haver uma discussão em relação à abrangência da competência. Apenas para exemplificar, em uma relação de trabalho pode-se ter uma discussão sobre o alcance de uma relação de trabalho, sobre o que seja uma relação de trabalho. Então, pode-se discutir exatamente se um pedido se insere em uma relação de trabalho ou não.

Em termos de competência criminal, até mesmo da Justiça Federal, – crimes financeiros, ordem econômica –, pode haver até uma certa discussão em termos de abrangência ou não dessa competência. Porém, quando a competência é em razão da qualidade da parte, a competência da Justiça Federal só é fixada em razão do interesse, da presença daquela pessoa na lide. Neste caso, há que se distinguir até que ponto há uma legitimidade e um interesse daquela parte para atrair a competência da Justiça Federal.

A ação de propriedade industrial está na Justiça Federal não em razão da matéria, mas em virtude da presença de uma autarquia federal – o INPI, razão pela qual faz-se necessário verificar, no caso concreto, se o mesmo é parte legítima para aquele pedido que está sendo postulado. A postulação referente ao registro da marca diz respeito ao INPI, porém as questões envolvendo abstenção de uso da marca ou perdas e danos, quando estas últimas são pleiteadas tão somente em face do particular, não dizem respeito ao INPI, razão pela qual a Justiça Federal não pode ser considerada competente para apreciar estas matérias.

A pessoa privada pode ser detentora de uma marca e autorizar uma outra a utilizá-la sem que haja qualquer problema sob o ponto de vista do registro da marca. Havendo um litígio sobre o contrato, em torno do uso devido ou indevido, a controvérsia dirá respeito somente às partes. Por isso que o INPI nunca se manifestou nas ações que correm na Justiça Estadual quando estão discutindo apenas o uso ou a questão de perdas e danos, quando estas são pleiteadas tão somente em face do particular, pois o que interessa ao INPI é se o registro é válido ou não.

Cumpre ressaltar que diante da ausência de cumulação dos pedidos, a discussão referente à abstenção de uso e às perdas e danos seria travada na Justiça Estadual. Portanto, se essas questões vierem a ser apreciadas na Justiça Federal, estar-se-á afirmando que há duas Justiças competentes: a Estadual e a Federal.

É possível vislumbrar, por exemplo, a existência de conexão entre a concessão de patente ou o registro de marca, a abstenção de uso e as perdas e danos, porém a conexão é causa de mudança de incompetência relativa, que pode ser modificada. A conexão não tem o condão de modificar a incompetência absoluta. A questão já foi apreciada pelo STF:

"Reconvenção – Sua inadmissibilidade – Uniformização da jurisprudência. Quando cabe – Patente de invenção. Infração ao direito a exclusividade – Prova pericial – A conexão somente tem o efeito de modificar a competência, prorrogando a do juiz para o julgamento da reconvenção, quando se trata de competência em razão do valor ou do território. Não é possível opor reconvenção da competência da justiça federal, em ação que tramita em vara cível da Justiça comum estadual. É o que se deduz do art.102 do CPC" (RE 93843, 1.ª T., j. 17.03.1981, rel. Min. Soares Munoz, *RTJ* 102-01/308).

Saliente-se que, no julgado acima, a possibilidade de cumulação perante a Justiça Federal foi expressamente requerida e apreciada detidamente no voto do eminente Relator, como se pode constatar *in verbis*: "A declinatória do foro, pleiteada pela primeira recorrente, não é viável, pois, se deferida, importaria prorrogar as atribuições da Justiça Federal para conhecer e julgar ação indenizatória entre particulares, da competência da Justiça Estadual, em razão da matéria e das pessoas." [72]

72. Na mesma direção da decisão do STF: "(...) Acórdão afirmado nulo de pleno direito, por apontada incompetência absoluta da justiça estadual – Alegação improcedente, eis que a simples declaração incidente de nulidade de registro de marca não desloca a competencia para a justiça federal – Causa entre pessoas jurídicas de direito privado, dela não participando o INPI como autor, réu, assistente ou oponente (...)" (STJ, ROMS 625/RJ, 4.ª T., j. 04.12.1990, *DJ* 22.04.1991, rel. Min. Athos Carneiro); "A justiça estadual é competente para processar e julgar ação em que o titular, junto ao INPI, do registro da marca *tantofaz.com*, sob a especificação de portal da internet, pretende impedir o seu uso por outrem" (STJ, REsp 341.583/SP, rel. Min. Cesar Asfor Rocha, 4.ª T., j. 06.06.2002, *DJ* 09.09.2002, p. 231); "(...) II – Os pedidos subsequentes, consistentes na não utilização da marca e no pagamento de perdas e danos, não se inserem na competência da Justiça Federal, pois se trata de litígio restrito a particulares, não se configurando qualquer das hipóteses do art. 109 da Constituição Federal" (TRF-2.ª Reg., Processo 98.02.29914-6/RJ, 6.ª T., rel. Des. Fed. André Kozlowski, *DJU* 24.02.2003, p. 263). "(...) A Justiça Federal não detém competência para julgar pedido de abstenção do uso de marcas por outra empresa, litígio restrito aos interesses de particulares" (TRF-2.ª Reg., Processo 97.0211495-0/RJ, 6.ª T., rel. Des. Fed. Sérgio Schwaitzer, *DJU* 09.06.2004, p. 136); "Propriedade Industrial – Anulação de marcas e pedido de perdas e danos. 1 – A competência da Justiça Federal, no cível, está delimitada no art. 109 da CF/1988, e é de natureza absoluta, informada por critérios de ordem pública. Não é possível à Justiça Federal apreciar pedido de perdas e danos, sob a alegação de que é conexo a pleito de anulação de marca, pois, embora a Justiça Federal seja a competente para apreciar a anulatória de marcas, a conexão não é causa apta a ampliar a competência absoluta, e sim apenas a relativa" (TRF-2.ª Reg., Processo 97.0231415-1/RJ, 1.ª T., rel. Juiz Federal convidado Guilherme Couto, *DJU* 26.06.2002, p. 180); "Propriedade industrial – Marca – Abstenção de uso e perdas e danos – Competência da justiça estadual – Reprodução de marca notória – Colidência – Anulação do registro – Lei 9.279/1996. I – Em se tratando de demanda em que se postula a *abstenção* de uso da marca e indenização por *perdas* e danos em face tão somente de pessoa jurídica de direito privado, nada se pedindo ao INPI, configura-se de modo claro e indubitável a ilegitimidade da autarquia federal. Por conseguinte, deverá ser declarada a *incompetência* da *Justiça Federal* para os respectivos pedidos de *abstenção* de uso da marca e indenização

4.1.2.3 Fundação pública federal

Praticamente pacífica,[73] hoje, é a equiparação das fundações públicas às autarquias. Como explica Celso Antônio Bandeira de Mello,[74] "a lei pode criar uma fundação estatal de direito privado, como pode também criar uma fundação de direito público. O que se passou, entretanto, no direito brasileiro, é que foram criadas inúmeras pessoas designadas como 'fundações', com atribuições nitidamente públicas e que, sob este aspecto, em nada se distinguiam das autarquias. O regime delas estaria inevitavelmente atrelando-as às limitações e controles próprios das pessoas de direito público. Entretanto, foram batizadas de pessoas de direito privado, apenas para se evadirem destes controles moralizadores ou, então, permitir que seus dirigentes acumulassem cargos e empregos, o que lhes seria vedado se fossem reconhecidas como pessoas de direito público".

A Constituição reforçou a interpretação acima, ao dar tratamento idêntico ao estabelecido para os demais entes de direito público (art. 39, *caput*, na sua redação original, e art. 19 do ADCT).

por *perdas* e danos. II – A competência da *Justiça Federal*, no cível, está delimitada no art. 109 da Constituição, e é de natureza absoluta, informada por critérios de ordem pública. Não é possível à *Justiça Federal* apreciar pedido de perdas e danos, sob a alegação de que é conexo a pleito de anulação de marca, pois, embora a Justiça Federal seja a competente para apreciar a anulatória de marcas, a conexão não é causa apta a ampliar a competência absoluta, e sim apenas a relativa" (TRF-2.ª Reg., AC 199451010428624, 1.ª T., rel. Juiz Federal convidado Aluisio Gonçalves de Castro Mendes, *DJU* 19.12.2008, p. 59); "A Justiça Federal é absolutamente incompetente para dirimir disputas que se dão exclusivamente entre empresas particulares – no caso, a determinação da abstenção da marca *Ibep* e da retirada da aludida expressão da denominação da segunda ré – uma vez que não se enquadra tal matéria dentro da restrita competência constitucional prevista no inc. I do art. 109 da CF/1988" (TRF-2.ª Reg., EDcl na AC 2001.51.01.524031-0, 1.ª Turma Especializada, j. 05.05.2009, v.u, rel. Marcia Helena Nunes,); "(...) II – O pedido de abstenção de uso de nome empresarial, em formulação autônoma e desconexa com a discussão em torno dos direitos marcários nestes autos afirmados, envolve apenas o Direito Empresarial e trata-se de *res inter alios*, pelo que é incompetente esta *Justiça Federal* para a sua apreciação" (TRF-2.ª Reg., AC 200651015301953, 2.ª T., rel. Des. Fed. André Fontes, *DJU* 12.12.2008, p. 170/171).

73. Vide as decisões do STF a esse respeito na *RDA* 160/85, 161/50 e 171/124, apud Meirelles, Hely Lopes *Direito administrativo brasileiro*. 19. ed. São Paulo: Malheiros, 1994. p. 317. No mesmo sentido, decidiu o STJ: "Processual civil – Competência – Fundação de direito público. I – Legião brasileira de assistência – LBA qualifica-se como pessoa jurídica de direito público, que integra o gênero autarquia (*RTJ* 122/495). II – É competência da Justiça Federal processar e julgar as causas em que estes entes comparecem como partes (CF, art. 109, I). III – Precedentes" (CComp 207/RS, rel. Min. Bueno de Souza, *DJ* I, 10.10.1989).

74. *Curso de direito administrativo*. 6. ed. São Paulo: Malheiros, 1995. p. 82 e 83.

4.1.2.4 Empresa pública federal

Na definição de Hely Lopes Meirelles,[75] as "*empresas públicas* são pessoas jurídicas de Direito Privado criadas por lei específica, com capital exclusivamente público, para realizar atividades de interesse da Administração instituidora nos moldes da iniciativa particular, podendo revestir qualquer forma e organização empresarial".

As empresas públicas, como se sabe, podem ser unipessoais ou pluripessoais, quando o capital pertence integralmente a um único ente político ou haja a participação de outras pessoas, respectivamente. Para que recaia na competência da Justiça Federal, é necessária a participação de empresa pública federal, ou seja, com a União detendo todo o capital (unipessoal) ou a maioria do capital votante (pluripessoal), nos termos do art. 5.º do Dec.-lei 900/1969. O exemplo mais assíduo de empresa pública na Justiça Federal é o da Caixa Econômica Federal.

4.1.2.5 Ministério Público Federal

Discute-se se a intervenção do Ministério Público Federal no processo, seja como autor, na qualidade de substituto processual, seja como fiscal da lei, desloca a competência para a Justiça Federal.

Três correntes de opinião podem ser encontradas. A primeira defende que a presença do Ministério Público Federal determina a fixação da competência da Justiça Federal, em razão de a instituição não gozar de personalidade jurídica própria, sendo, portanto, órgão integrante da União. Em conformidade com esse entendimento, decidiu a 1.ª Seção do STJ:

"Processual – Ministério Público Federal – Parte – Competência – Justiça Federal. Se o Ministério Público Federal é parte, a Justiça Federal é competente para conhecer do processo" (STJ, CComp 4.927, rel. Min. Humberto Gomes de Barros, *DJ* 04.10.1993, p. 20482).[76-77]

75. Op. cit., p. 324.

76. CComp 4.927, rel. Min. Humberto Gomes de Barros, *DJ* 04.10.1993, p. 20.482. No mesmo sentido, também, o CComp 25.448, 1.ª Seção, j. 18.06.2001,rel. Min. Garcia Vieira, *DJ* 18.06.2001, p. 108, e os EDcl no REsp 206.757, 2.ª T., j. 17.02.2003, rel. Min. Francisco Peçanha Martins, *DJ* 17.03.2003, p. 195. Em relação ao STF, é de se notar que, embora conste na ementa do julgamento do RE 228.955/RS, pelo Tribunal Pleno: "Ação civil pública promovida pelo Ministério Público Federal – Competência da Justiça Federal", a questão da competência da Justiça Federal em razão da presença do Ministério Público Federal não foi objeto do voto ou das discussões no recurso, que se preocupou, basicamente, em afirmar a possibilidade de competência local do Juiz Federal, para processar e julgar ações civis públicas, nos termos do art. 2.º da Lei 7.347/1985, tema então palpitante diante do entendimento então esposado no Enunciado 183 (já cancelado) da Súmula do STJ.

O raciocínio que equipara a figura do *parquet* federal à União, conforme acima exposto, é o motivo central assumido no voto condutor da ementa antes colacionada: "Sendo o Ministério Público Federal um órgão integrante da União, as pretensões por ele deduzidas devem ser, *data venia*, dirimidas pela Justiça Federal, mesmo porque a ele falece atribuição para oficiar perante a Justiça Estadual ou Distrital". Como expressamente mencionado nessa parte final, o raciocínio conduz à impossibilidade de o Ministério Público Federal atuar na Justiça dos Estados, salvo quando decorrente da delegação prevista no art. 109, § 3.º, da CF/1988.

No pensamento acima, portanto, a competência da Justiça Federal decorre da presença do Ministério Público Federal, cabendo ao Juiz Federal perquirir, apenas, a existência de atribuição daquele para a propositura da ação formulada e, em caso de negativa, extinguir o feito por ilegitimidade. [78]

Em sentido oposto, outro grupo defende a vinculação dos ramos do Ministério Público às respectivas "Justiças", partindo-se, entretanto, da competência judicial para a identificação da atribuição do órgão do *parquet*. Nesse sentido, leciona Teori Albino Zavascki:

"A ação civil pública será proposta, portanto, pelo Ministério Público da União, quando se tratar de causa de competência da Justiça Federal; e será proposta pelo Ministério Público dos Estados, quando for causa de jurisdição local." [79-80]

---

77. Vide infra ementa transcrita anteriormente, em que a 1.ª Seção do STJ sustenta, também, como argumento de apoio para a determinação da competência federal, a participação do Ministério Público Federal.

78. Como consta no parecer do então Subprocurador-Geral da República José Arnaldo da Fonseca, adotado como voto pelo Min. Humberto Gomes de Barros, no julgado antes referido: "Assim, proposta ação pela Procuradoria da República, no foro que lhe é próprio, o federal, caso o ilustre Magistrado entenda que não lhe reserva, a Constituição, atribuição para titularidade do feito, há que declarar a *falta de interesse jurídico* na lide, não a incompetência do Juízo. Ora, por óbvio, à Justiça Federal compete declarar que o Ministério Público Federal não tem interesse nesta ou naquela causa, não à Justiça Distrital ou Estadual, *data venia*".

79. *Revista de Informação Legislativa* 114, jul. 1992, citada no voto do Min. Vicente Leal, mencionando, também, a lavra de Paulo de Bessa Antunes, *RSTJ* 82/336.

80. Na mesma direção: "Parece-nos indiscutível que a atribuição do membro do Ministério Público está afeta à respectiva Justiça, estadual ou federal" (Neiva, José Antonio Lisbôa. Ação civil pública. Litisconsórcio de Ministérios Públicos. *RT* 707/238); e "é curial que a atuação do Ministério Público acompanhe a competência dos órgãos jurisdicionais perante os quais atua. Assim, se a competência para o processo é da Justiça Federal, o Ministério Público estadual não pode atuar perante ela, e vice-versa" (Greco Filho, Vicente. Comentários aos arts. 101 a 104 e 109 a 119. In: Oliveira, Juarez (org.). *Comentários ao Código de Proteção do Consumidor*. São Paulo: Saraiva, 1991.).

Em aresto da 2.ª Seção do STJ, sufragou-se a opinião acima, tendo o relator, Min. Vicente Leal, afirmado, no seu voto, que "cada um atua perante o Juízo competente, estadual ou federal, segundo suas atribuições próprias. O Ministério Público Estadual promove perante o Juízo Estadual e o Ministério Público Federal perante o Juízo Federal. Na espécie, o tema agitado na ação civil pública que deu causa ao mandado de segurança em exame diz respeito a questão administrativa do âmbito da Secretaria de Segurança do Estado do Ceará, assunto que escapa ao exame da competência da Justiça Federal". [81]

Por fim, o terceiro entendimento nega a competência da Justiça Federal, em razão da simples presença do Ministério Público, considerando a exaustividade do elenco previsto no art. 109 da CF/1988, sem, contudo, vincular a atribuição do Ministério Público Federal à Justiça Federal. Nesse sentido, decidiram, respectivamente, os TRFs da 2.ª e 3.ª Regiões e também a 1.ª Seção do STJ:

"Processual civil – Competência para julgar litígio relativo a obra executada pela Prefeitura. Havendo expressa manifestação do SPU, de que os quiosques construídos pela Prefeitura ao longo do passeio público estão fora da praia, competente para julgar eventual litígio entre os moradores e o poder local é a Justiça do Estado. O simples fato de haver sido proposta pelo Ministério Público Federal a ação civil pública, com vistas à preservação do meio ambiente, não justifica a deslocação da competência para a Justiça Federal. O Ministério Público, no caso, funciona como defensor dos direitos difusos e não como representante da União Federal, que não é parte no feito." [82]

"Ação civil pública – Interesses difusos – Competência – Ministério Público Federal. I – Ao Ministério Público Federal é conferida constitucionalmente capacidade postulatória ativa no caso de ação civil pública para a defesa de interesses difusos (art. 129, III, da CF/1988). II – A circunstância de ter o Ministério Público Federal legitimidade ativa para ingressar com ação civil pública, por si só, não desloca ou fixa a competência da Justiça Federal, que se submete ao elenco taxativo do art. 109 da CF/1988. III – Envolvendo a lide apreciação de atos praticados pela autarquia federal, Instituto Brasileiro do Café – IBC, impõe-se o seu chamamento prévio para manifestar-se se tem interesse no feito antes de se decidir pela incompetência da Justiça Federal. IV – Agravo provido para anular a decisão recorrida." [83]

"Conflito de competência – Ação de prestação de contas proposta pelo Ministério Público Federal em face de ex-prefeito por desvio de verbas – Pedido

81. RMS 4.146-8/CE, *RSTJ* 82/336.

82. MS 215.238, rel. Juiz Clélio Erthal, *DJ* II, 25.02.1992, p. 3.801.

83. AgIn. 90.03.266268/SP, 3.ª T., rel. Juiz Sérgio Lazzarini, *DOE* 25.03.1991, p. 72.

de tutela antecipada – Súmula 209 do STJ – Competência da Justiça Estadual. (...) 4. A propositura pelo Ministério Público Federal de ação civil pública, com vistas à defesa de interesses difusos ou coletivos, não é suficiente para a fixação da competência da Justiça Federal." [84]

A equiparação do Ministério Público Federal à União, com a finalidade de justificar a competência da Justiça Federal, nos termos do inc. I do art. 109 da Constituição, não condiz com o tratamento diferenciado que a Constituição de 1988 estabeleceu para o *parquet*. A nova Carta foi expressa, no art. 129, IX, *in fine*, quando estabeleceu que ao Ministério Público estaria "vedada a representação judicial e a consultoria jurídica de entidades públicas", eliminando, assim, a situação esdrúxula dos Procuradores da República, que, além das funções do Ministério Público, acumulavam a representação da União. O art. 131 da CF/1988 estabeleceu que "a Advocacia-Geral da União é a instituição que, diretamente ou através de órgão vinculado, representa a União, judicial e extrajudicialmente (...)". Não sendo o Ministério Público Federal "órgão vinculado" à Advocacia-Geral da União, descabe-lhe a atuação em nome da União, sendo-lhe facultado, inclusive, como não raro acontece, a propositura de demandas judiciais em face daquele ente político central. [85-86] A atuação dos diversos ramos do Ministério Público não se vincula aos respectivos entes políticos, pois, do contrário, haveria a presença do Estado-Membro, quando atuasse o Promotor de Justiça, e da União, quando Procurador da República; na verdade, o *parquet* age como "instituição permanente, essencial à função jurisdicional do Estado, incumbindo-lhe a defesa da ordem jurídica, do regime democrático e dos interesses sociais e individuais indisponíveis". A sua capacidade para ser parte não decorre da personalidade jurídica da União, mas,

84. CComp 34.204, j. 11.12.2002, rel. Min. Luiz Fux, *DJ* 19.12.2002, p.. 323. Na mesma direção, decidiu a 2.ª Turma do STJ, no REsp 153.540, j. 04.12.2003, rel. Min. Eliana Calmon, *DJ* 08.03.2004, p. 202.

85. Decidiu o STF: "Não obstante despido de personalidade jurídica, porque é órgão ou complexo de órgãos estatais, a capacidade ou personalidade judiciária do Ministério lhe é inerente – porque instrumento essencial de sua atuação – e não se pode dissolver na personalidade jurídica do Estado, tanto que a ele frequentemente se contrapõe em juízo; se, para a defesa de suas atribuições finalísticas, os tribunais têm assentado o cabimento do mandado de segurança, este igualmente deve ser posto a serviço da salvaguarda dos predicados da autonomia e da independência do Ministério Público, que constituem, na Constituição, meios necessários ao bom desempenho de suas funções institucionais" (MS 21.239, Pleno, rel. Min. Sepúlveda Pertence, *DJ* 23.04.1993, p. 6.920).

86. Também: "(...) II – O interesse público a que se refere o art. 129, IX, da CF/1988 não se identifica com o interesse da União, enquanto pessoa jurídica de Direito Público devidamente representada nos autos" (TRF-2.ª Reg., AC 95.02.03017/RJ, 2.ª T., rel. Juíza Tanyra Vargas, *DJ* II, 21.09.1995, p. 63).

sim, da capacidade judiciária (pessoa formal) reconhecida e assegurada na Lei Maior, nos termos dos arts. 127 e 129.

Por fim, cabe assinalar que a competência da Justiça Federal encontra-se elencada taxativamente na Constituição da República, enquanto as atribuições e o estatuto de cada Ministério Público são estabelecidos por leis complementares da União e dos Estados, em conformidade com o art. 128, § 5.º, da CF/1988. Por conseguinte, a delimitação das funções de cada Ministério Público não está constitucionalmente vinculada à competência dos órgãos judiciais, sendo objeto, sim, das respectivas leis complementares. Assim sendo, da simples leitura dos arts. 37 e 39 do Estatuto do Ministério Público da União,[87] percebe-se que o Ministério Público Federal possui atribuições que extrapolam a competência da Justiça Federal. A atuação dos seus membros em razão da competência do órgão judicial está inscrita apenas como parte das suas funções, como disposto no art. 37, I, da LC 75/1993. O inc. II é explícito ao anunciar o exercício das funções ministeriais federais "nas causas de quaisquer juízes e tribunais". Por sua vez, o art. 39 reforça essa possibilidade, ao elencar situações que podem extrapolar a competência da Justiça Federal, como, por exemplo, em relação às sociedades de economia mista – englobadas no inc. II, na medida em que estão incluídas na Administração Pública indireta –, ou até mesmo outras pessoas jurídicas de direito privado – porque podem ser concessionárias e permissionárias de serviço público federal, nos termos do inc. III. Portanto, não sendo a causa da competência da Justiça Federal, nada obsta que o Ministério Público Federal possa atuar perante a Justiça dos Estados.

Os precedentes[88] que ensejaram a edição do enunciado 489 da Súmula do STJ, em junho de 2012, apontam, entretanto, no sentido do fortalecimento, ou consagração, da primeira corrente, ao afirmar que os órgãos federais, dentre os quais o Ministério Público Federal, como integrante da União, não poderiam atuar perante a Justiça Estadual.

4.1.2.6 Outros entes

A Justiça Federal não é competente para processar e julgar as ações em que as sociedades de economia mista sejam parte ou terceiro interveniente.[89] Essas

87. LC 75/1993.

88. Nesse sentido, os CComp 112.137, *DJE* 01.12.2010; CComp 90.106, *DJE* 10.03.2008; CComp 56.460, *DJ* 19.03.2007; CComp 40.534, *DJ* 17.05.2004; e CComp 22.682, *DJ* 12.05.2003.

89. Consoante esse entendimento, hoje pacífico, incluiu o STJ o seguinte enunciado na sua Súmula de uniformização de jurisprudência: "42. Compete à Justiça Comum Estadual processar e julgar as causas cíveis em que é parte sociedade de economia mista e os

pessoas jurídicas, como se sabe, são dotadas de personalidade jurídica de direito privado, com participação acionária majoritária do Poder Público, sem que a mesma seja integral. Embora, por força do programa de privatização, a União esteja passando para entes privados a sua participação em diversas empresas, várias são as sociedades dessa espécie, como por exemplo: Petróleo Brasileiro S. A. (Petrobras), Banco do Brasil S. A., Rede Ferroviária S. A., Furnas, Telebras, Eletrobras etc.

A criatividade do brasileiro, em particular a dos que legislam, está sempre a atiçar o trabalho dos juristas e julgadores, com a produção de novas figuras. Ao "operador" do direito caberá a análise a partir da essência do novo ser criado, levando em conta principalmente as características e qualidades jurídicas, e não a mera denominação.

4.1.3 Interessada na condição de autora, ré, assistente ou opoente

4.1.3.1 Como parte

O texto constitucional estabelece que a atuação das pessoas federais descritas deve dar-se na condição de autor, réu, assistente ou oponente (*rectius: opoente*). As duas primeiras figuras são as chamadas partes originárias, enquanto as outras são espécies do gênero intervenção de terceiros.

A presença no polo ativo ou passivo da relação processual pode ter lugar unicamente ou em conjunto com outras pessoas (litisconsórcio ativo ou passivo, facultativo ou necessário,[90] simples ou unitário).

Da mesma forma, a participação do ente federal pode ocorrer em decorrência de legitimação ordinária ou extraordinária, sendo exemplo desta última a prevista no art. 5.º da Lei 7.347/1985 (Lei da Ação Civil Pública).

Indiferente, no caso, para a determinação da competência da Justiça Federal, se a presença da pessoa federal qualificada, como autora ou ré, ocorreu *ab initio* ou no curso do processo, como, v.g., por determinação do juiz com base no art. 47, parágrafo único, do CPC, ou, ainda, como sucessora (arts. 42, § 1.º,[91] e 43, ambos do CPC). Sendo posterior e estando em tramitação na Justiça

crimes praticados em seu detrimento". No mesmo sentido, também, o verbete 517 da Súmula do STF.

90. Como no usucapião.

91. José Roberto de Moraes (op. cit., p. 151 e 152) fornece o seguinte exemplo: "Suponha-se que esteja em curso uma ação reivindicatória entre particulares relativamente ao imóvel 'X'. No curso desta ação, uma das partes aliena o imóvel 'X' a uma empresa pública federal. Nos termos da lei processual, se a parte contrária consentir, haverá sucessão processual e a empresa pública federal assumirá no processo a mesma posição do alienante. Neste caso,

do Estado, haverá o deslocamento da competência, com a remessa dos autos, tendo em vista que a alteração, em razão da pessoa ou da matéria, não gera a perpetuação, porque absoluta, nos termos da parte final do art. 87 do Estatuto Processual Civil.

4.1.3.2 Como terceiro interveniente. Assistente. Opoente. Nomeada à autoria. Denunciada. Chamada ao processo

Em relação à intervenção de terceiros, a Constituição prevê expressamente apenas os casos de assistência e oposição. No entanto, não há motivo para a exclusão das demais espécies de intervenção previstas no Código: a nomeação à autoria, a denunciação da lide e o chamamento ao processo, hipóteses que serão analisadas em seguida à assistência e à oposição.

Tanto a assistência simples quanto a litisconsorcial ensejam a competência da Justiça Federal, na medida em que a Lei Maior não faz qualquer distinção ou restrição.[92-93] Todavia, apenas o terceiro juridicamente interessado poderá intervir no processo, na condição de assistente, nos termos da redação do art. 50 do Estatuto Processual Civil. Por diversas vezes o Poder Executivo e o legislador ordinário já tentaram afastar, de modo dissimulado, o interesse jurídico como requisito, estabelecendo uma intervenção *ex officio* ou por simples desejo do ente federal.[94]

---

se a ação corria perante a Justiça Estadual, haverá a remessa dos autos à Justiça Federal, por força do dispositivo constitucional em apreço. Caso a parte contrária não consinta no ingresso nos autos da empresa pública federal adquirente, a ação prosseguirá contra o alienante. Neste caso, somente haverá mudança de competência se a empresa pública federal requerer a sua admissão como assistente".

92. Nesse sentido: "Competência – Justiça Federal – Assistência. Figurando como assistente, não importa que assistência simples ou qualificada, a União, suas autarquias ou empresas públicas, a competência será da Justiça Federal. Não se dá o deslocamento para o foro federal apenas naqueles casos em que a União intervém no processo, ainda sem demonstrar interesse jurídico tal como se verifica na hipótese prevista no art. 7.º da Lei 6.825/1980" (STJ, CComp 1.755, 2.ª Seção, j. 08.05.1991, rel. Min. Eduardo Ribeiro, *RSTJ* 22/58).

93. Contra, em decisão anterior: "Competência – Assistência *ad adjuvandum*. A assistência simples do IAPAS não tem o condão de transferir a competência para a Justiça Federal. Conflito julgado improcedente, para considerar competente o Juízo Cível suscitante" (STJ, CComp 341, 1.ª Seção, j. 08.08.1989, rel. Min. Américo Luz, *RSTJ* 03/748).

94. São exemplos: (a) Lei 5.010/1966, art. 70: "A União intervirá, obrigatoriamente, nas causas em que figurarem, como autores ou réus, os partidos políticos, excetuadas as de competência da Justiça Eleitoral, e as sociedades de economia mista ou empresas públicas com participação majoritária federal, bem assim os órgãos autônomos especiais e fundações criados por lei federal"; (b) Lei 5.627/1970, art. 4.º: "Nas ações judiciais em que as Sociedades de Seguros ou de Capitalização, em regime de liquidação extrajudicial compulsória, sejam autoras, rés,

A questão do interesse jurídico sempre esteve em pauta, tendo em vista a edição de leis que autorizavam a intervenção, sem a exigência, e a manifestação dos entes a invocar interesses econômicos, potenciais etc. Todavia, a jurisprudência sempre exigiu o interesse jurídico para a intervenção, tendo o extinto TFR e o STJ incluído nas respectivas Súmulas os seguintes verbetes:

"61. Para configurar a competência da Justiça Federal, é necessário que a União, entidade autárquica ou empresa pública federal, ao intervir como assistente, demonstre legítimo interesse jurídico no deslinde da demanda, não bastando a simples alegação de interesse na causa".

"150. Compete à Justiça Federal decidir sobre a existência de interesse jurídico que justifique a presença, no processo, da União, suas autarquias ou empresas públicas".

Em 1996, foi editada a MedProv 1.561, convertida na Lei 9.469/1997, com o seguinte dispositivo:

"Art. 5.º A União poderá intervir nas causas em que figurarem, como autoras ou rés, autarquias, fundações públicas, sociedades de economia mista e empresas públicas federais.

Parágrafo único. As pessoas jurídicas de direito público poderão, nas causas cuja decisão possa ter reflexos, ainda que indiretos, de natureza econômica, intervir, independentemente da demonstração de interesse jurídico, para esclarecer questões de fato e de direito, podendo juntar documentos e memoriais reputados úteis ao exame da matéria e, se for o caso, recorrer, hipótese em que, para fins de deslocamento de competência, serão consideradas partes."

Nos julgados passados, frisou-se que a aceitação da assistência, sem o interesse jurídico, consistiria hipótese de estar "a lei ordinária ampliando as hipóteses constitucionais de competência da Justiça Federal. E por isso mesmo o Supremo Tribunal julgou inconstitucional o art. 4.º da Lei 5.627/1970".[95] Com

assistentes ou oponentes, a União será sempre citada como assistente (artigo 125 da Constituição Federal). Parágrafo único. As disposições deste artigo aplicam-se às ações em curso, devendo os respectivos processos serem remetidos 'ex officio' à Justiça Federal no prazo de 30 (trinta) dias, contados da data em que for apresentado em juízo o pedido de citação da União"; (c) Lei 6.825/1980 [revogada pela Lei 8.197/1991], art. 7.º: "A União Federal poderá intervir nas causas em que figurarem, como autores ou réus, os partidos políticos, excetuadas as de competência da Justiça Eleitoral, e as sociedades de economia mista ou empresas públicas com participação majoritária federal, bem assim os órgãos autônomos especiais e fundações criados por lei federal"; e (d) Lei 8.197/1991 [revogada pela Lei 9.469/1997], art. 2.º: "A União poderá intervir nas causas em que figurarem como autoras ou rés as autarquias, as fundações, as sociedades de economia mista e as empresas públicas federais".

95. Trecho do voto do Min. Eduardo Ribeiro, STJ, CComp 1.755, 2.ª Seção, j. 08.05.1991, rel. Min. Eduardo Ribeiro, *RSTJ* 22/58.

base neste entendimento, na edição anterior do presente livro, diante da falta de decisões definitivas ou reiteradas dos tribunais em relação à Lei 9.469/97, previu-se que, "seguindo a linha anterior, o art. 5.º será considerado inconstitucional ou terá a sua interpretação adaptada para que se considere possível apenas a intervenção provida de interesse jurídico. De fato, o art. 5.º da mencionada lei deve ser interpretado com o devido cuidado e em conformidade com a Constituição, não podendo agasalhar a possibilidade de intervenção, como parte principal ou acessória, sem o devido interesse e o consequente deslocamento da competência para a Justiça Federal. A leitura atenta da norma esclarece, no entanto, que não se está diante de uma pretendida intervenção como assistente, nos moldes previstos no art. 109, I, da CF/1988, ou dos arts. 50 a 55 do CPC, mas de mera intervenção para esclarecer questões de fato e de direito, podendo juntar documentos e memoriais reputados úteis ao exame da matéria, sem que haja, em razão desta participação, desprovida de interesse jurídico, qualquer modificação no que diz respeito às partes originárias e supervenientes do processo. Não haverá, assim, mudança nos elementos subjetivos da demanda e da relação processual. Por conseguinte, não ocorrerá, também, alteração no que diz respeito à competência.

Por fim, cabe lembrar que, nos termos do art. 50, parágrafo único, do Código de Processo Civil, "a assistência tem lugar em qualquer dos tipos de procedimento e em todos os graus da jurisdição, mas o assistente recebe o processo no estado em que se encontra".

Como definido por Cândido Rangel Dinamarco,[96] a "*oposição* é a demanda através da qual terceiro deduz em juízo pretensão incompatível com os interesses conflitantes de autor e réu de um processo cognitivo pendente".

Sob o ponto de vista da competência, o interesse reside principalmente quando o ente federal é o opoente, pois, do contrário, na condição de um dos opostos, figurará como autor ou réu, o que por si só já seria suficiente para situar o feito na Justiça Federal. Oferecida, portanto, a oposição, antes de iniciada a audiência (modalidade interventiva) ou depois (autônoma), mas sempre antes de proferida a sentença, pela União, autarquia ou empresa pública federal, perante a Justiça do Estado, deve o juiz declinar imediatamente da sua competência, remetendo os autos[97] para a Justiça Federal. Nesse sentido é a lição, mais uma vez, de Cândido Dinamarco:[98]

"Entre os requisitos de regularidade processual para o julgamento do mérito, destaca-se a *competência*. Ao dizer que a oposição será distribuída por depen-

96. *Intervenção de terceiros*. São Paulo: Malheiros, 1997. p. 37.

97. Do único processo, se interventiva a oposição, ou dos dois, se autônoma.

98. Idem, p. 62 e 63.

dência (art. 57), a lei processual fixou a *competência funcional* do juiz da causa. Quer se trate de oposição interventiva ou autônoma, a pretensão do terceiro será processada e julgada pelo mesmo juiz do processo já antes formado entre os opostos. Nem teria sentido uma *oposição* que não se ligasse assim à causa inicial.

Por isso e tratando-se de competência funcional, essa regra é cogente e, portanto, *absoluta* a competência assim determinada. Em caso de formular oposição alguma entidade a quem a Constituição ou a lei conceda tratamento especial quanto à competência, desloca-se esta para a Justiça ou para o juízo competente. Sendo opoente a União ou alguma de suas autarquias ou empresas públicas, desloca-se a competência para a Justiça Federal, para observância da regra expressa no art. 109, I, da CF/1988".

A União, as entidades autárquicas e as empresas públicas federais podem, eventualmente, ser nomeadas à autoria na Justiça do Estado, visando a correção da legitimação passiva para a causa. O juiz não deve, neste caso de intervenção de terceiro, declinar de plano da sua competência, porque a nomeação poderá ser recusada pelo autor ou pelo nomeado, nos termos dos arts. 65 e 66 do CPC, fazendo com que as partes permaneçam as mesmas, assim como mantida estará a competência. Aceita por ambos a nomeação, passará o ente federal a figurar como réu, razão pela qual deve o juiz, independentemente de provocação, declinar da sua competência e ordenar a remessa dos autos para a Justiça Federal, após a dupla anuência.

Segundo Athos Gusmão Carneiro, [99] a denunciação da lide "é prevista no vigente Código de Processo Civil como uma ação regressiva *in simultaneus processus*, proponível tanto pelo autor como pelo réu, sendo citada como denunciada aquela pessoa contra quem o denunciante terá uma pretensão indenizatória, pretensão 'de reembolso', *caso ele, denunciante, vier a sucumbir na ação principal*".

A denunciação da lide é o caso mais frequente dentre as espécies de intervenção de terceiros não mencionadas no art. 109, I, da CF/1988, e do qual já há alguns precedentes expressos quanto ao deslocamento da competência, cabendo ao Juiz Federal, inclusive, *ab initio*, a apreciação do seu cabimento. Assim tem julgado o STJ, como se depreende da seguinte ementa:

"Processual civil – Conflito de competência – Ação de indenização por danos decorrentes de ato ilícito – Denunciação da lide à União Federal – Bateau Mouche. 1 – A pertinência da denunciação da lide a terceiro não depende da atitude deste em face da lide que lhe é denunciada; e sim, de ser (ou não) o terceiro parte legítima para figurar como litisdenunciado. 2 – Questão processual a ser

99. *Intervenção de terceiros*. 6. ed. São Paulo: Saraiva, 1994. p. 69.

decidida pelo juiz, uma vez que a ele está submetida a causa. 3 – Conflito conhecido; declarada a competência do Juízo Federal suscitante, para exame e decisão sobre a pertinência da pretendida denunciação da lide à União. 4 – Precedentes" (STJ, CComp 1.334-RJ, 2.ª Seção, rel. Min. Bueno de Souza, *RSTJ* 29/25).[100]

No chamamento ao processo, o chamado passa a figurar também como réu, em litisconsórcio com o chamante, razão pela qual deve haver o deslocamento da competência para a Justiça Federal quando o chamamento for da União, entidade autárquica ou empresa pública federal.[101-102]

4.2 Causas entre Estado estrangeiro ou organismo internacional e Município ou pessoa domiciliada ou residente no País

A regra é exatamente igual à prevista na Carta de 1969. Repetiu-se, também, a atribuição originária para o STF processar e julgar os litígios entre Estados estrangeiros ou organismos internacionais e a União, os Estados, o Distrito Federal ou os Territórios, hoje contida no art. 102, I, *e*. Nas Constituições de 1967 e 1946, a competência originária da Corte Suprema englobava, também, os Municípios.

As causas em questão encerram peculiaridade no âmbito recursal. Ao contrário do que ocorre na maioria dos feitos julgados na primeira instância federal,

100. Também: "Cabe ao juiz federal decidir sobre o cabimento de denunciação à lide feita a um dos entes de que cuida a CF 109-I, isto é, União, entidade autárquica ou empresa pública federal" (STJ, CComp 8.287-0/SP, 2.ª Seção, rel. Min. Eduardo Ribeiro, *DJ* I, 27.06.1994, p. 16.877); "A intervenção da União como denunciada à lide também desloca para a Justiça Federal a competência" (STJ, CComp 1.894/PR, 2.ª Seção, rel. Min. Cláudio Santos, *apud* Theotonio Negrão, *CPC e legislação processual em vigor*, art. 109, nota 1b); e CComp 5.477-0/SP, rel. Min. Costa Leite, *DJ* I, 11.10.1993, p. 21278.

101. Assim também entende Moraes, José Roberto de. Op. cit., p. 162.

102. Esse é o posicionamento do STJ: "Conflito de competência – Causa ajuizada perante a justiça comum, com superveniente pedido de chamamento da união ao processo – Deslocamento para a justiça federal – Aplicação da Súmula 150 do STJ. 1. Cumpre à Justiça Federal examinar pedido de chamamento ao processo da União Federal. Aplicação, por analogia, do enunciado da Súmula 150 do STJ. 2. Tratando-se de causa de valor inferior a sessenta salários mínimos, a competência, no âmbito do Judiciário Federal, é do Juizado Especial (Lei 10.259/2001, art. 3.º). Todavia, tendo esse Juizado afastado o cabimento da intervenção de terceiros no procedimento especial de sua alçada, emerge a competência do Juízo Federal comum para, no âmbito da sua competência, decidir a respeito. Somente após eventual rejeição do pedido de chamamento da União é que ficará restaurada a competência da Justiça Estadual. 3. Conflito conhecido para declarar a competência do Juízo da 2.ª Vara Federal de Blumenau, o suscitado" (CComp 103.153/SC, 1.ª Seção, j. 24.06.2009, rel. Min. Teori Albino Zavascki, *DJe* 03.08.2009).

descabe aqui a apelação, devendo a sentença proferida ser impugnada por recurso ordinário, a ser julgado pelo STJ, nos termos do art. 105, II, *c*.

O inc. II do art. 109 da CF/1988 não contém a exceção expressa em relação à Justiça do Trabalho,[103] tal como formulado no inciso anterior, o que, a princípio, poderia dar a entender que a competência da Justiça Federal englobaria todas as matérias, inclusive a trabalhista. Todavia, o art. 114 da Carta de 1988 ampliou e precisou a competência da Justiça do Trabalho, cabendo-lhe "conciliar e julgar os dissídios individuais e coletivos entre trabalhadores e empregadores, abrangidos os entes de direito público externo". Os Estados estrangeiros e os organismos internacionais são pessoas de direito público externo, estando, portanto, inclusas na competência da Justiça do Trabalho as causas decorrentes da relação de trabalho que envolvam essas pessoas. O Min. Eduardo Ribeiro, do STJ, ao enfrentar o tema, foi enfático no seu voto:

"Sr. Presidente, tal como salientou V. Exa., a Constituição conferiu ao STJ competência para julgar recursos ordinários – e apelação é uma espécie de recurso ordinário – nas causas em que sejam partes estado estrangeiro e uma pessoa residente no País. Excepcionou, entretanto, os litígios trabalhistas. Quanto a isso penso não haver dúvida. O art. 114 deixa claríssimo que se estabeleceu o monopólio da Justiça do Trabalho para todas as questões de natureza laboral. Este Tribunal, pois, jamais teve competência para julgar recursos em matéria trabalhista" (*RSTJ* 08/47).

O entendimento foi reiterado, em julgado proferido no ano de 2011, pelo STJ, com a seguinte ementa:[104]

"Recurso ordinário – Ação de indenização por danos materiais e morais decorrentes de acidente do trabalho proposta pelo trabalhador em face de organismo internacional (Unicef) – Discussão acerca da instauração da jurisdição brasileira – Objeto recursal prejudicado – Reconhecimento da incompetência da justiça comum – EC 45/2004 – Litígio oriundo da relação de trabalho e presença de organismo internacional – Inexistência de sentença de mérito – Competência da Justiça do Trabalho – Recurso prejudicado e declaração, de ofício, da incompetência da justiça comum.

I – De acordo com o Princípio da *perpetuatio jurisdicione*, expressamente adotado pela Lei Adjetiva Civil, em seu art. 87, a competência é definida no momento da propositura da ação, sendo irrelevantes as alterações do estado de

103. Não há que se fazer menção, obviamente, à Justiça Eleitoral ou Militar, porque não haveria a possibilidade de estarem os Estados estrangeiros ou os organismos internacionais envolvidos nessas matérias.

104. RO 89/BA, 3.ª T., j. 16.08.2011, rel. Min. Massami Uyeda, *DJe* 26.08.2011.

fato ou de direito ocorridas posteriormente, "salvo quando suprimirem o órgão judiciário ou alterarem a competência em razão da matéria ou da hierarquia".

II – Quando da proposição da presente ação, em junho de 2002, as ações de indenização decorrentes de acidente do trabalho não possuíam tratamento especializado pelo Constituinte, incidindo, por conseguinte, no âmbito da competência residual da Justiça Comum, entendimento que restou, inclusive, cristalizado no Enunciado 366 da Súmula do STJ.

III – Em razão da edição da EC 45, publicada no Diário Oficial da União, em 31.12.2004, a competência que, até então, era da Justiça Comum (no caso dos autos, Federal, ante a presença de organismo internacional), passou a ser da Justiça Especializada do Trabalho. Operou-se, na verdade, mudança legislativa que excepciona o princípio da *perpetuatio jurisdicione*, pois, em virtude da supracitada alteração legislativa, redefiniu-se, na hipótese dos autos, a competência em razão da matéria.

IV – *In casu*, nos termos relatados, a ação indenizatória pelos danos físicos e morais decorrentes de acidente de trabalho até o presente momento não teve seu mérito decidido, na medida em que o r. Juízo da 13.ª Vara Cível da Justiça Federal da Seção Judiciária da Bahia/BA, então competente, extinguiu o processo sem julgamento de mérito, o que, de acordo com a atual orientação jurisprudencial desta Corte e do Pretório Excelso, autoriza o deslocamento dos autos à Justiça do Trabalho, competente para conhecer da lide posta (Súmula Vinculante 22 do STF).

V – Definido que as ações de indenização por danos morais e patrimoniais decorrentes de acidente do trabalho propostas por empregado contra empregador são oriundas da relação de trabalho e, por isso, são da competência da Justiça especializada laboral, a presença, num dos polos da ação, de um organismo internacional (ente de direito público externo), de acordo com o inc. I do art. 114 da CF/1988, com redação conferida também pela supracitada EC 45/2004, robustece a compreensão de competir à Justiça do Trabalho o conhecimento do presente litígio.

VI – Ante a especialidade do litígio, proveniente da relação de trabalho, não se pode negar a prevalência do inc. I do art. 114 sobre o inc. II do art. 109, ambos da CF/1988, notadamente porque a competência da Justiça Comum é residual em relação à competência das Justiças Especializadas, igualmente definidas na Constituição Federal.

VII – Ante o reconhecimento da incompetência absoluta da Justiça Comum, tem-se por prejudicado o conhecimento do presente recurso ordinário. Assim, declara-se, de ofício, a incompetência absoluta da Justiça Comum para conhecer do presente feito, anulando-se os atos decisórios até então prolatados, mantidos, todavia, os instrutórios, determinando a remessa dos autos a Justiça Trabalhista local."

No que diz respeito à falência,[105] embora inexistente tanto a exceção específica, prevista no inc. I, como, também, outro dispositivo a reclamar para si a competência, deve ser seguido o comando indireto contido no inc. I do art. 109, porque implícito está que a ressalva foi formulada para garantir o juízo universal da execução coletiva. Como afirmado supra, item 4.1.1.2, o deslocamento para a Justiça Federal, também aqui, aglutinaria entes que nenhuma relação possuem com a competência prevista no art. 109 da Carta.

Antes de 1988, a maioria das ações propostas na Justiça Federal, com fundamento no então inc. II do art. 125, dizia respeito a casos trabalhistas. Com a transferência dessa matéria para a Justiça laboral, reduzido tem sido o número de feitos ajuizados na Justiça Federal, envolvendo Estados estrangeiros ou organismos internacionais. Entretanto, o incremento das relações internacionais, cujo fenômeno vem sendo denominado "globalização", pode alterar essa realidade.

Nos termos do art. 34 do Protocolo Adicional ao Tratado de Assunção sobre a Estrutura Institucional do Mercosul (Protocolo de Ouro Preto), promulgado pelo Dec. 1.901/1996, o Mercado Comum do Sul tem personalidade jurídica de Direito Internacional, constituindo-se, assim, como organismo internacional.[106] Consequentemente, não obstante as normas previstas no Protocolo de Ouro Preto e em outros documentos, para a solução de controvérsias, os litígios envolvendo o Mercosul, de um lado, e, do outro, Municípios ou pessoas domiciliadas ou residentes no Brasil, dentro da sistemática constitucional pátria, são da competência da Justiça Federal.

4.3 Mandados de segurança e *habeas data* contra ato de autoridade federal, excetuados os casos de competência dos Tribunais Federais

A competência dos Juízes Federais, em termos de mandado de segurança, não obstante vozes em contrário, conforme visto anteriormente no item 4, é

105. Idem em relação às causas acidentárias, porque os Estados estrangeiros e os organismos internacionais não possuem qualquer vínculo com essas causas. Entretanto, se, por erro grosseiro, a ação for ajuizada com a indicação de ente internacional num dos polos, o juiz competente, no caso tão somente para extinguir o processo, será o estadual, em conformidade com a regra prevista no inc. I do art. 109 da CF/1988.

106. Mendes, Aluisio Gonçalves de Castro. Mercosul. *Revista de Jurisprudência da Seção Judiciária do Rio de Janeiro*. n. 7. p. 9-25.

definida em razão da pessoa. Leciona Celso Agrícola Barbi,[107] comentando os princípios determinadores da competência e lastreado em Castro Nunes, que esta é "estabelecida pela qualidade e graduação daquelas pessoas e não pela natureza da questão a ser apreciada no mandado de segurança".[108] Faz ressalva, entretanto, que em certas ocasiões é, sim, a matéria que determina a competência, tal como ocorre com a Justiça Eleitoral. Diga-se o mesmo, em termos de área cível, em relação à Justiça do Trabalho, quando versar sobre matéria sujeita à sua competência, o que foi reforçado expressamente por força do disposto no inc. IV do art. 114 da CF/1988.[109]

Nos termos do art. 109, VIII, da Lei Magna, os Juízes Federais são competentes para processar e julgar os mandados de segurança e os *habeas data* contra ato de autoridade federal, excetuados os casos de competência dos tribunais federais. Duas questões, portanto, são colocadas em relevo sucessivamente: (a) a caracterização de autoridade federal; (b) se a causa não está afeta a tribunal.

Ao mencionar a expressão "autoridade", o inc. VIII do art. 109 a considerou em sentido amplo, ou seja, em harmonia com a concepção formulada no art. 5.º, LXIX, da CF/1988. Compreende a autoridade pública, *stricto sensu*, e o agente de pessoa jurídica no exercício de atribuições do Poder Público. Para a qualificação de autoridade federal há definição legal que se extrai da combinação do § 1.º do art. 1.º com o art. 2.º da Lei 12.016/2009. O primeiro dispositivo estabelece:

"Equiparam-se às autoridades, para os efeitos desta Lei, os representantes ou órgãos de partidos políticos e os administradores de entidades autárquicas, bem como os dirigentes de pessoas jurídicas ou as pessoas naturais no exercício de atribuições do poder público, somente no que disser respeito a essas atribuições".

No sentido estrito, portanto, é autoridade pública o agente integrante das pessoas políticas (União, Estados, Distrito Federal, Municípios e Territórios) e das suas autarquias, por serem pessoas jurídicas de direito público. Estão fora da concepção de autoridade, propriamente dita, os que presentam pessoas de direito privado, tais como as empresas públicas e as sociedades de economia

---

107. *Do mandado de segurança*. 7. ed. Rio de Janeiro: Forense, 1993. p. 133.

108. Nesse sentido, com veemência, decidiu o STJ, com a seguinte ementa: "Conflito de competência – Ato de autoridade. O critério para fixação de competência nas ações mandamentais resulta da hierarquia e da natureza da autoridade apontada coatora, sendo irrelevante a matéria discutida – Conflito de que se conhece, para declarar a competência da 2.ª Câmara Cível do Tribunal de Justiça do Rio de Janeiro, suscitada" (CComp 3.081-9/RJ, 1.ª Seção, rel. Min. José de Jesus Filho, *RSTJ* 47/28).

109. Inserido por força da EC 45/2004.

mista, tendo em vista, inclusive, o disposto no art. 173 da Lei Magna. Por conseguinte, os atos provenientes das demais pessoas integrantes da Administração Pública indireta, que não sejam qualificadas como autarquias, só serão passíveis de impugnação via mandado de segurança quando houver delegação de função pois estarão "no exercício de atribuições do Poder Público" (art. 5.º, LXIX, da CF/1988). Assim sendo, os atos de mera gestão não ensejam a propositura do mandado de segurança, diante da inexistência do ato de império e, por conseguinte, ato de autoridade. Esse é o entendimento da doutrina e da jurisprudência, como se pode conferir na seguinte ementa da decisão do extinto Tribunal Federal de Recursos e das palavras de Milton Flaks, respectivamente:

"Não cabe mandado de segurança contra ato de dirigente de empresa pública, que tem personalidade jurídica de direito privado, salvo quando praticado no exercício de função delegada do poder público." [110]

"Dir-se-á que, consoante esse raciocínio, um concorrente, injustamente, prejudicado em licitação promovida por empresas públicas ou sociedades de economia mista, não teria meios eficientes de evitar a lesão que, em última análise, refletiria sobre os cofres públicos. Convém lembrar, todavia, que esta seria uma consequência inevitável de o Estado assumir personalidade de direito privado, exatamente para fugir a certas regras rígidas às quais se subordinam os órgãos públicos. Caberia ao legislador, através de controles internos efetivos, prover para que isso não ocorresse." [111]

Por sua vez, o art. 2.º da Lei do Mandado de Segurança estabelece:

"Considerar-se-á federal a autoridade coatora se as consequências de ordem patrimonial do ato contra o qual se requer o mandado houverem de ser suportadas pela União ou entidade por ela controlada".

A delegação pode ocorrer para um ente privado da Administração Pública Federal (empresa pública ou sociedade de economia mista), para uma pessoa jurídica estadual, [112] municipal ou privada, e, também, para uma pessoa natural.

110. *RTFR* 126/361.

111. Flaks, Milton. *Mandado de segurança: pressupostos da impetração*. Rio de Janeiro: Forense, 1980. p. 49.

112. Entendendo o STJ que as Juntas Comerciais exercem função delegada pelo Departamento Nacional de Registro do Comércio, proferiu acórdão com a seguinte Ementa: "Mandado de Segurança – Junta Comercial – Competência – Em se cuidando de ação de mandado de segurança, a competência se define em razão da função desempenhada pela autoridade apontada como coatora. As Juntas Comerciais efetuam o registro de comércio por delegação federal. Competência, a teor do artigo 109, VIII, da Constituição da República, da Justiça Federal" (CComp 1.994, 2.ª Seção, j. 14.10.1992, rel. Min. Athos Carneiro, *RSTJ* 45/25). No mesmo sentido, o CComp 31.357, também julgado pela 2.ª Seção, rel.

Por conseguinte, a delegação de atribuição, seja para agente hierarquicamente subordinado ou mesmo para outro ente, transfere, também, se for o caso, a competência para a apreciação judicial. Isso porque o ato será praticado pelo delegado e não pelo delegante. Nesse sentido é o enunciado 510 da Súmula do STF, *in verbis*:

"Praticado o ato por autoridade no exercício de competência delegada, contra ela cabe o mandado de segurança ou a medida judicial". [113-114]

Os Tribunais têm decidido, da mesma forma, que a competência, uma vez deslocada, não se altera se, depois de praticado o ato, há a revogação da delegação ou se a autoridade superior avoca para si o ato.[115] A interpretação jurisprudencial previne, dessa forma, as manobras que poderiam ser engendradas pelo Poder Público, como a revogação de delegação ou avocação no curso do processo, com o escopo de prejudicar a celeridade e o bom andamento do mandado de segurança.

Na Constituição da República são expressas as competências do STF, do STJ e dos TRFs. Cabe à Corte Suprema, conforme previsto no art. 102, I, *d*, segunda parte, o conhecimento originário de mandado de segurança e *habeas data* contra atos do Presidente da República, das Mesas da Câmara dos Deputados e do Senado Federal, do Tribunal de Contas da União, do Procurador-Geral da República e do próprio STF. O STJ processa e julga originariamente, com fulcro no art. 105, I, *b*, os mandados de segurança e os *habeas data* contra ato de Ministro

Min. Sálvio de Figueiredo Teixeira, j. 26.02.2003, *DJ* 14.04.2003. Do mesmo modo, o STF: "Compete à Justiça Federal julgar mandado de segurança impetrado contra ato de juntas comerciais, dado que os serviços de registro de comércio são tecnicamente subordinados ao Ministério da Indústria e Comércio" (RE 199.793, rel. Min. Octavio Gallotti, *DJ* 18.08.2000).

113. Idêntico raciocínio conduziu, na esfera penal, o extinto TFR à edição do verbete 95 na sua Súmula: "Compete ao Juiz Federal processar e julgar pedido de *habeas corpus* contra ato do Secretário-Geral do Ministério da Justiça que, no exercício de competência delegada pelo Ministro de Estado, decreta prisão administrativa".

114. Vide, também, *RSTJ* 81/37.

115. Enfrentando a questão, decidiu a 3.ª Seção do STJ com a seguinte ementa: "Mandado de segurança – Competência – Autoridade superior que avoca ato inferior, através de revogação de delegação – Inadmissibilidade de a avocação produzir efeitos modificadores da competência do juiz, depois de instaurada a instância judicial – Admitir-se o contrário, seria, na lição de Hely Lopes Meirelles, 'frustrar a finalidade corretiva do mandado de segurança, com a deslocação sucessiva do feito, em razão da substituição do impetrado ao talante da Administração' (*Mandado de segurança*. 13. ed. p. 37). Isso mais se agrava no caso em que há acórdão, com trânsito em julgado, do STJ, decidindo a questão da competência. Não conhecimento da remessa, determinando-se a devolução dos autos ao juízo de origem" (rel. Min. Assis Toledo, *RSTJ* 59/63).

de Estado, dos Comandantes da Marinha, do Exército e da Aeronáutica[116] ou do próprio Tribunal. Por fim, os Tribunais Regionais Federais são competentes para os mandados de segurança e os *habeas data* contra ato do próprio Tribunal ou de Juiz Federal, diante do disposto no art. 108, I, *c*.

Todavia, as exceções à competência dos Juízes Federais não se encerram no rol acima. Isso porque têm entendido a doutrina e a jurisprudência, seguindo firme orientação traçada pela Corte Suprema, que, em primeiro lugar, os tribunais são sempre competentes para a apreciação dos mandados de segurança impetrados contra os seus próprios atos. A interpretação decorre exatamente da sistemática adotada na Constituição, pois esta, em todos os casos tratados, atribuiu ao tribunal a competência para julgar os *writs* dirigidos contra atos praticados pela própria Corte. Por outro lado, a possibilidade de outros tribunais conhecerem de mandados de segurança e *habeas data* está implícita no texto constitucional, como se pode constatar da leitura do art. 121, §§ 3.º e 4.º, V, pois, do contrário, não haveria a menor chance de os TSE e TREs denegarem as mencionadas ações.[117] Por outro lado, também atribuiu, a Lei Magna, a definição da competência à legislação complementar (para os Tribunais, Juízes e Juntas Eleitorais), ordinária (para as Justiças do Trabalho[118] e Militar) ou cons-

116. Em conformidade com a redação dada pela EC 23/1999.

117. Entendeu, entretanto, a 1.ª Turma do TRF-1.ª Região que a competência, no caso dos tribunais eleitorais, está limitada à matéria, como se observa na seguinte ementa: "Tribunal Regional Eleitoral – Ato administrativo de seus dirigentes – Competência da Justiça Federal Comum de primeira instância. I – A Constituição Federal, em seu art. 121, não estabelece a competência da Justiça Eleitoral, deixando-a a cargo do legislador complementar. Todavia, como este ainda não a especificou, permanece em vigor a Lei 4.737/1965, compatível com a nova sistemática constitucional, que, entretanto, não autoriza a Justiça Eleitoral a decidir matéria estranha à sua finalidade. Por conseguinte, quando a questão for administrativa, os dirigentes dos Tribunais Regionais Eleitorais responderão a mandados de segurança perante a Justiça Federal Comum, conforme o disposto no art. 109, VIII, do Texto Constitucional, como autoridades federais. II – Agravo de instrumento provido. III – Decisão reformada" (AgIn 93.01.29657-8/MG, 1.ª T., rel. Juiz Catão Alves, *DJ* II, 06.06.1994). Em sentido oposto, decidiu o plenário deste mesmo Tribunal, conforme explanado supra, no item 4.1.1.4.

118. Em relação aos mandados de segurança contra ato de órgão judicial trabalhista, decidiu o STJ: "Processual civil – Conflito de jurisdições – Mandado de segurança contra ato de Junta de Conciliação e Julgamento – Competência do TRT ao qual se acha aquela afeta – Conflito conhecido. I – Servidora de fundação governamental estadual, em virtude de mudança de regime jurídico, ajuizou reclamatória trabalhista em JCJ, objetivando preenchimento de guia AM para movimentação de FGTS. A JCJ extinguiu o processo por falta de objeto e, mesmo assim, determinou à reclamada (Fundação) liberar o saldo da conta vinculada. Inconformada, a reclamada ajuizou mandado de segurança contra o ato da JCJ. O TRT, todavia, determinou o envio dos autos da segurança ao TRF, o qual suscitou o conflito.

titucional estadual (para os Tribunais dos Estados). Por fim, dispõe a Lei Orgânica da Magistratura Nacional – LC 35/1979:

"Art. 21. Compete aos Tribunais, privativamente:

(...)

VI – julgar, originariamente, os mandados de segurança contra seus atos, os dos respectivos Presidentes e os de suas Câmaras, Turmas ou Seções."

A interpretação do STF vem de longa data, calcado sempre numa visão sistemática e teleológica das normas constitucionais, que, aliás, dispensam praticamente o mesmo tratamento dado pela Carta de 1988, desde o surgimento do instituto em 1934. Ressalvando-se, apenas, os períodos compreendidos entre as Constituições de 1937 e 1946, em que o mandado de segurança foi expurgado da Lei Magna, e da Emenda Constitucional 16/1965, até a Carta de 1967. Nesse último lapso de tempo, o princípio, que atribuía aos próprios tribunais a competência para o julgamento dos mandados de segurança contra os seus atos, foi revogado, na medida em que a Emenda 16 estabeleceu a competência do STF para conhecer originariamente dos mandados de segurança contra atos do TFR, do TSE, do TST e do STM.

Após a Constituição de 1988, o Pleno do STF pôde reiterar o seu tradicional entendimento sobre a matéria, como se denota de julgamento assim ementado:

"A Constituição e a LOM desejam que os mandados de segurança impetrados contra atos de Tribunal sejam resolvidos, originariamente, no âmbito do próprio Tribunal, com os recursos cabíveis (art. 102, I, *d*; art. 105, I, *b*; art. 108, I, *c*, da CF/1988; art. 21, VI, da Loman.)". [119-120]

Tendo em vista a subsidiariedade da competência da Justiça Federal, em termos de autoridade federal, alguns casos vêm despertando o interesse acadêmico e prático.

Motivo de controvérsia para fins de fixação da competência, tem sido a participação de pessoas cujo ato decisório estaria submetido a algum tribunal

II – A questão em foco é processual. Não cabe a Tribunal Regional Federal julgar mandado de segurança em que figura como impetrada Junta Trabalhista (Constituição Federal, art. 108, *c*, *a contrario sensu*). III – Conflito conhecido. Competência do juízo suscitado" (TRT-1.ª Reg., rel. Min. Adhemar Maciel, *RSTJ* 60/53).

119. *RTJ* 133/260.

120. No mesmo sentido, os seguintes verbetes: Súmula 330 do STF – "O Supremo Tribunal Federal não é competente para conhecer de mandado de segurança contra atos dos Tribunais de Justiça dos Estados". Súmula 433 do STF – "É competente o Tribunal Regional do Trabalho para julgar mandado de segurança contra ato de seu Presidente, em execução de sentença trabalhista". Súmula 41 do STJ – "O Superior Tribunal de Justiça não tem competência para processar e julgar, originariamente, mandado de segurança contra atos de outros tribunais ou dos respectivos órgãos".

federal, em órgãos colegiados. Discute-se se essa composição, ou o ato praticado por essa pessoa, no exercício da presidência ou de outro cargo desse colegiado, ensejaria a competência do Tribunal. A situação vem ocorrendo, por exemplo, com os Ministros de Estado.

O Tribunal Federal de Recursos acabou por consolidar o entendimento de que era sua a competência, quando o ato impugnado fosse oriundo de órgão colegiado presidido por Ministro de Estado, tema que foi objeto, em 1981, do enunciado 103[121] da sua súmula de uniformização da jurisprudência.

O STF, no entanto, chancelou posição oposta à do TFR, decidindo pela competência dos Juízes Federais.[122] O STJ acabou por reverter a orientação anterior, consagrada nos precedentes do Tribunal que o antecedeu e também veiculada em julgados seus, decidindo incluir na sua Súmula 177 o verbete com a seguinte redação:

"O Superior Tribunal de Justiça é incompetente para processar e julgar originariamente mandado de segurança contra ato de órgão colegiado presidido por Ministro de Estado."

A discussão em torno da competência para o processamento e julgamento dos mandados de segurança impetrados contra ato de Juiz de Direito ajuizados pela União, autarquia ou empresa pública federal, ou quando o órgão estadual estiver desempenhando competência federal, com fulcro no art. 109, § 3.º, da CF/1988, deve ser estudada no âmbito da competência funcional dos Tribunais Regionais Federais.

121. "Compete ao Tribunal Federal de Recursos processar e julgar, originariamente, mandado de segurança impetrado contra ato de órgão colegiado presidido por Ministro de Estado".

122. *RTJ* 145/194.

5
COMPETÊNCIA DOS JUÍZES FEDERAIS EM RAZÃO DA MATÉRIA

A incidência de causas ajuizadas na Justiça Federal *ratione materiae* é quantitativamente bem menor. Algumas matérias estão diretamente ligadas ao Direito Internacional, como nos casos fundados em tratado ou contrato da União com Estado estrangeiro ou organismo internacional, conforme previsto no art. 109, III, da CF/1988. Em outras, exsurge a preocupação com tema que não é novo, mas que foi revigorado, seja por pressões internacionais, seja por outros fatores, consubstanciado na disputa sobre direitos indígenas, nos termos do inc. XI. Por fim, a competência da Justiça Federal abrange as causas referentes à nacionalidade, inclusive a atividade administrativa por natureza, ou de jurisdição voluntária da opção e à naturalização, ambas arroladas no inc. X, parte final.

5.1 Causas fundadas em tratado ou contrato da União com Estado estrangeiro ou organismo internacional

A redação acima vem se repetindo, praticamente intacta, desde a Constituição de 1934. Antes, o Dec. 848/1890 e a Carta de 1891 restringiam um pouco mais a hipótese, na medida em que combinavam o critério material com o pessoal, pois apenas eram da competência da Justiça Federal as ações propostas por estrangeiros.[1]

Tratado, segundo Francisco Rezek,[2] "é todo acordo formal concluído entre sujeitos de direito internacional público, e destinado a produzir efeitos jurí-

1. Art. 15, *f*, do Dec. 848/1890 e art. 60, *f*, da Constituição de 1891.

2. *Direito internacional público*: curso elementar. 2. ed. São Paulo: Saraiva, 1991. p. 14.

dicos. Na afirmação de Georges Scelle, o tratado internacional é em si mesmo um simples instrumento; identificamo-lo por seu processo de produção e pela forma final, não pelo conteúdo. Este – como o da lei ordinária numa ordem jurídica interna – é variável ao extremo". Mais adiante,[3] o membro da Corte de Haia menciona as variantes terminológicas de tratado, na experiência convencional brasileira, dentre as quais a denominação de contrato.

Celso D. de Albuquerque Mello,[4] abordando a classificação dos tratados, esclarece que do "ponto de vista material a doutrina os tem classificado em tratados-leis e tratados-contratos". Os primeiros teriam a finalidade de criar normas de conduta, enquanto nos tratados-contratos as partes realizam negócios jurídicos, acordos de comércio, de cessão territorial etc. A classificação acima é defendida, dentre outros, por Charles Rosseau, embora receba a crítica de Hans Kelsen, que a vê como extrajurídica e superficial. Rezek afirma, ainda, que a "distinção entre tratados contratuais e tratados normativos vem padecendo de uma incessante perda de prestígio".[5]

O inc. III do art. 109 da CF/1988 estabelece sob a competência da Justiça Federal as causas fundadas em tratado ou contrato da União com Estado estrangeiro ou organismo internacional. Carece de precisão técnica o dispositivo, pois os tratados e contratos, no caso, são celebrados entre pessoas jurídicas de direito internacional.[6] A União, como se sabe, é pessoa jurídica de direito público interno, cabendo-lhe, como decorrência da forma federativa do Estado, exercer as atribuições relacionadas com os Estados estrangeiros e organizações internacionais. Embora seja uma federação, constituída da União, dos Estados-Membros e dos Municípios, figura como uma unidade, a República Federativa do Brasil, no âmbito internacional. Como ressalta José Afonso da Silva,[7] o "*Estado federal* é o todo, dotado de personalidade jurídica de Direito Público internacional. A *União* é a entidade federal formada pela reunião das partes componentes, constituindo uma pessoa jurídica de Direito Público interno, autônoma em relação aos Estados e a que cabe exercer as prerrogativas da soberania do Estado brasileiro".

Portanto, ao utilizar-se da expressão "tratado", despiciendas são as palavras "contrato", "União", "Estado estrangeiro" e "organismo internacional",

3. Idem, p. 16.

4. *Curso de direito internacional público*. 9. ed. Rio de Janeiro: Renovar, 1992. p. 164.

5. Op. cit., p. 29.

6. Mais uma vez, Rezek escreve que as "partes, em todo tratado, são necessariamente pessoas jurídicas de direito internacional público: tanto significa dizer os *Estados soberanos* – aos quais se equipara, como será visto mais tarde, a Santa Sé – e as *organizações internacionais*" (Idem, p. 18).

7. *Curso de direito constitucional positivo*. 12. ed. São Paulo: Malheiros, 1996. p. 102.

pois a primeira seria espécie do gênero e as demais indicariam os únicos atores possíveis na cena convencional, lendo-se República Federativa do Brasil em vez de União.

O alcance da regra inserta no inc. III do art. 109 é muito restrito e de difícil compreensão, como decorrência da interpretação dada pelo STF ao dispositivo.[8] Cabe relembrar que se a causa envolver a União de um lado e Estado estrangeiro ou organismo internacional de outro, a competência será da Suprema Corte, por força do art. 102, I, *e*. Da mesma forma, se o litígio envolve Município ou pessoa domiciliada ou residente no País num polo e no contrário, Estado estrangeiro ou organismo internacional, a competência da Justiça Federal já estava assegurada com base no art. 109, II, da Lei Magna. Não se esquecendo, também, independentemente das duas hipóteses antes mencionadas, da abrangente regra disposta no inc. I. Restaram, ao que parece, apenas os conflitos fundados em tratados, envolvendo as pessoas nacionais e estrangeiras de direito privado, mas, neste caso, desde que a Justiça brasileira seja competente, concorrente ou exclusivamente, pela ordem, nos termos dos arts. 88 e 89 do CPC.

Todavia, a Corte Suprema, ao verificar que havia no ordenamento nacional tratados que poderiam conduzir à hipertrofia da Justiça Federal, como a Convenção de Genebra para adoção de Lei Uniforme sobre letra de câmbio e nota promissória, tratou de empreender interpretação restritiva em relação ao dispositivo em comento.[9] Assim sendo, entendeu o STF que as causas só são da competência federal quando o litígio versa sobre disposições do próprio tratado.[10]

8. Pertinente, também, a crítica formulada por Rodrigo Gaspar de Mello, no sentido de que "a doutrina se absteve de explorar toda a potencialidade e relevância dessa regra de competência, especialmente no que diz respeito ao papel dos juízes federais na proteção dos direitos humanos previstos nos tratados internacionais celebrados pela República Federativa do Brasil". A competência da Justiça Federal para processar e julgar as causas fundadas em tratado: breve análise do inciso III do art. 109 da Constituição. *Revista Dialética de Direito Processual*. n. 78. p. 131.

9. Nesse sentido: "Conflito de jurisdição. A adesão do Brasil à convenção para uniformidade das leis sobre cambiais, pelo Dec. 57.663/1966, não afasta a competência da justiça estadual para processar e julgar ações executivas de particular contra outro particular, sem intervenção da União Federal" (STF, CJur 4.967, 1.ª T., j. 25.03.1969, rel. Min. Aliomar Baleeiro, *DJ* 27.06.1969). Também: STF, CJur 4.663/SP, 3.ª T., j. 17.05.1968, *DJ* 13.02.1969.

10. Seguindo o entendimento do STF, decidiu o TRF-5.ª Região: "Competência da Justiça Estadual para julgamento de questões de isenção do ICMS. As causas fundadas em tratado ou contrato da União com Estado estrangeiro ou organismo internacional só se inserem na competência da Justiça Federal quando disserem respeito às disposições do próprio tratado" (AMS 546.354, rel. Juiz Ridalvo Costa, *DJ* 30.12.1994, p. 75.123).

Comentando o inc. III do art. 109 da CF/1988, afirmou José Roberto de Moraes[11] que o "dispositivo somente tem aplicação nos casos de causas que tenham como fundamento essencial à pretensão deduzida obrigações decorrentes de tratados ou contratos celebrados pela União Federal com Estados estrangeiros ou organismos internacionais".

Pouquíssimos são os casos ajuizados na Justiça Federal, com fulcro no inc. III. No que diz respeito ao nome comercial, protegido pela Convenção de Paris, firmou o Supremo posição a favor da competência federal. Atualmente, com lastro em precedentes do STJ, tem-se entendido que é da competência da Justiça Federal a demanda formulada com o objetivo de obter o ressarcimento de danos causados por vazamento de petróleo de navios, porque lastreada na Convenção Internacional sobre responsabilidade civil em danos causados por poluição de óleo, promulgada pelo Dec. 79.347/1977. [12]

Vladimir Souza Carvalho indica a ação de alimentos entre alienígenas como caso a ser processado pela Justiça Federal. A Convenção da ONU sobre prestação de alimentos no estrangeiro, celebrada em New York, em 1956, e promulgada pelo Brasil em 02.09.1965, nos termos do Dec. 56.826, estabeleceu, em seu art. 1.º, 01, "como objeto facilitar a uma pessoa, doravante designada como demandante, que se encontra no território de uma das Partes Contratantes, a obtenção de alimentos aos quais pretende ter direito por parte da outra pessoa, doravante designada como demandado, que se encontra sob a jurisdição de outra Parte Contratante. Os organismos utilizados para este

11. *Competência civil da Justiça Federal comum*. Dissertação de Mestrado, São Paulo, PUC, p. 227.

12. STJ, 1.ª Seção: "Constitucional e processual civil – Ação cautelar contra empresa de navegação – Apuração de danos ecológicos provocados pelo vazamento de óleo combustível do navio mercante Tânia. – Convenção internacional sobre responsabilidade civil em danos causados por poluição de óleo – Aprovação pelo Decreto Legislativo 74, de 1976, promulgado pelo Dec. 79.437/1977 e regulamentado pelo Dec. 83.540/1979 – Competência do juízo federal. Na hipótese em que a controvérsia versada na demanda é regida pela convenção internacional sobre responsabilidade civil em danos causados por poluição de óleo, aprovada pelo Decreto Legislativo 74/1976, promulgado pelo Dec. 79.437/1977, e regulamentado pelo Dec. 83.540/1979, figurando ainda o Ministério Público Federal no polo ativo da ação, a competência para julgá-la é do juízo federal (art. 109, III, da CF/1988). Conflito que se conhece, para declarar competente o Juízo Federal da 2.ª Vara em Santos suscitante. Decisão unânime" (CComp 10.445/SP, rel. Min. Demócrito Reinaldo, *DJ* 10.10.1994, p. 27.058). Vide, também, na *RSTJ* 50/30, acórdão com a seguinte ementa: "Conflito de competência – Ação civil pública – Dano ambiental – Vazamento de gasolina no estuário de Santos – Comarca sede de Vara Federal – Interesse da União – Controvérsia regida por convenção internacional – Competência dos Juízes Federais" (1.ª Seção, rel. Min. Hélio Mosimann).

fim serão doravante designados como Autoridades Remetentes e Instituições Intermediárias".[13]

Rodrigo Gaspar de Mello[14] ressalta, ainda, relevantes tratados internacionais de proteção aos direitos humanos firmados pelo Brasil, dentre os quais o Pacto Internacional sobre direitos civis e políticos de 1966, promulgado pelo Dec. n. 593, de 06.07.1992; o Pacto Internacional dos direitos econômicos, sociais e culturais de 1966, promulgado pelo Dec. n. 591, de 06.07.1992; e a Convenção Americana sobre direitos humanos, de 1969 (Pacto de San José da Costa Rica), promulgada pelo Dec. 678, de 06.11.1992.

5.2 Disputa sobre direitos indígenas

A previsão contida no inc. XI do art. 109 da CF/1988 é inovadora, na medida em que nenhuma outra Carta jamais previu a competência federal para a disputa sobre direitos indígenas. Antes, no entanto, as ações que versavam sobre direitos dos índios eram processadas e julgadas na Justiça Federal quando havia a participação ou intervenção da União ou da Fundação Nacional do Índio,[15] esta última, assim como as demais fundações de direito público, por ter a sua natureza equiparada com a de entidade autárquica. Por conseguinte, uma boa parte das ações relacionadas com os silvícolas já estava sob a égide federal, embora em razão da pessoa e não da matéria propriamente dita. Ressalte-se que as terras ocupadas pelos silvícolas[16] já estavam incluídas entre os bens da União, o que ensejou o entendimento dos tribunais no sentido de exigir nas ações versando sobre a posse ou o domínio nessas áreas, sua presença.[17]

A redação do art. 109, XI, contudo, é clara e abrangente, estabelecendo a competência federal de modo amplo para toda ação que verse sobre direitos in-

13. Sobre essa possibilidade, veja-se o voto do Min. Athos Carneiro, no CComp 512-AC, *RSTJ* 06/127.

14. A competência da Justiça Federal para processar e julgar as causas fundadas em tratado: breve análise do inc. III do art. 109 da CF/1988.

15. "Competência – Funai. Cabe à Justiça Federal processar e julgar as causas em que for parte a Funai. Precedente do CComp 219" (STJ, CComp 1.269/MS, 2.ª Seção, rel. Min. Athos Carneiro, *DJ* I, 26.11.1990, p. 13.763). "Conflito de competência – Ação de perdas e danos promovida por remanescente indígena – Funai – Justiça Federal. Face ao regime tutelar do indígena previsto no Código Civil e no Estatuto do Índio, a Funai não é mera assistente adjuvante do autor. Competência da Justiça Federal" (2.ª Seçaõ, rel. Min. Cláudio Santos, *DJ* I, 06.05.1991, p. 5.639).

16. Art. 4.º, IV, da Constituição de 1969.

17. Súmula 480 do STF: "Pertencem ao domínio e administração da União, nos termos dos arts. 4.º, IV e 186 da Constituição Federal de 1967, as terras ocupadas por silvícolas".

dígenas. O STF decidiu que o dispositivo em comento extrapola a esfera coletiva e até mesmo o âmbito cível, abrangendo, inclusive, a matéria criminal quando o silvícola for a vítima.[18-19]

Todavia há quem entenda, como Hugo Nigro Mazzilli,[20] que a competência da Justiça Federal "se dirige a atos de *interesse global* dos indígenas, como aqueles de que cuida o art. 231 da Constituição. Não vemos, porém, que seja vedado ao Ministério Público e aos juízes estaduais defender interesses individuais e em certos casos até coletivos dos indígenas, ainda que relacionados com sua própria condição. Admitir tenha a justiça federal competência exclusiva para estas hipóteses, além de não corresponder à *mens legis*, a rigor, reverteria em autêntico desfavor à proteção de que devem passar a gozar, pois, incapazes que são para a lei civil, desde antes da Constituição de 1988, já os índios contavam, nas ações individuais ou coletivas que propusessem, com a assistência protetiva dos Ministérios Públicos dos Estados". Sobre a capacidade processual dos silvícolas, em sentido oposto, firma José Roberto de Moraes[21] sua opinião no sentido de que a "Constituição tenha emancipado processualmente os índios, pois seu artigo 232 permite-lhes essa propositura de ações, individualmente ou por suas comunidades e organizações". A discussão em torno da capacidade processual dos índios e o tema da legitimação ordinária e extraordinária para a defesa dos silvícolas extrapola os limites do presente trabalho, sendo certo, porém, que o ajuizamento por Ministério Público Estadual ocorria, antes da Constituição de 1988, como lembrado por Hugo Mazzilli, exatamente porque a Justiça Federal, até então, não era competente *ratione materiae* para as causas indígenas.

Concluindo, cabe registrar a incidência, no caso, do disposto na parte final do art. 87 do CPC. Assim sendo, com a promulgação da Constituição, houve

18. "*Habeas corpus* – Homicídio – Índio – Justiça Estadual – Incompetência – Art. 109, XI, da Constituição Federal – Caso em que se disputam direitos indígenas. Todos os direitos (a começar pelo direito à vida) que possa ter uma comunidade indígena ou um índio em particular estão sob a rubrica do inc. XI do art. 109 da CF/1988. *Habeas corpus* concedido para que se desloque o feito para a Justiça Federal, competente para julgar o caso" (HC 71.835, 2.ª T., rel. Min. Francisco Rezek, *DJ* I, 22.11.1996, p. 45.687).

19. Em sentido contrário, vem decidindo o STJ: "Processual penal – Competência – Homicídio – Crime praticado contra índio. 1 – Cabe à Justiça Comum Estadual processar e julgar o crime de homicídio praticado contra índio por não índio, fora da reserva natural. 2 – Conflito conhecido e declarado competente o juízo suscitado" (CComp 7.624, 3.ª Seção, rel. Min. Anselmo Santiago, *DJ* I, 05.12.1994, p. 33.519). Vide também Enunciado sumulado 140 do STJ: "Compete à Justiça Comum Estadual processar e julgar crime em que o indígena figure como autor ou vítima".

20. *Manual do Promotor de Justiça*. 2. ed. São Paulo: Saraiva, 1991. p. 120.

21. Op. cit., p. 250.

modificação do estado de direito, com alteração da competência em razão da matéria. Ensejou, portanto, em relação aos feitos em andamento, como exceção ao princípio da *perpetuatio iurisditiones*, a remessa imediata dos autos para a Justiça Federal.

5.3 Causas referentes à nacionalidade e à naturalização

Com a mesma redação das Cartas de 1967 e 1969, previu a de 1988 a competência para as causas referentes à nacionalidade, inclusive a respectiva opção, e à naturalização. A Lei 5.010/1966 estabelecia que cabia aos Juízes Federais os processos e atos referentes à nacionalidade, pois esta abarca, em sentido lato, a naturalização. Como se pode ver no art. 12, I e II, da CF/1988, dentro de capítulo denominado "Da Nacionalidade", os brasileiros são natos ou naturalizados. Dentre os primeiros, estão "os nascidos no estrangeiro, de pai brasileiro ou de mãe brasileira, desde que sejam registrados em repartição brasileira competente ou venham a residir na República Federativa do Brasil e optem, em qualquer tempo, depois de atingida a maioridade, pela nacionalidade brasileira". [22]

A Lei 818/1949 regulou a aquisição, a perda e a reaquisição da nacionalidade, estabelecendo no art. 3.º o procedimento para a opção prevista no art. 12, I, *c*, da CF/1988. Assim, a lavratura do termo de opção será requerida ao juízo competente do domicílio do optante, mediante petição instruída com documento comprobatório da nacionalidade brasileira de um dos pais do optante, na data de seu nascimento. Ouvido o Ministério Público Federal, no prazo de cinco dias, decidirá o juiz em igual prazo. Alguns autores[23] distinguem a opção de nacionalidade propriamente dita das causas referentes à opção, para incluir na competência da Justiça Federal apenas as últimas. [24]

---

22. Dispositivo com a redação dada pela EC 54/2007.

23. Pontes de Miranda, Francisco Cavalcanti. *Comentários à Constituição de 1967: com a Emenda n. 1, de 1969*. 2. ed. São Paulo: Ed. RT, 1970. p. 223-224; Cretella Júnior, José. *Comentários à Constituição de 1988*. São Paulo: Forense Universitária, 1992. vol. 6, p. 3181-3182.

24. Pontes de Miranda, Francisco Cavalcanti. (*Comentários à Constituição de 1967* cit.) sobre isso escreveu: "No art. 125, X, 3.ª parte, fala-se de causas referentes à nacionalidade, 'inclusive a respectiva opção', e à naturalização. Surge o problema de se saber se o art. 125, X, 3.ª parte, (a) considerou causa o ato do optante (declaração unilateral de vontade) ou (b) apenas alude às causas referentes à opção (validade, invalidade, existência, inexistência, ineficácia). Se (a), está derrogado o art. 3.º da Lei 818, de 18 de setembro de 1949, que exigira o termo assinado pelo optante ou seu procurador em livro do Registro Civil de Nascimentos; de modo que teria de o termo ser em juízo, com o elemento mandamental para o registro. Se (b), somente nas causas a respeito de opção (se vale, se não vale; se foi feita, se não foi feita; se é eficaz, ou se não é eficaz) é que tem competência o juízo federal. A solução que está no art. 125, X, 3.ª parte, é a solução (b), a despeito da equivocidade da letra da lei".

José Cretella[25] reitera, em texto posterior à Constituição de 1988, os argumentos de Pontes de Miranda.

Não obstante a autoridade dos juristas acima citados, não se poderia buscar a compatibilização de normas aparentemente conflitantes com a subtração exatamente do texto constitucional, por manifesta contrariedade à hierarquia das leis. Não por outro motivo, a redação anterior foi mantida, e a Lei 6.015/1973 previu, expressamente, no art. 32, § 4.º, que o interessado deverá manifestar a sua opção pela nacionalidade brasileira perante o juízo federal. Deferido o pedido, proceder-se-á ao registro no livro "E" do Cartório do 1.º Ofício do domicílio do optante.

Da leitura do art. 3.º da Lei 818/1949, pode extrair-se, como já referido, a incidência da previsão contida no art. 109, § 3.º, da CF/1988, pois, no caso, a lei manda, em boa hora, que a "lavratura do termo será requerida ao juízo competente do domicílio do optante". Assim sendo, a competência federal será exercida por Juiz de Direito se inexistir vara federal instalada na comarca.

O art. 4.º da Lei 818/1949 previa, ainda, o registro provisório do filho de brasileiro ou brasileira, nascido no exterior, que não estejam a serviço do Brasil, possibilidade mantida pelo art. 32, §§ 2.º, 4.º e 5.º, da Lei.6.015/1973. Todavia, o texto das Cartas anteriores e a própria redação originária do art. 12, I, *c*, da Constituição de 1988[26] exigiam a opção após a maioridade, o que desapareceu do tipo, com a ECR 3/1994, que facultou a opção a qualquer tempo. A redação atual, dada pela EC 54/2007, considera que são brasileiros natos, nos termos da alínea *c* do art. 12, os nascidos no estrangeiro de pai brasileiro ou de mãe brasileira, desde que sejam registrados em repartição brasileira competente ou venham a residir na República Federativa do Brasil e optem, depois de atingida a maioridade, pela nacionalidade brasileira.

A nacionalidade brasileira pode ser declarada pela Justiça Federal, nas hipóteses previstas no art. 6.º da Lei 818/1949.

Registre-se, também, que a Lei 818/1949 foi parcial e implicitamente revogada, em relação ao duplo grau de jurisdição previsto para as hipóteses de aceitação da opção estatuída nos arts. 3.º, 4.º e 6.º, por força do disposto no art. 1.º,

25. *Comentários à Constituição de 1988* cit.

26. Redação originária: "Art. 12. São brasileiros: I – natos: (...) (*c*) os nascidos no estrangeiro, de pai brasileiro ou mãe brasileira, desde que sejam registrados em repartição brasileira competente, ou venham a residir na República Federativa do Brasil antes da maioridade e, alcançada esta, optem em qualquer tempo pela nacionalidade brasileira". A ECR 3/1994 estatuiu a seguinte redação para o dispositivo: "(*c*) os nascidos no estrangeiro, de pai brasileiro ou de mãe brasileira, desde que venham a residir na República Federativa do Brasil e optem, em qualquer tempo, pela nacionalidade brasileira".

§ 3.º, da Lei 6.825/1980,[27] que restringiu a remessa obrigatória apenas quando na respectiva opção se discutir matéria constitucional. Os juízes e tribunais, ao que parece, vêm considerando presente a discussão da matéria constitucional, pois frequente tem sido, na prática, a remessa oficial.

A naturalização, prevista no inc. II do art. 12 da CF/1988, deve ser requerida ao Ministro da Justiça, nos termos do art. 115 e ss. do Estatuto do Estrangeiro. [28] Sendo deferido o requerimento de naturalização, será publicada no Diário Oficial a respectiva portaria, emitindo o Ministério da Justiça certificado relativo a cada naturalizando, o qual será entregue pelo Juiz Federal da cidade onde tenha domicílio o interessado. Não havendo vara federal instalada na sede da comarca, a entrega será feita por Juiz de Direito, com fulcro no art. 109, § 3.º, da CF/1988, c/c art. 119, § 2.º, da Lei 6.815/1980. O art. 128, § 2.º, do Estatuto do Estrangeiro estabelece que, onde houver mais de um Juiz Federal, ou Estadual se for o caso, não obstante o silêncio da lei, a entrega será feita pelo da 1.ª Vara. Nos termos do art. 129 do Dec.86.715/1981 (Regulamento), apoiado especificamente no art. 119, *caput*, do Estatuto do Estrangeiro, a entrega do certificado constará de termo lavrado no livro de audiência, devendo, na ocasião, o naturalizado "demonstrar que conhece a língua portuguesa, segundo a sua condição, pela leitura de trechos da Constituição" (I); "declarar, expressamente, que renuncia à nacionalidade anterior" (II); e "assumir o compromisso de bem cumprir os deveres de brasileiro" (III). O disposto no inc. I não se aplica, obviamente, ao naturalizado de nacionalidade portuguesa.

Perde a nacionalidade brasileira, com fulcro no art. 12, § 4.º, da CF/1988, aquele que tiver cancelada sua naturalização, por sentença judicial, em virtude de atividade nociva ao interesse nacional (I) ou adquirir outra nacionalidade, salvo nos casos previstos nas alíneas *a* e *b* (II).

No primeiro caso, há necessidade do processo judicial perante a Justiça Federal, com legitimação e procedimento previstos nos arts. 24 a 34 da Lei 818/1949.

Os eventuais litígios relacionados com os processos referentes à nacionalidade, incluindo-se a naturalização, serão processados e julgados pelos Juízes Federais.

As ações de retificação de registro decorrente da aquisição ou perda da nacionalidade só serão da competência da Justiça Federal quando a correção

27. Revogada pela Lei 8.197/1991, que, por sua vez, foi ab-rogada pela Medida Provisória 1.561/1996, convertida na Lei 9.469/1997. Todavia, na falta de disposição em contrário, não houve o efeito repristinatório, consoante previsto no art. 2.º, § 3.º, da LICC (Lei de Introdução às normas do Direito Brasileiro).

28. Lei 6.815/1980.

em questão estiver relacionada com pronunciamento dos seus órgãos, pois, do contrário, será competente o Juiz Estadual. Nesse sentido, decidiu o STJ:

"Conflito de competência entre Juiz de Direito da Vara de Registros Públicos e Juiz Federal. Compete ao Juiz Federal que deferiu a opção pela nacionalidade brasileira a retificação de erros existentes, se houver, nos assentamentos do optante. Conflito conhecido, dando-se pela competência do Juiz Federal" (STJ, 1.ª Seção, rel. Min. José de Jesus Filho, *RSTJ* 32/36).

6
COMPETÊNCIA DOS JUÍZES FEDERAIS EM RAZÃO DA FUNÇÃO

Ensina Carreira Alvim:[1] "Pelo *critério funcional*, a competência é determinada pela natureza especial e pelas exigências especiais das *funções* que o magistrado é chamado a exercer num determinado processo. Tais funções podem repartir-se entre os diversos órgãos na mesma causa (juízes de cognição e juízes de execução; juízes de primeiro grau e juízes de segundo grau) ou, então, devem confiar-se ao juiz de dado território, abrindo lugar a uma competência em que o elemento funcional concorre com o territorial".

O cumprimento de carta rogatória, após o *exequatur*, e a execução de sentença estrangeira, após a homologação, são da competência funcional dos Juízes Federais.

6.1 Cumprimento de carta rogatória

A doutrina costuma apontar as diligências deprecadas como exemplos de competência funcional no sentido horizontal. No caso, as cartas rogatórias, assim como as de ordem, são, da mesma forma, hipóteses de competência em razão da função, diferenciando-se apenas no sentido, porque vertical, tendo em vista que ambas encerram uma ordem para o juiz que irá realizar o ato. No caso da carta rogatória, embora rogada inicialmente, o *exequatur* significa execute-se, cumpra-se, o que representa uma determinação a ser seguida pelo Juiz Federal.

As cartas rogatórias chegam ao País e são devolvidas ao juízo ou Tribunal de origem por via diplomática.

---

1. *Elementos de teoria geral do processo*. Rio de Janeiro: Forense, 1989. p. 130. Em relação à parte final, referente à denominada competência territorial-funcional, vide infra, no Capítulo 7, as oportunas objeções de Barbosa Moreira e Ovídio Baptista.

O *exequatur* às cartas rogatórias é concedido pelo STJ, nos termos do art. 105, I, *i*, da CF/1988, por força da EC 45/2004.[2] A modificação constitucional derrogou o previsto no art. 211 do CPC, devendo a concessão de exequibilidade às cartas rogatórias obedecer ao disposto no RISTJ.[3] Os arts. 2.º e 9.º da Res. STJ 9/2005 atribuem ao Presidente do Tribunal a competência para a concessão do *exequatur*, salvo quando houver impugnação às cartas rogatórias decisórias, hipótese em que o processo, por determinação do Presidente, poderá ser distribuído para julgamento pela Corte Especial. Por conseguinte, a parte interessada deverá, em regra, ser previamente intimada, antes do *exequatur*, para poder impugnar a carta rogatória, no prazo de quinze dias.[4] Previu a resolução, contudo, que a medida solicitada poderá ser realizada *inaudita altera parte* quando sua intimação prévia puder resultar na ineficácia da cooperação internacional.[5] Das decisões do Presidente cabe agravo regimental.[6] O Ministério Público terá vista dos autos[7] e, depois de concedido o *exequatur*, os autos serão remetidos para o Juízo Federal competente. Em relação aos atos praticados pelo Juiz Federal, no cumprimento da carta rogatória, cabem embargos, a serem interpostos no prazo de dez dias, que serão julgados pelo Presidente do STJ.[8]

As cartas rogatórias não se prestam para a realização de atos executórios, como prisão, busca e apreensão, extradição, em homenagem à soberania dos Estados, razão pela qual tais medidas devem ser objeto, sim, de homologação de sentença estrangeira.

6.2 Execução de sentença estrangeira

A homologação de sentença estrangeira, por sua vez, também cabe ao STJ, com fulcro no art. 105, I, *i*, obedecendo ao disposto no seu Regimento Interno.[9]

2. Publicada em 31.12.2004. A competência anteriormente era do STF.
3. O STJ editou, na data da entrada em vigor da EC 45/2004, a Res. 22/2004, determinando, em caráter transitório, a aplicação das normas do Regimento Interno do STF, para os procedimentos pertinentes às cartas rogatórias e às homologações de sentença estrangeira. A Res. 9/2005, revogando a Res. 22/2004, estabeleceu, também em caráter temporário, as normas procedimentais para as cartas rogatórias e as homologações de sentenças estrangeiras.
4. Art. 8.º, *caput*, da Res. STJ 9/2005.
5. Art. 8.º, parágrafo único, da Res. STJ 9/2005.
6. Art. 11 da Res. STJ 9/2005.
7. Art. 10 da Res. STJ 9/2005.
8. Art. 13, § 1.º, da Res. STJ 9/2005.
9. Art. 483 do CPC, em combinação com a nova competência estabelecida na Constituição, pela EC 45/2004. Para tanto, o RISTJ precisa ser adaptado. Por enquanto, como mencionado no item anterior, a execução de sentença estrangeira encontra-se regulada, em caráter "transitório", pela Res. STJ 9/2005.

A execução far-se-á, nos termos dos arts. 484 do CPC, "por carta de sentença, extraída dos autos da homologação, e obedecerá às regras estabelecidas para a execução da sentença nacional da mesma natureza."

A homologação de sentença estrangeira precisa ser requerida pela parte interessada, em petição inicial contendo as indicações constantes do Código de Processo Civil e instruída com a certidão ou cópia autêntica do texto integral da sentença estrangeira e com outros documentos indispensáveis, devidamente traduzidos e autenticados.[10] A parte interessada será citada para, no prazo de quinze dias, contestar o pedido de homologação. Para que possa ser homologada, a sentença estrangeira não poderá ser considerada ofensiva à soberania ou à ordem pública,[11] além de preencher os seguintes requisitos: (a) haver sido proferida por autoridade competente; (b) terem sido as partes citadas ou haver-se legalmente verificado a revelia; (c) ter transitado em julgado; e (d) estar autenticada pelo cônsul brasileiro e acompanhada de tradução por tradutor oficial ou juramentado no Brasil.[12] Não havendo contestação ao pedido, a atribuição de homologação da sentença estrangeira será do Presidente do STJ. Do contrário, a competência será da Corte Especial.[13] O Ministério Público terá vista dos autos e também poderá impugnar a sentença estrangeira.[14] Homologada, a sentença estrangeira será executada pelo Juiz Federal competente.

10. Art. 3.º da Res. STJ 9/2005.

11. Idem em relação às medidas pretendidas nas cartas rogatórias.

12. Arts. 5.º e 6.º da Res. STJ 9/2005.

13. Arts. 2.º e 9.º da Res. STJ 9/2005.

14. Art. 10 da Res. STJ 9/2005.

7

COMPETÊNCIA TERRITORIAL OU DE FORO

SUMÁRIO: 7.1 Organização e divisões judiciárias da Justiça Federal – 7.2 A competência territorial na Justiça Federal – 7.3 A competência federal por delegação: art. 109, §§ 3.º e 4.º, da CF/1988: 7.3.1 Generalidades; 7.3.2 O sentido e o alcance da competência delegada; 7.3.3 Competência concorrente, absoluta e relativa: as posições diante do art. 109, § 3.º, da CF/1988; 7.3.4 Os casos previstos.

A competência determinada pelo critério geográfico é chamada de competência territorial ou de foro. Como leciona Chiovenda, o "critério *territorial* relaciona-se com a circunscrição territorial designada à atividade de cada órgão jurisdicional. As várias causas da *mesma natureza* são designadas a juízes do mesmo tipo, com sede, entretanto, *em lugares diversos*, e a designação depende de circunstâncias várias, ou do fato de residir o réu em determinado lugar (*forum domicilii, forum rei*), ou de haver-se contraído a obrigação em dado lugar (*forum contractus*), ou de achar-se em dado lugar o objeto da lide (*forum rei sitae*)".[1]

Celso Agrícola Barbi explica que essa "determinação tem em vista ora a maior comodidade para a defesa do direito do réu, ou do autor, ora a maior facilidade da prova; e a competência assim regulada tem caráter relativo, podendo, pois, ser modificada por acordo expresso ou tácito entre as partes, como se vê nos arts. 111 e 114".[2]

A competência em razão do território é, em regra, relativa, podendo ser modificada por eleição do foro, nos termos do art. 111 do CPC, ou prorrogada,

1. CHIOVENDA, Giuseppe. *Instituições de direito processual civil*. 2. ed. Trad. J. Guimarães Menegale. Notas Enrico Tullio Liebman. São Paulo: Saraiva, 1943. vol. 2., p. 214-215.

2. *Comentários ao Código de Processo Civil*. 7. ed. Rio de Janeiro: Forense, 1992. vol. 1, p. 254-255.

se o réu não opuser a respectiva exceção declinatória, como dispõe o art. 114. Entretanto, a regra comum pode ser excepcionada, por determinação expressa da lei, tal como ocorre, por exemplo, na parte final do art. 95 do diploma processual civil, e no art. 48 da Lei 6.766/1979. Como explanado supra, no item 2.2, há, por vezes, certo equívoco da doutrina, e até do legislador, em associar os casos de competência inderrogável de foro ao critério funcional-territorial.[3]

Tendo em vista que o sistema italiano elevava à condição de princípio a prorrogabilidade da competência territorial, não admitindo exceções, a classificação em funcional-territorial foi criada por Chiovenda como imperativo prático para justificar a improrrogabilidade de determinadas causas.[4] Todavia, o próprio Chiovenda, embora tenha advertido contra a utilização do adjetivo funcional para hipóteses de clara competência territorial,[5] ao que tudo indica, adotou, em certas situações, a qualificação "funcional-territorial" de modo casuístico, e não como decorrência de uma função propriamente dita.

No sistema processual brasileiro contemporâneo, o dogma da imutabilidade da competência territorial não segue a rigidez do modelo italiano. Embora

3. Enrico Tullio Liebman (*Manual de direito processual civil*. 2. ed. Trad. e notas Cândido Rangel Dinamarco. Rio de Janeiro: Forense, 1985. vol. 1, p. 65) afirma que a "competência por território distribui as causas entre os muitos juízos de igual tipo, com dois tipos de objetivos principais: facilitar e tornar mais cômoda a defesa das partes, especialmente a do réu, e fazer com que, em determinadas categorias de controvérsias, o processo corra perante o juiz que, em razão do lugar em que tem sede, possa exercer as suas funções da maneira mais eficiente. Há, por isso, duas espécies de competência territorial: quando a norma se inspira no primeiro dos motivos acima, a competência pode ser prorrogada ou derrogada pelas partes; mas, quando se inspira no segundo, esta é improrrogável e inderrogável (competência territorial *funcional*)". A classificação proposta é de difícil operacionalidade, pressupondo a aferição e a separação das razões que motivaram cada uma das regras. O motivo, entretanto, nem sempre se mostra tão evidente, havendo em inúmeros casos a confluência de regras que, ao mesmo tempo, atendem ao bom andamento do processo e ao interesse da(s) parte(s). Por outro lado, a distinção, quanto à prorrogação, no ordenamento brasileiro, decorre exclusivamente da eventual existência de norma legal expressa ressalvando a regra geral da relatividade da competência territorial (arts. 111 e 114 do CPC).

4. Como decorre das palavras do eminente processualista italiano: "Costumam considerar-se na competência territorial muitos dos casos enunciados; dado, porém, o princípio geral de nossa lei, de que a competência territorial é prorrogável (art. 187 do CPC), claro é que, ao defrontarmos uma competência improrrogável, não podemos falar de *simples* competência territorial" (op. cit., p. 269).

5. "O conceito e denominação, por mim introduzidos na literatura italiana no trabalho que a epígrafe registra, podem dizer-se atualmente de uso comum, se bem que nem sempre apropositado. Tem-me acontecido, na prática, ver aplicado o conceito a casos de mera competência territorial, e sustentada, por exemplo, a improrrogabilidade do *forum hereditatis*" (idem, p. 259).

não haja ressalva expressa nos arts. 111 e 114 do CPC, as exceções decorrem das normas especiais em contrário. Pode-se adotar, portanto, terminologia mais precisa, [6] a fim de enquadrar como funcional o que realmente diz respeito às funções, vertical ou horizontalmente consideradas, do órgão julgador, ao longo da mesma causa.[7]

Havendo a incidência de elemento geográfico delimitando a área de competência do órgão judicial, seja em termos de distritos, municípios, regiões ou Estado, o critério adotado será o territorial, e como tal deve ser tratado.[8]

7.1 Organização e divisões judiciárias da Justiça Federal

Moacyr Amaral Santos[9] ensina que "*foro* é a circunscrição territorial dentro da qual o juiz exerce as atividades jurisdicionais. É a jurisdição territorial de um órgão. Nesse sentido considera-se o território do Brasil um foro amplíssimo: o foro do STF é todo o território brasileiro, pois que sobre todo ele exerce tal órgão jurisdição. Foros menos amplos são os constituídos pelas linhas limítrofes de cada Estado, o qual constitui o foro do respectivo Tribunal de Justiça. Cada Estado, por sua vez, se subdivide em circunscrições judiciárias menores, as comarcas, nas quais exercem funções jurisdicionais um ou mais juízes. Podem os

---

6. Formulando a diferença acima, entre competência funcional e territorial, Barbosa Moreira afirmou: "Gostaria de ver esses dois conceitos mantidos na sua distinção. Entendo que, em Direito, a precisão terminológica e, sobretudo, o caráter unívoco das palavras, é um valor muito importante. É preciso que quando alguém pronuncie uma palavra técnica todos saibam do que se trata, e não se esteja a refletir se aquela expressão estará sendo usada neste ou naquele sentido. Trata-se de uma exigência científica, não de um formalismo de professor de processo. Em geometria só podemos usar a palavra triângulo para o polígono de três lados. Não poderemos usá-la para o polígono de cinco lados, nem para o de dez lados, senão Tales, que formulou a Lei Angular, seria desrespeitado" (Interesses difusos e coletivos. *Revista Trimestral de Direito Público* 3/193).

7. Ovídio A. Baptista da Silva (*Teoria geral do processo civil*. São Paulo: Ed. RT. p. 88) escreve que a "verdadeira competência funcional, no sentido indicado pelos processualistas italianos (Chiovenda, Giuseppe. Op. cit., n. 173; Zanzucchi, Marco Tullio. *Diritto processuale civile*. 5. ed. Milano: Giuffrè. vol. 1, n. 67), deve corresponder à competência atribuída a órgãos jurisdicionais diferentes para conhecer as certas fases de *um mesmo processo*, tal como acontece, por exemplo, nos sistemas jurídicos que possuam juízes preparadores e como sucede em nosso processo penal nos crimes de competência do júri, cujas fases procedimentais são da competência do Juiz singular e do próprio júri, de modo exclusivo".

8. Humberto Theodoro Júnior (*Curso de direito processual civil*. 40. ed. Rio de Janeiro: Forense, 2003. vol. 1. p. 169) leciona: "Denomina-se competência territorial a que é atribuída aos diversos órgãos jurisdicionais levando em conta a divisão do território nacional em circunscrições judiciárias".

9. *Primeiras linhas de direito processual civil*. 18. ed. São Paulo: Saraiva, 1995. vol. 1, p. 221.

Estados delimitar ainda mais as circunscrições judiciárias, criando o foro municipal, ou termo, sem falar nos distritos,[10] em que funcionam os juízes de paz".

A Justiça Federal foi organizada – conforme Capítulo 1 – em torno das Seções Judiciárias. Os próprios Juízes Federais foram outrora denominados Juízes Seccionais. As Varas Federais, por sua vez, estavam quase sempre sediadas nas Capitais e com competência territorial sobre todo o Estado ou o Distrito Federal.

Nas Constituições de 1967 e 1969, estabeleceu-se que cada "Estado, bem como o Distrito Federal, constituirá uma Seção Judiciária, que terá por sede a respectiva Capital, e varas localizadas segundo estabelecido em lei". Comentando o dispositivo, Pontes de Miranda[11] asseverou:

"Em princípio, a cada Estado-membro, ou Território, como ao Distrito Federal, corresponde uma *seção judiciária*, com a sede na capital. Lei complementar pode criar novas seções. Uma em cada Estado-membro, em cada Território, ou no Distrito Federal, é o mínimo. O corte em cada seção, sem que se haja de pensar em seção que abrange parte de um Estado-membro e parte de outro, ou de um Estado-membro e do Distrito Federal, ou de um Estado-membro ou do Distrito Federal e parte de um Território. À *lei* cabe fixar o número dos juízes de cada seção."

A concepção de novas seções judiciárias dentro dos Estados foi posta em prática com a edição do Dec.-lei 384/1968, cujo art. 3.º estabeleceu a criação de mais uma seção judiciária no Estado de São Paulo, com sede na cidade de Santos e área jurisdicional fixada pelo Conselho de Justiça Federal.

A Constituição de 1988 inovou com a criação dos TRFs, agrupando nas respectivas regiões as seções judiciárias. O art. 110 manteve a estrutura seccional,[12] com sede na Capital, e varas localizadas segundo o estabelecido em lei. Leis

10. Em relação à comarca de São Paulo, o Min. Amaral Santos afirma (idem, p. 222) que "exercem jurisdição numerosíssimos juízes, cujas atribuições são disciplinadas pelas leis de organização judiciária, mas todos tendo jurisdição sobre o mesmo território, salvo os juízes dos Foros Regionais, que a têm apenas nos limites das respectivas circunscrições regionais".

11. *Comentários à Constituição de 1967: com a Emenda n. 1, de 1969*. 2. ed. São Paulo: Ed. RT, 1970., p. 201-202.

12. J. Cretella Jr. (*Comentários à Constituição de 1988*. São Paulo: Forense Universitária, 1992. vol. 6, p. 3187) manteve a opinião anterior de Pontes de Miranda, aduzindo que: "Hoje, cada Estado-membro constitui uma seção judiciária, o mesmo ocorrendo com o Distrito Federal. *Uma* é o mínimo, mas a lei pode criar outras seções. Cabe também à lei fixar o número de magistrados de cada seção. Criada nova seção (ou secção = corte), o corte ocorrerá dentro de cada Estado-membro, ou dentro do Distrito Federal, ficando, assim, subdividida pelo corte a primitiva seção judiciária. Que é, pois, no Brasil, seção judiciária?

posteriores à Constituição de 1988 criaram as varas federais mais recentes, respectivamente, pela ordem, nas cinco regiões hoje existentes. Com exceção de algumas das leis,[13] que especificaram a localização das novas varas, inclusive em municípios do interior, as demais atribuíram aos Tribunais Regionais a definição da sede, competência territorial dentro da seção judiciária e eventual especialização desses órgãos judiciais. As supramencionadas leis possibilitaram, portanto, que os TRFs editassem normas formalmente infralegais para definir a organização e as divisões judiciárias federais, em relação às varas criadas.

A doutrina tradicional costuma lecionar que a definição da competência territorial objetiva a identificação da comarca, na Justiça do Estado, e da seção judiciária, no âmbito federal. Embora verdadeira em inúmeros casos, porque a comarca e a seção judiciária não encontram cortes internos em vários Estados, o crescimento populacional nas cidades e a preocupação com o acesso à Justiça vêm mudando essa realidade em vários lugares. Na Justiça Estadual o fenômeno está presente, principalmente, nos grandes centros urbanos. As respectivas comarcas, mesmo que abrangendo apenas um município, passaram a concentrar contingente populacional cada vez maior, com bairros cujo número de habitantes supera o de vários municípios e comarcas. Justificavam-se, assim, novos cortes, com a criação de foros regionais e varas distritais, como ocorrido em São Paulo, Rio de Janeiro, Porto Alegre, Belo Horizonte etc. Na Justiça Federal, a grande mudança ocorreu com a instalação de um número significativo de varas no interior, atenuando, assim, a tendência anterior de isolamento nas capitais.

A afirmação de que a comarca e a seção representam as únicas divisões judiciárias, respectivamente, das Justiças dos Estados e Federal, não encontra respaldo legal e prático. O art. 5.º da Lei 5.621/1970, já definia:

"Art. 5.º A divisão judiciária compreende a criação, a alteração e a extinção das seções, circunscrições, comarcas, termos e distritos judiciários, bem como a sua classificação.

Parágrafo único. Para a criação, a alteração, a extinção ou a classificação das comarcas e outras divisões judiciárias, os Estados observarão critérios uniformes com base em:

I – extensão territorial;

É todo o aparelhamento judiciário do Estado-membro, ou do Distrito Federal, quando existe uma só seção. Dividida esta, é cada um dos aparelhamentos resultantes do corte".

13. Como a Lei 8.424/1992 e Lei 9.664/1998. O art. 3.º, nas duas leis, entretanto, autorizou o TRF da 4.ª Região a proceder a eventuais especializações, bem como a transferir a sede das respectivas varas para outro município, de acordo com a conveniência do Tribunal e a necessidade de agilização da prestação jurisdicional.

II – número de habitantes;

III – número de eleitores;

IV – receita tributária;

V – movimento forense."

O art. 96 da LC 35/1979, manteve a possibilidade de divisão das comarcas, ao dispor que:

"Para a administração da Justiça, a lei dividirá o território do Estado em comarcas, podendo agrupá-las em circunscrição e dividi-las em distritos."

Na Justiça Federal, a Constituição da República previu expressamente a possibilidade de localização de varas, segundo o estabelecido em lei, referindo-se obviamente a outros municípios que não a Capital, na medida em que esta é a sede da seção judiciária.

A delimitação territorial será sempre a divisão de um espaço físico e/ou organizacional maior, com base em elemento geográfico, atribuindo a determinado(s) órgão(s) certa área compreendida por Estados, Municípios, comarcas, distritos, bairros etc. A Justiça Estadual poderá dividir-se em circunscrições, que, por sua vez, fracionam-se em comarcas, com eventuais subdivisões distritais.

Na Justiça Federal, o território nacional está dividido em regiões, integradas por seções, que podem conter varas apenas nas capitais ou estar divididas em subseções,[14] circunscrições[15] ou em áreas, sem denominação específica, afetas à(s) vara(s) localizada(s) na seção.[16] Como se vê, a solução pugnada por Pontes de Miranda e Cretella Júnior, de criação de outras seções judiciárias dentro do mesmo Estado-Membro, não vingou, sendo adotada a subdivisão interna daquela em outros foros, cuja denominação ainda não é uniforme.

O enquadramento das divisões internas das seções judiciárias como matéria relativa à competência de foro, tal qual ocorre com as varas distritais e os foros regionais, na esfera estadual, não é questão pacífica. Há quem entenda que a competência dentro da comarca ou da seção é sempre definidora do juízo e não do foro propriamente dito. Athos Gusmão Carneiro registra que a "inclinação prevalecente é a de que, na hipótese, não se cuida propriamente de uma competência de *foro*, mas de uma competência de *juízo*, afirmando-se seu caráter

14. Como na 3.ª Região (São Paulo e Mato Grosso do Sul).

15. Conforme denominação adotada na 4.ª Região (Rio Grande do Sul, Santa Catarina e Paraná).

16. O Tribunal da 2.ª Região (Rio de Janeiro e Espírito Santo) optou por esse caminho, com a delimitação territorial das varas instaladas nas cidades dos Estados do Rio de Janeiro e do Espírito Santo. Houve, no caso, enumeração taxativa dos municípios vinculados às varas situadas na capital e no interior.

absoluto".[17-18] Levando em conta os argumentos de Liebman, as Câmaras Cíveis Reunidas, do Tribunal de Justiça do Estado do Rio Grande do Sul, editaram o Enunciado 03, na Súmula de Uniformização de Jurisprudência, *in verbis*:

"Na comarca da Capital, a repartição dos feitos entre o Foro centralizado e os Foros regionais é motivada por razões de ordem pública, autorizados os juízes a, de ofício, declinar da competência entre os referidos foros, obedecidos os preceitos do Coje e dos arts. 94 a 111 do CPC" (*DJ* 18.08.1985).

No mesmo sentido, vem decidindo o TJRJ,[19] como se depreende das seguintes ementas:

"Agravo de instrumento – Decisão que declinou da competência para a Vara regional de Jacarepaguá – Desprovimento do recurso. A competência dos juízos regionais é funcional, sendo o território mera delimitação das funções de cada juiz naquelas subdivisões de atribuições na Comarca da Capital, as quais se fundam em razões de ordem pública, constantes do Código de Organização e Divisão Judiciárias deste Estado, que não pode ser violado, quer através de distribuição livre, quer por eleição de foro especial."[20]

"Vara Regional da Comarca da Capital – Comarca da Capital – Competência orfanológica – Código de Organização e Divisão Judiciária do Estado (arts. 87 e 108, redação impressa na Lei 829/1985). O objetivo primário da criação das Varas Regionais, na Comarca da Capital, decorreu da peculiaridade da Cidade-Estado pela extensão geográfica e demográfica, assim fazendo aproximar presteza e economia aos jurisdicionados, distanciados do Foro Central, aos seus anseios jurídicos de compor litígios ou solver seus problemas que dependam da intervenção do Judiciário, exemplo disso, os processamentos, mais de feição administrativa, das sucessões *mortis causa*. Retirar às Varas Regionais a competência dos feitos orfanológicos seria como se frustrar aquele desiderato, tanto

17. Vide Carneiro, Athos Gusmão. *Jurisdição e competência*. 8. ed. São Paulo: Saraiva, 1997. p. 77.

18. O Min. Athos Carneiro relatou, também, decisão da 4.ª Turma do STJ sobre o tema, lavrando-se acórdão com a seguinte ementa: "Foros Regionais – Competência absoluta – Ação de despejo por falta de pagamento – Anulação apenas da sentença proferida no juízo incompetente – Recurso especial não conhecido" (REsp 20.122, *DJ* I, 21.09.1992).

19. Embora a competência legislativa para a matéria processual seja federal, o legislador estadual fez incluir no Código de Organização e Divisões Judiciárias do Estado do Rio de Janeiro a seguinte disposição: "A competência dos juízos das Varas Regionais, fixada pelo critério funcional-territorial, é de natureza absoluta, sendo a incompetência declarada de ofício ou a requerimento dos interessados, independentemente de exceção", nos termos do art. 94, § 7.º, acrescentado pela Lei 3.432/2000.

20. TJRJ, AgIn 1996.002.00201, 8.ª Câm. Civ., j. 12.03.1996, rel. Des. Nilton Mondego. Disponível em: [www.tj.rj.gov.br]. Acesso em: 30.08.2012.

mais pelos termos do art. 108 do CODJERJ em conjugação precisa com o art. 87. Agravo provido."[21]

"Conflito negativo de competência – Ação fundada em relação de consumo proposta junto ao Foro Central da Capital, com base no inc. I do art. 101 do Código de Defesa do Consumidor e declinada a competência para Vara Regional da Barra da Tijuca, local do domicílio do autor – Competência que deve ser fixada segundo critério funcional e territorial, eis que absoluta – Obediência às regras contidas no Código de Organização Judiciária, que regula a competência entre territórios da mesma Comarca, do mesmo foro, que deve ser a da sede do réu – Conflito conhecido, declarando-se competente o juízo suscitado."[22]

Todavia, a chamada competência de juízo pressupõe uma identidade na competência territorial, situação essa que inexiste entre as varas das subseções (circunscrições ou varas do interior) judiciárias, na Justiça Federal, e entre os órgãos do foro central e regionais, na Justiça Estadual. Nesse sentido, o extinto Tribunal de Alçada Cível de São Paulo havia uniformizado a sua jurisprudência, incluindo na sua Súmula o seguinte enunciado:

"21. Na comarca de São Paulo é relativa a competência dos foros regionais."

No TJSP, embora haja julgados entendendo que a competência dos foros regionais seja absoluta,[23] a Câmara Especial e várias das Câmaras de Direito Privado têm prolatado acórdãos a favor da prorrogabilidade, em razão do critério territorial:

"Competência – Foro Regional – Natureza relativa, eis que fixada em razão do território – Exceção que deveria ser apresentada quando da contestação – Questão preclusa – Preliminar rejeitada – Recurso não provido."[24]

"Competência – Conflito – Consignatória de aluguéis – Conflito entre foro do local do pagamento e o do local do imóvel – Hipótese de normas sobre competência fundada no critério territorial, tendo natureza relativa, sendo defeso ao magistrado afirmar a sua incompetência relativa *ex officio* – Inexistência de provocação da parte por meio de exceção declinatória –

21. TJRJ, AgIn 1994.002.01869, 1.ª Câm. Civ., j. 14.02.1995, rel. Des. Ellis Hemydio Figueira. Disponível em: [www.tj.rj.gov.br]. Acesso em: 30.08.2012.

22. TJRJ, CComp 2005.008.00624, 2.ª Câm.Civ., j. 14.12.2005. Disponível em: [www.tj.rj.gov.br]. Acesso em: 30.08.2012.

23. "(...) A regra de competência que estabelece o foro central de São Paulo e os foros regionais de São Paulo é de ordem pública, funcional e absoluta, podendo a incompetência ser reconhecida de ofício pelo magistrado (...)" (AgIn 895.057-0/1/SP, 29.ª Câm. de Direito Privado, j. 18.05.2005, rel. Des. Pereira Calças. Disponível em: [www.tj.sp.gov.br]. Acesso em: 30.08.2012.).

24. 3.ª Câm.Civ., ApCiv 234.416-1, j. 27.06.1995, rel. Pires Araújo.

Prorrogação da competência verificada – Competência do Foro Regional da situação do imóvel." [25]

Registre-se, ainda, que acórdão da 9.ª Câmara de Direito Privado do Tribunal de Justiça esposou tese diversa das anteriormente ventiladas, pois ao mesmo tempo em que refuta o enquadramento dos foros regionais como divisão judiciária, abraça a definição da prorrogabilidade da competência em razão dos critérios adotados, sendo relativa quando decorrente do território ou do valor da causa. [26] O julgado em questão aproxima-se da posição sustentada por Cândido Rangel Dinamarco, que, com propriedade, espancou a associação, posta hoje em lugar-comum nas obras e peças processuais, da improrrogabilidade com a competência de juízo, contrapondo-se com a relatividade da competência de foro. Ao criticar a tendência da jurisprudência, que entende ser absoluta a competência das varas distritais, escreveu o valoroso mestre paulista:

"Não é convincente, todavia, a argumentação fundada no fato de tratar-se de competência de *juízo*, simplesmente porque a regra que diz ser esta absoluta é de construção doutrinária, não dizendo o direito positivo sequer uma palavra nesse sentido. O que acontece é que a competência de juízo é quase sempre determinada pelos critérios da matéria e da condição das pessoas, sendo absoluta nesses casos em virtude dos critérios em que se funda (v. arts. 102 c/c 111) e não especificamente por se tratar de competência de juízo; a posição jurisprudencial esvazia inteiramente a regra da prorrogabilidade da competência de juízo, esta sim ditada pelo direito positivo (art. 114 do CPC) (cf. Dinamarco. Direito processual civil, n. 80, especialmente p. 133) (C.R.D.)". [27]

A lição do professor Cândido Dinamarco é clara: o importante é o critério utilizado, pois deste decorrerá a prorrogabilidade ou não da competência, em virtude das normas contidas expressamente nos arts. 111 e 114 do CPC, não podendo ou cabendo à doutrina e à jurisprudência desconsiderá-las, em nome de outras classificações, em flagrante interpretação *contra legem*.

---

25. CComp 12.468-0, Câmara Especial, j. 09.05.1991, rel. Marino Falcão.

26. O acórdão foi assim ementado: "Competência – Foro Regional da Comarca de São Paulo – Causa que excedeu o limite de 50 vezes o salário mínimo – Competência territorial e em razão do valor, e assim prorrogável se não formulada a exceção de incompetência no prazo e forma legais – Recurso não provido. Os foros Regionais na Comarca de São Paulo têm o sentido de divisão judiciária, que não se confunde com o conceito técnico jurídico de foro, extraído do Código de Processo Civil, de lugar onde a demanda há de ser proposta (território). Fixada, pelas normas de organização judiciária Estadual, a competência dos Foros Regionais na Comarca para certas causas que não excedam o limite de 50 vezes o salário mínimo, tem-se, no território, uma competência em razão do valor, que é relativa, prorrogável se não formulada a exceção de competência na forma e prazo legais" (ApCiv. 262.647-1, rel. Des. Ruiter Oliva).

27. Na nota 52, inserida no *Manual de direito processual civil*, de Enrico Tullio Liebman, p. 74.

Consequentemente, a competência das varas situadas fora das Capitais, na Justiça Federal, será firmada por critério territorial, portanto de foro, e sujeita, em regra, à prorrogação.[28] Em relação à classificação da existência de varas federais no interior como sendo caso de competência de juízo, lembre-se que esta só será absoluta se decorrente de especialização em razão da matéria, da pessoa ou da função, pois, do contrário, incidindo o critério territorial ou o valor da causa, haverá competência relativa. Registre-se, inclusive, que vários autores[29] – que defendem a improrrogabilidade da competência dos foros regionais, sob o argumento de que seria de *juízo* e não de *foro*, o que, quando menos, representaria contradição nos próprios termos – afirmam, aí sim, corretamente, a opção do autor em relação aos Juizados Especiais Cíveis, embora, aqui, a competência seja clara e manifestamente de juízo.[30]

O estudo da Justiça Federal pode e deve, também, buscar subsídios na Justiça do Trabalho. Ambas estão organizadas por região, embora na segunda o fracionamento seja maior, havendo, em geral, coincidência na delimitação das regiões por Estado, com exceção de São Paulo, pois neste há duas regiões: uma compreendendo a Capital, área metropolitana e demais municípios mencionados na Lei 7.520/1986 e outra abrangendo o restante do interior.

28. De acordo: "Processual civil – Agravo de instrumento – Ação ajuizada contra a União Federal – Litisconsórcio ativo facultativo – Competência territorial. 1. A existência de litisconsórcio ativo facultativo permite a propositura de ação contra a União Federal no domicílio de qualquer um dos autores, desde que não comprometa o feito, quer quanto à unidade da defesa, quer em se tratando da solução do litígio. 2. Não se tratando de incompetência absoluta, mas de natureza relativa, por que diz respeito à distribuição da competência com base no território, considerada a interiorização da Justiça Federal, não pode o magistrado decretá-la de ofício. 3. Agravo de instrumento provido" (TRF-4.ª Reg., 4.ª T., rel. Juíza Silvia Goraieb, *DJ* II, 26.07.1995, p. 46.518).

29. Dentre outros: Nery Júnior, Nelson e Nery, Rosa Maria Andrade. *Código de Processo Civil comentado e legislação processual civil extravagante em vigor*. 2. ed. São Paulo: Ed. RT, 1996. p. 2043 e Carneiro, Athos Gusmão. Jurisdição e competência cit., p. 125.

30. O art. 3.º da Lei 9.099/1995 fixa a competência dos Juizados Especiais em razão do valor da causa (inc. I e § 1.º, I), da matéria (incs. II a IV) e da função (§ 1.º, I). Discute-se, principalmente, em relação à opcionalidade da competência material e funcional. De fato, a regra anterior, prevista no art. 3.º, § 2.º, da Lei dos Juizados de Pequenas Causas evitava maiores controvérsias, embora fizesse menção ao "procedimento". O STJ tem assim entendido: "(...) O ajuizamento da ação perante o Juizado Especial é uma opção do autor. (...)" (REsp 222.004, 4.ª T., j. 21.03.2000, rel. Min. Barros Monteiro, *DJ* 05.06.2000, p. 169. No mesmo sentido, REsp 280.193, 4.ª T., j. 22.06.2004, *DJ* 04.10.2004, p. 302. Há, contudo, projetos de lei, em tramitação, que pretendem tornar os Juizados Especiais Estaduais, nos moldes do que foi estabelecido para os Juizados Especiais Federais pela Lei 10.259/2001, sujeitos à competência absoluta. Nesse sentido, os PL 6.954/2002, do Senador Pedro Simon, e PL 7165/2002, do Deputado Ronaldo Vasconcellos.

A Constituição também não dispôs expressamente sobre a divisão judiciária das regiões trabalhistas. O art. 113 da CF/1988 remeteu para a lei ordinária a organização e divisão judiciárias, bem como a competência dos seus órgãos. Recepcionado pela nova Carta, o art. 650 da CLT estabeleceu que a "jurisdição (*rectius*: competência) de cada Junta de Conciliação e Julgamento abrange todo o território da comarca em que tem sede, só podendo ser estendida ou restringida por lei federal".[31] Não se atribuiu denominação específica para o foro trabalhista, podendo este coincidir ou não com a área da respectiva comarca.[32]

Nos termos do art. 651 da CLT, "a competência das Juntas de Conciliação e Julgamento é determinada pela localidade onde o empregado, reclamante ou reclamado, prestar serviços ao empregador, ainda que tenha sido contratado noutro local ou no estrangeiro". O art. 769 da CLT determinou a aplicação subsidiária do "direito processual comum (...) exceto naquilo em que for incompatível com as normas" do Título X. Ao editar normas especiais, todavia, criou o legislador certa perplexidade, porque, ao mesmo tempo em que regulou expressamente as exceções de incompetência, no art. 799, estabeleceu, no art. 795, § 1.º, que deveria "ser declarada *ex officio* a nulidade fundada em incompetência de foro. (...) considerados nulos os atos decisórios". Como bem explicado por Valentin Carrion,[33] em relação ao último dispositivo mencionado, o "legislador teve em mente a incompetência em razão da matéria que é sempre improrrogável; usou o 'foro' no sentido impróprio de foro trabalhista, distinguindo-o de foro comum, foro criminal etc".

A doutrina[34] e a jurisprudência dominantes consagraram como sendo territorial a competência das Varas do Trabalho, bem como relativa, devendo a sua eventual impugnação ser feita mediante a respectiva *exceptio*, pois, do contrário,

31. Leia-se, após a EC 24/1999, Vara do Trabalho, no lugar de Junta de Conciliação e Julgamento, nos artigos da Consolidação das Leis do Trabalho supramencionados.

32. Por força do próprio parágrafo único do art. 650 da CLT: "As leis locais de Organização Judiciária não influirão sobre a competência de Juntas de Conciliação e Julgamento já criadas, até que lei federal assim determine". Criaram-se, assim, duas medidas para a delimitação territorial, além de certa vinculação às leis estaduais de organização e divisão judiciárias.

33. *Comentários à Consolidação das Leis do Trabalho*. 13. ed. São Paulo: Ed. RT, 1990. p. 575.

34. Vide: Carrion, Valentin. Op. cit., item 3, e Nascimento, Amauri Mascaro. *Curso de direito processual do trabalho*. 15. ed. São Paulo: Saraiva, 1994. p. 118 e 119. Contra: Maranhão, Délio. *Instituições de direito do trabalho*. 11. ed. São Paulo: Ed. LTr, 1991. vol. 2. p. 1142-1144. Em relação à eleição de foro, os dois últimos autores (nas páginas mencionadas) rejeitam a possibilidade, enquanto Carrion admite o foro contratual apenas quando favorável ao empregado (p. 483).

ocorrerá o fenômeno da prorrogação, sendo descabido o pronunciamento de ofício quanto à eventual incompetência. Enfrentando o assunto, decidiu o TST:

"Art. 651 da CLT – Local de prestação de serviço. Na forma do art. 651, a competência em razão do local, no processo trabalhista, rege-se, como regra genérica, pelo lugar da prestação de serviços. Essa competência, entretanto, conforme entendimento doutrinário e jurisprudencial é prorrogável, por vontade expressa ou tácita das partes, de forma que o órgão jurisdicional, que inicialmente não a possuía, passa a tê-la, não podendo o juiz declará-la de ofício (art. 114 do CPC). Conflito negativo julgado procedente a fim de declarar a competência da MM. 1.ª JCJ de SP." [35]

7.2 A competência territorial na Justiça Federal

As regras estabelecidas nos parágrafos do art. 109 da Lei Magna são apenas formalmente constitucionais, pois a competência territorial não é matéria pertinente à estrutura do Estado, à organização de seus órgãos ou aos direitos fundamentais.[36] O legislador, ao eleger um critério determinador da competência, normalmente o faz levando em consideração as melhores condições para a plenitude da ampla defesa, o acesso à Justiça e à boa prestação jurisdicional. Quando pensa nesses valores, especialmente quanto ao interesse da parte, escolhe o que lhe parece, em tese, ser o melhor, pois, na prática e diante do caso concreto, outras soluções poderão ser mais convenientes, razão por que é a competência territorial, em regra, relativa. O direito de ação e de defesa não será, por certo, prejudicado, mas, muito pelo contrário, se as partes estiverem exercendo os seus respectivos atos processuais perante o foro escolhido, seja pela eleição ou ausência de exceção.

Nada há de plausível a justificar, na espécie, tratamento diverso do ministrado pelo sistema processual brasileiro, apenas para a União, quanto à relatividade da competência territorial. O fato de as regras de definição do foro da União estarem previstas na Constituição não modifica a natureza e as características da competência de foro, se inexiste previsão expressa a estabelecer a exceção. A competência territorial não passa a ser absoluta apenas porque prevista na Carta Política.[37]

35. CComp 47.188, rel. Min. H. Gurgel, *DJU* 12.03.1993, p. 3672. No Rio de Janeiro, compartilhando, também, desse entendimento: TRT/RJ, CJur 17/84, 2.º Grupo de Turmas, rel. Juiz João de Sant'Anna, *DO* 02.07.1985. Contra: TRT/RJ, RO 5.706/83, 5.ª T., rel. Juiz Rubem Moreira Leite, *DO* 18.04.1984.

36. Silva, José Afonso da. *Curso de direito constitucional positivo*. 12. ed. São Paulo: Malheiros, 1996. p. 44.

37. Contra, Arruda Alvim. *Manual de direito processual civil*. 5. ed. São Paulo: Ed. RT, 1996. vol. 1, p. 290: "Todavia, apesar de o § 1.º do art. 109 (...) tratar de competência territo-

A supremacia da Constituição serve sim, para retirar da ordem jurídica as disposições em contrário, bem como impedir que o legislador ordinário discipline diversamente a questão, salvo se autorizado pela própria Carta, como previsto no art. 109, § 3.º, o que se verá adiante. Assim sendo, o foro estabelecido na Constituição prevalece sobre qualquer outro indicado no Código de Processo Civil ou na legislação extravagante, inclusive sobre as regras de competência territorial absoluta, quando destoantes. É o que ocorre, por exemplo, para as causas em que a União for a autora, em relação aos litígios que versem sobre direito de propriedade, vizinhança, servidão, posse, divisão e demarcação de terras e nunciação de obra nova, em que o foro do domicílio do réu (art. 109, § 1.º) é o competente, pela hierarquia e especialidade.

A Constituição da República fixa, no art. 109, §§ 1.º e 2.º, o foro da União. Quando essa pessoa jurídica de direito público interno estiver no polo ativo, competente será a seção judiciária onde for domiciliada a outra parte, conforme disposto no § 1.º do art. 109. Trata-se de foro exclusivo, apesar de sujeito à prorrogação. Embora o dispositivo mencione, tão somente, a seção judiciária, a ação deve ser proposta perante a subseção[38] competente, se a parte adversa for domiciliada fora da Capital e houver vara(s) instalada(s) no interior.

O § 2.º do art. 109 da CF/1988 instituiu, por outro lado, a competência concorrente eletiva para os casos em que a União for ré. O autor poderá escolher entre o foro em que é domiciliado, em que houver ocorrido o ato ou fato que deu origem à demanda ou onde esteja situada a coisa, ou o Distrito Federal. Todos os foros previstos no § 2.º são igualmente competentes, não havendo que se falar em (in)competência relativa, pois, em vez de prorrogação, haverá simples escolha pelo autor.

A Carta Constitucional não estabeleceu regra específica para as entidades autárquicas[39] e empresas públicas federais, devendo incidir para estas as normas previstas no Código de Processo Civil e eventual legislação especial. Submetem-se, assim, quando autoras, à regra geral do foro do domicílio do réu, para as ações que versem sobre direito pessoal ou direito real sobre bens móveis. Quando sobre imóveis, incidirá a regra do art. 95 do CPC. Cabível a eleição de foro, exceto nas hipóteses previstas na parte final do art. 95. O foro convencionado, por

rial, estamos em face de uma competência constitucionalmente estabelecida, não sendo, assim, por um lado, aplicáveis a esses casos os arts. 111 ou 114 do CPC, pois são normas infraconstitucionais, e, por outro lado, e principalmente, inaplicáveis são esses artigos à hipótese de competência absoluta regrada na Constituição".

38. A denominação, como já dito, não está uniformizada, mas, no presente trabalho, será utilizada a expressão "subseção", cuja designação compreenderá a de circunscrição e as demais espécies de divisão territorial das seções judiciárias da Justiça Federal.

39. Assim entendidas, também, as pessoas jurídicas que lhe são equiparadas, como as fundações públicas.

sua vez, pode ser afastado quando ajuizada a ação no lugar do domicílio do réu, conforme entendimento jurisprudencial.[40] Quando demandadas, aplicáveis são as alíneas previstas no inc. IV, principalmente a *b*, do art. 100 do CPC, bem como as regras contidas no Código do Consumidor, estas últimas em relação às empresas públicas. Não há qualquer possibilidade de aplicação, por analogia, às pessoas da *administração pública indireta* inclusas no inc. I do art. 109 da CF/1988, das regras instituídas nos §§ 1.º e 2.º, pois estas são destinadas exclusivamente à União.[41]

Em relação às causas entre Estado estrangeiro ou organismo internacional e Município ou pessoa domiciliada ou residente no País (art. 109, II, da CF/1988), aplicam-se as normas gerais e especiais previstas na legislação processual, não havendo peculiaridades em relação a essas pessoas.

Nada há, também, de específico para as causas fundadas em tratado ou contrato da União com Estado estrangeiro ou organismo internacional, a não ser a aplicação das regras previstas no art. 109, §§ 1.º e 2.º, quando a União for parte. Ressalve-se, igualmente, os casos de ação civil pública, conforme será visto *infra*, em relação à aplicabilidade do art. 2.º da Lei 7.347/1985, combinado com o art. 109, § 3.º, da CF/1988. Pode ocorrer, eventualmente, certo conflito entre a regra que determina o foro do local do dano (art. 2.º da Lei 7.347/1985) e a que estabelece o lugar do domicílio da parte contrária (art. 109, § 1.º, da CF/1988), havendo, no caso, vara federal instalada nas duas localidades. José Antonio Lisbôa Neiva,[42] com a devida propriedade, formula a seguinte hipótese, apontando correta solução para a questão: "se um evento tivesse ocorrido na cidade do Rio de Janeiro (onde existe vara federal) e o seu autor fosse domiciliado, por exemplo, em São Paulo, a ação civil pública a ser ajuizada pela União Federal deveria ser proposta na Seção Judiciária de São Paulo, diante do comando constitucional, e não da situação da ocorrência danosa".

---

40. Nesse sentido: "No caso de eleição de foro, tal circunstância não impede seja a ação intentada no domicílio do réu, e com razão maior quando este, ao excepcionar o foro, não demonstrou a existência de prejuízo" (STJ, 3.ª T., v.u., rel. Min. Nilson Naves, *DJU* 09.03.1992, p. 2573).

41. Nessa direção: "Processual civil – Agravo de instrumento – Incompetência – Ajuizamento de ação no local de sede de autarquia federal (Banco Central do Brasil). 1. Sendo o Banco Central do Brasil uma autarquia federal possuidora de personalidade jurídica própria, não pode ser aplicada em relação a ele a faculdade de escolha dos locais a intentar a ação, estabelecido no art. 109, § 1.º, (*sic*) da CF/1988, pois o referido dispositivo constitucional diz respeito unicamente à União Federal. 2. O foro competente para as ações propostas contra autarquias federais se apresenta como o da sua sede, ou, havendo, o local onde se encontra sua sucursal. Possuindo o Banco Central sua sede em Brasília e havendo delegacias regionais em capitais do País, pode a parte autora ajuizar ação em quaisquer lugares onde exista uma regional da autarquia. 3. Agravo de instrumento provido" (TRF-1.ª Reg., 4.ª T., rel. Juiz Homar Cais, *DJ* II, 18.02.1997).

42. A competência na ação civil pública e na ação popular. *Justitia*, n. 171, vol. 57, p. 317.

O STJ havia editado, na sua Súmula de uniformização de jurisprudência, o Enunciado 183:[43] "Compete ao Juiz Estadual, nas comarcas que não sejam sede de vara da Justiça Federal, processar e julgar ação civil pública, ainda que a União figure no processo". Compulsando os precedentes do STJ,[44] verifica-se que eventual confronto com as normas constitucionalmente previstas no art. 109, §§ 1.º e 2.º, não foi apreciado diretamente. O Superior Tribunal pretendeu apenas, ao que parece, consagrar o enquadramento da previsão contida no art. 2.º da Lei 7.347/1985, no permissivo da parte final do art. 109, § 3.º, da Constituição. A menção à União parece ser exemplificativa da competência, *ratione personae*, da Justiça Federal. No que tange ao § 2.º do art. 109 da Carta, o confronto não haverá, necessariamente, porque um dos foros concorrentes é exatamente o da situação da coisa, assim subentendido o do local do dano. Todavia, o art. 109, § 1.º, prevê tão só o foro do domicílio do réu como competente, regra geral inserta no Código de Processo Civil. O legislador constituinte entendeu por bem preservar, em patamar mais elevado, o local, em tese, mais favorável ao réu, para se defender diante do Poder Público Central, representado pela União. Com isso, visou impedir a possibilidade de alteração, mediante legislação ordinária, do foro comum, até então vigente no Código de Processo Civil, ou a redução da sua incidência, com o estabelecimento eventual de normas especiais. A norma em questão, assim como várias outras inseridas na Constituição de 1988, não é materialmente constitucional, na medida em que envolve uma regra de competência territorial, importante, mas não básica para o exercício da cidadania. Entretanto, o caráter formal, por si só, diante da falta de distinção, é suficiente para assegurar a prevalência da norma constitucional. Contudo, a finalidade precípua do disposto no art. 109, § 1.º, é resguardar o interesse da parte passiva, que pode, muito bem, estar assegurado, e até em melhores condições, em outro foro, denotando, assim, que a relatividade deve ser sempre considerada como regra, diante do critério territorial, salvo quando o direito positivo expressamente dispor em sentido contrário.

7.3 A competência federal por delegação: art. 109, §§ 3.º e 4.º, da CF/1988

7.3.1 Generalidades

Concentrada nas Capitais e com apenas um órgão judicial em cada Estado, ao surgir, em 1890, a Justiça Federal convivia com o distanciamento em relação

43. O Enunciado 183 da Súmula do STJ foi cancelado em 08.11.2000.

44. Em particular, os CComp 2.230/RO, CComp 12.361/RS e CComp 16.075/SP, indicados como referência em relação ao enunciado, conforme *DJU* 31.03.1997, p. 9.667.

aos jurisdicionados domiciliados no interior, situação que se agravava diante da dimensão continental do Brasil. Para atenuar essa situação, o Dec. 848/1890, previu[45] a possibilidade de prorrogação da competência dos Juízes Estaduais, quando não fosse oposta a respectiva exceção. Todavia, a solução apresentada ficava sempre condicionada à vontade do Poder Público, em propor, perante a Justiça do Estado, quando fosse o autor, ou em deixar de impugnar a incompetência, ao ser demandado no interior.

O sistema concebido por Campos Salles, em 1890, durou muito pouco. A Constituição de 1891 não apenas deixou de conservar a norma contida no art. 16 do Dec. 848, como estabeleceu, no art. 60, § 3.º: "É vedado ao Congresso commetter qualquer jurisdicção federal ás justiças dos Estados".

Na Constituição de 1934, foi inserida norma, contida no art. 71, segundo a qual "a incompetencia da justiça federal, ou local, para conhecer do feito, não determinará a nulidade dos actos pocessuaes probatorios e ordinatorios, desde que a parte não a tenha arguido. Reconhecida a incompetencia, serão os autos remetidos ao juizo competente, onde seguirá o processo". Manteve-se, assim, a impossibilidade de prorrogação ou delegação de competência entre as Justiças Federal e Estadual.

No período compreendido entre 1937 e 1965, em que a Justiça Federal foi excluída da organização judiciária brasileira, surgiu, no âmbito trabalhista, a origem da previsão hoje contida no art. 109, § 3.º, da Constituição. O art. 122, § 3.º, da Carta de 1946, previu que a lei instituísse as Juntas de Conciliação e Julgamento [transformadas em Varas do Trabalho pela EC 24/1999], podendo, nas comarcas onde elas não fossem instaladas, a atribuição das suas funções ser conferida aos Juízes de Direito.

Restabelecendo a Justiça Federal em 1965, o Ato Institucional 02, de 27 de outubro, não manteve a vedação da Carta de 1934, no que diz respeito à delegação de competência, mas também, nada estabeleceu sobre a questão.

Com a edição da Lei 5.010,[46] de 30.05.1966, a inovação trabalhista foi parcialmente transplantada para a Justiça Federal. Nesta, a delegação ficou restrita

45. "Art. 16. Quando um pleito, que em razão das pessoas ou da natureza do seu objecto deva pertencer à competencia da Justiça Federal, for, não obstante, proposto perante um juiz ou tribunal de Estado, e as partes contestem a lide sem propor excepção declinatoria, se julgará prorogada a jurisdicção, não podendo mais a acção ser sujeita à jurisdicção federal, nem mesmo em gráo de recurso, salvo nos casos especificados no art. 9, II, paragrapho unico." O art. 9.º, II, parágrafo único, estabelecia o recurso para o STF.

46. "Art. 15. Nas Comarcas do interior onde não funcionar Vara da Justiça Federal (art. 12), os Juízes Estaduais são competentes para processar e julgar: I – os executivos fiscais da União e de suas autarquias ajuizados contra devedores domiciliados nas respectivas Co-

aos casos taxativamente arrolados, enquanto na Justiça do Trabalho os Juízes de Direito conheciam e julgavam toda a matéria trabalhista.

As Constituições de 1967 e 1969 previram a delegação da competência federal para os Juízes de Direito, embora a primeira Carta de modo bastante limitado e a segunda em molde semelhante ao atual.[47] A Justiça Federal, nesse período, salvo raríssimas exceções, estava instalada apenas nas Capitais, razão pela qual as Constituições de 1967[48] e 1969[49] e o próprio Código de Processo Civil[50] de 1973, faziam menção, sempre, ao foro da Capital do Estado ou Território.

A Justiça Federal apenas nos últimos anos iniciou a sua expansão, com a criação e instalação de novas varas, várias delas localizadas nas principais cidades do interior. Essa nova etapa começou, principalmente, após a Constituição de 1988, coincidindo com a descentralização também no âmbito do segundo grau de jurisdição, a partir da instalação dos TRFs. Ao elaborar a Carta de 1988,

marcas; II – as vistorias e justificações destinadas a fazer prova perante a administração federal, centralizada ou autárquica, quando o requerente for domiciliado na Comarca; III – os feitos ajuizados contra instituições previdenciárias por segurados ou beneficiários residentes na Comarca, que se referirem a benefícios de natureza pecuniária (...)." O art. 12 estabelecia: "Nas Seções Judiciárias em que houver mais de uma Vara, poderá o Conselho da Justiça Federal fixar-lhes sede em cidade diversa da Capital, especializar Varas e atribuir competência por natureza de feitos a determinados Juízes". O Dec.-lei 30, de 17.11.1966, acrescentou ao art. 15 da Lei 5.010 o seguinte inciso: "IV – as ações de qualquer natureza, inclusive os processos acessórios e incidentes a elas relativos, propostas por sociedades de economia mista com participação majoritária federal contra pessoas domiciliadas na comarca, ou que versem sobre bens nela situados".

47. Constituição de 1967, art. 119, § 3.º: "A lei poderá permitir que a ação fiscal seja proposta noutro foro, e atribuir ao Ministério Público estadual a representação Judicial da União".

Constituição de 1969, art. 125, § 3.º: "Processar-se-ão e julgar-se-ão na justiça estadual, no foro do domicílio dos segurados ou beneficiários, as causas em que for parte instituição de previdência social e cujo objeto for benefício de natureza pecuniária, sempre que a comarca não seja sede de vara do juízo federal. O recurso, que no caso couber, deverá ser interposto para o Tribunal Federal de Recursos § 4.º "Nos portos e aeroportos onde não existir vara da justiça federal, serão processadas perante a justiça estadual as ratificações de protestos formados a bordo de navio ou aeronave". Art. 126. "A lei poderá permitir que a ação fiscal e outras sejam promovidas no foro de Estado ou Território e atribuir ao Ministério Público respectivo a representação judicial da União". A EC 7/1977 alterou a redação do art. 126, que passou a ser: "A lei poderá permitir que a ação fiscal e outras sejam promovidas, nas comarcas do interior, onde tiver domicílio a outra parte, perante a Justiça do Estado ou do Território, e com recurso para o Tribunal Federal de Recursos, bem como atribuir ao Ministério Público local a representação judicial da União".

48. Art. 119, § 1.º.

49. Art. 125, § 1.º.

50. Art. 99.

teve em mente o legislador constituinte a manutenção de regras de competência que facilitassem o acesso à prestação jurisdicional, em termos de direito de ação e de defesa, das pessoas domiciliadas em comarcas que não fossem sede de vara federal, nas causas atribuídas à Justiça Federal. Dessa preocupação resultou uma espécie de delegação para que a Justiça Estadual pudesse processar e julgar, no primeiro grau, as causas entre segurados ou beneficiários e instituição de previdência social e outras definidas por lei, mantendo-se, entretanto, a competência funcional dos Tribunais Regionais Federais. Dispõem os §§ 3.º e 4.º do art. 109 da Constituição:

"§ 3.º Serão processadas e julgadas na justiça estadual, no foro do domicílio dos segurados ou beneficiários, as causas em que forem parte instituição de previdência social e segurado, sempre que a comarca não seja sede de vara do juízo federal, e, se verificada essa condição, a lei poderá permitir que outras causas sejam também processadas e julgadas pela justiça estadual.

§ 4.º Na hipótese do parágrafo anterior, o recurso cabível será sempre para o Tribunal Regional Federal na área de jurisdição do juiz de primeiro grau."

7.3.2 O sentido e o alcance da competência delegada

A regra prevista na primeira parte do art. 109, § 3.º, da CF/1988 não representa exceção às normas estabelecidas nos parágrafos precedentes (1.º e 2.º). Em primeiro lugar, porque a única hipótese inclusa, de modo expresso, na Carta, diz respeito às causas entre segurados ou beneficiários e instituição de previdência social, enquanto os §§ 1.º e 2.º dirigem-se à competência do foro da União, como autora e ré, respectivamente. Pressupõe, também, nessa primeira parte, que a referida causa seja da competência da Justiça Federal, por estar enquadrada nos incs. I, III ou XI da Carta.[51] A norma voltada às causas entre segurado e instituição de previdência social foi dirigida aos processos envolvendo o Instituto Nacional do Seguro Social, entidade autárquica federal, sujeita à Justiça Federal por força do inc. I do art. 109. Todavia, admite-se, em tese, que a causa possa estar relacionada com o inc. III (tratado) ou mesmo envolver direito indígena (XI). A jurisprudência[52] tem entendido que a exceção do § 3.º do art. 109 não engloba os mandados de segurança. Refletindo esse pensamento, o extinto TFR inseriu na sua Súmula o seguinte Enunciado: "216. Compete à Justiça Federal processar e julgar mandado de segurança

51. O inc. II não é compatível com a primeira parte do § 3.º, embora possa ser objeto da parte final.

52. Vide *RTJ* 66/286 e 86/831; *RTFR* 123/302; *RDP* 97/282; e *RTRF-3.ª Região* 1/320, conforme Theotonio Negrão, *Código de Processo Civil e legislação processual em vigor*, art. 109, nota 21.

impetrado contra ato de autoridade previdenciária, ainda que localizada em comarca do interior".[53]

A redação atual não manteve a limitação anterior, ou seja, quando o objeto fosse benefício de natureza pecuniária. A delegação aplica-se tanto para os casos em que o segurado/beneficiário é autor como em eventuais demandas em que figure como réu.

A segunda parte, que será detalhada infra, no item 7.3.4, remete, ao legislador ordinário, a fixação de outros casos de delegação da competência federal, de modo amplo e não apenas em relação ao inc. I do art. 109 da CF/1988, desde que a comarca não seja sede de vara federal. A lei não poderá alterar, direta ou indiretamente, as regras fixadas na Constituição, ou seja, nos §§ 1.º e 2.º do art. 109. Assim sendo, afrontaria a Constituição, por exemplo, lei ordinária que estabelecesse que as causas em que a União fosse autora pudessem ser aforadas em qualquer Capital, ou no local em que está situada a coisa, ou no Distrito Federal etc. Haveria foro concorrente onde o legislador constituinte procurou preservar a exclusividade. Entretanto, plenamente válida seria a norma que permitisse o ajuizamento pela União, perante a Justiça Estadual, no foro do domicílio da outra parte, porque compatível com a regra inserta no art. 109, § 1.º, da CF/1988. Da mesma forma, se a lei ordinária subtraísse do autor, nas causas intentadas contra a União, as possibilidades asseguradas no art. 109, § 2.º, da Lei Magna. Não havendo problema, entretanto, se o autor pudesse aforar na comarca (Justiça Estadual) do seu domicílio, naquela onde houver ocorrido o ato ou fato que deu origem à demanda ou onde esteja situada a coisa, sem exclusão da opção pela seção judiciária (Justiça Federal) do Distrito Federal.

A aceitação de tese contrária à supramencionada levaria a situações absurdas, para não dizer teratológicas. Por exemplo, se a lei instituísse a possibilidade de ajuizamento, na Justiça Estadual, de determinadas causas, mesmo quando a União fosse a autora, no local em que ocorreu o fato ou onde esteja situada a coisa. Assim sendo, pessoa domiciliada em Manaus poderia ser demandada em

53. Esse entendimento foi mantido pelo STJ, após a Constituição de 1988, como se pode extrair da seguinte ementa: "Competência – Mandado de segurança – Juiz estadual – Exercício de competência delegada – Não abrangência. I – Consoante o disposto no art. 108, II, da CF/1988, a única hipótese em que a sentença prolatada por juiz estadual vem a ser examinada por Tribunal Federal é a de que aquele esteja no exercício de competência federal delegada, autorizada pelo § 3.º do art. 109 da CF/88. II – A competência para processar e julgar mandado de segurança contra ato de autoridade federal, segundo o art. 109, VIII, da CF/88, é dos juízes federais. Nesse sentido, também a Súmula 216 do extinto TFR. III – Conflito de que se conhece para declarar a competência do MM. Juízo Federal, anulada a sentença proferida pelo MM. Juízo Estadual" (CComp 15.203-RS, 1.ª Seção, rel. Min. Antônio de Pádua Ribeiro, *DJ* I, 26.02.1996, p. 3.910).

Teresópolis (interior do Estado do Rio de Janeiro), se a coisa lá estivesse situada, perante a Justiça Estadual, porque ainda não instalada vara federal na comarca. Exerceria, dessa forma, o Juiz Estadual, plenamente, a competência federal. Todavia, se houvesse vara federal instalada em Teresópolis, o juízo federal localizado neste município seria incompetente para a causa, que deveria ser proposta em Manaus, pois faltaria a condição prevista no art. 109, § 3.º, da Constituição.[54] Por outro lado, se aceita a possibilidade de o legislador ordinário contrariar as regras de competência estabelecidas no art. 109, §§ 1.º e 2.º, da Carta, inclusive com a facilidade advinda das Medidas Provisórias, transformar-se-iam aquelas em meras figuras decorativas.

Para que se possa aplicar o disposto no art. 109, § 3.º, da CF/1988, pressupõe-se a inexistência de vara federal sediada na comarca. Por certo haverá, sempre, uma vara federal com, *a priori*, competência sobre o lugar em que é domiciliado o segurado, mas a Carta exige que o órgão federal esteja instalado na comarca. Não estando, prevê o texto constitucional que "serão processadas e julgadas na justiça do estado, no foro do domicílio dos segurados ou beneficiários". Assim, por exemplo, nas seções judiciárias em que há varas federais instaladas apenas nas Capitais, todo o Estado estará sob a competência dessas varas. Mas, incidindo o art. 109, § 3.º, opera-se verdadeiro corte na competência territorial, pois o órgão estadual passa a poder processar e julgar a causa como se integrasse a Justiça Federal.[55] A competência do órgão estadual investido da delegação federal é ditada pelo critério territorial, sendo, por conseguinte, relativa.

Irrelevante, para tanto, o fato de a comarca estar dividida em foros distritais ou regionais. Exige-se, tão somente, a presença, na comarca, da vara federal, podendo esta estar instalada em qualquer localidade integrante da comarca, coincidindo ou não com o lugar do foro central ou do foro regional.[56] Por certo,

54. Não obstante as menções feitas à União, nos Enunciados 11 e 183 [cancelada] da Súmula do STJ, a questão em foco não foi debatida em nenhum dos acórdãos que serviram de precedente para os referidos incidentes de uniformização de jurisprudência.

55. De acordo: "Nos casos do § 3.º do art. 109 da CF/1988, a União é demandada na Justiça Estadual como se estivesse na Justiça Federal. Tanto assim que o recurso, nesse caso, é endereçado ao TRF com jurisdição sobre a área do Juízo Estadual e não para o Tribunal de Justiça (art. 109, § 4.º)" (STJ, EDcl no CComp 2.230/RO, 1.ª Seção, rel. Min. Antônio de Pádua Ribeiro, *DJ* I, 01.03.1993, p. 2478).

56. Esse vem sendo o entendimento da jurisprudência. Nesse sentido, decidiu o STJ: "Processual civil – Conflito negativo de competência – Vara Distrital na Circunscrição Territorial de Comarca com sede em outro município onde funciona a Justiça Federal – Execução fiscal – Inexistindo a competência federal delegada, compete ao STJ apreciar conflito estabelecido entre juízes vinculados a Tribunais diversos – Arts. 105, I, *d*, 109, I, e § 3.º,

em comarcas com grande extensão, englobando por vezes muitos municípios, haverá, ainda, algum distanciamento. Mas a proximidade da comarca foi considerada pelo legislador constitucional como suficiente.

A ulterior instalação de vara federal na comarca faz cessar, de imediato, a delegação da competência federal à Justiça Estadual, segundo tem entendido o STJ.[57-58] O raciocínio de fundo é idêntico ao que motivou a inclusão do Enunciado 10 na Súmula de Uniformização de jurisprudência do STJ: "Instalada a Junta de Conciliação e Julgamento, cessa a competência do Juiz de Direito em matéria trabalhista, inclusive para a execução das sentenças por ele proferidas".[59]

7.3.3 Competência concorrente, absoluta e relativa: as posições diante do art. 109, § 3.º, da CF/1988

O art. 109, § 3.º, da CF/1988 tem sido objeto de elevado número de conflitos de competência e certa disparidade de entendimentos nos Tribunais. A confusão fica ainda maior porque resultam os julgados, em grande parte, de tratamento casuístico. Embora estejam lastreadas no mesmo dispositivo constitucional supramencionado, as hipóteses de delegação da competência federal – causas previdenciárias, execuções fiscais, justificações etc. – são abordadas e decididas, por vezes, de modo estanque, sem preocupação maior com a lógica e coerência do sistema adotado.

---

da CF/1988. Art. 15 da Lei 5.010/1966 – Súmulas 3 do STJ e 40 do extinto TFR. 1. A Vara Distrital na circunscrição territorial da Comarca com sede em outro Município, na organização judiciária, não se distingue como Comarca para a previsão constitucional de competência federal delegada (art. 109, § 3.º, da CF/1988). 2. (...) 3. Existindo Juízo Federal na Comarca (um ou mais municípios) do domicílio do devedor, a execução fiscal do interesse da União, entidade autárquica ou empresa pública federal, compete à Justiça Federal processar e julgar a ação (art. 109, I, da CF/1988), não se aplicando as disposições do art. 15 da Lei 5.010/1966, e da Súmula 40-TFR. 4. Conflito conhecido para declarar a competência do Juízo Federal, suscitado" (CComp 5.903-8, rel. Min. Milton Luiz Pereira, *RSTJ* 66/42).

57. Conforme Athos Carneiro (Jurisdição e competência cit., p. 110) 'instalada Vara da Justiça Federal na sede da comarca, é dela a competência para julgar as execuções fiscais promovidas anteriormente pela Fazenda Nacional perante o Juízo de Direito da Vara Distrital' (STJ, CComp 17.753, 1.ª Seção, j. 09.04.1997, *DJU* 12.05.1997, p. 18747).

58. Contra: "Processo civil – Previdenciário – Competência territorial. (...) A superveniente criação de Vara Federal no interior não importa alteração de competência territorial. Aplicabilidade do princípio da *perpetuatio jurisdicionis* e do art. 5.º da Res. 6.593, deste Tribunal" (TRF-4.ª Reg., AgIn 95.04.07034/SC, 5.ª T., rel. Juiz Amir Finocchiaro Sarti, *DJ* II, 02.08.1995).

59. Vide *RSTJ* 16/281, com os julgados precedentes.

Em síntese, três posições têm sido defendidas: (a) a da existência de foros concorrentes, podendo a parte autora sempre optar entre o órgão estadual e o federal; (b) em sentido oposto, estão os que afirmam a condição exclusiva e absoluta do foro estadual; e (c) a da competência exclusiva, embora relativa, porque decorrente do critério territorial. Registre-se, também, que nem sempre essas correntes estão claramente postas, sendo comum a utilização imprópria dos conceitos, cuja abordagem foi enfrentada supra, no item 2.4.

O primeiro grupo reúne julgados que definem o foro previsto no § 3.º do art. 109 da CF/1988 como concorrente com o da vara federal, cabendo ao autor a opção. Seria possível, assim, "renunciar" ao foro estabelecido em seu benefício. A qualificação dos foros estadual e federal como concorrentes conduz à impossibilidade de modificação do local em que foi aforada a demanda, porque nenhum deles será incompetente. Defendendo esse ponto de vista, proferiu a 1.ª Turma do STF acórdão com a seguinte ementa:

"Competência – Art. 125, § 3.º, da EC 1/1969. O citado dispositivo constitucional não estabelece a obrigatoriedade de que a ação seja ajuizada no foro especial a que ele se refere, o que implica dizer que pode o segurado-autor não se valer dessa norma que é ditada em seu benefício. Recurso extraordinário não conhecido." [60]

A defesa da possibilidade de escolha, entre os órgãos judiciais concorrentes, normalmente está associada às causas previdenciárias, como no caso acima decidido pelo STF. No âmbito dos TRFs, a 4.ª Região consolidou esse entendimento na sua Súmula 8, com o seguinte verbete:

"Subsiste no novo texto constitucional a opção do segurado para ajuizar ações contra a Previdência Social no foro estadual do seu domicílio ou no do Juízo Federal."

Cabe assinalar que o art. 109, § 3.º, da Lei Magna não traz nenhuma determinação ou indicação no sentido dessa apregoada escolha. Além disso, o texto constitucional é claro em caracterizar as causas entre segurado e instituto de previdência, sem, todavia, como disciplina nos parágrafos precedentes, distinguir a condição de autor ou réu para a incidência do dispositivo especial. Porquanto, a escolha caberá sempre ao autor, que, por sua vez, poderá ser, também, o instituto de previdência social. A regra estabelecida na Constituição, remetendo a causa para a Justiça Estadual, quando não for sede de vara federal, normalmente parece beneficiar a ambas as partes. Autor e réu poderão exercer com mais facilidade os respectivos direitos de ação e de defesa. Não por outro motivo, vem o Instituto Nacional do Seguro Social impugnando com frequência a propositura perante foro diverso do domicílio do segurado, invocando, em

60. RE 117.707/DF, rel. Min. Moreira Alves, *RTJ* 157/250.

geral, a maior dificuldade para a obtenção das informações e provas necessárias para a sua defesa, porque consignadas nos postos locais. Considerando os princípios da isonomia e da ampla defesa, prolatou a 1.ª Turma do TRF da 2.ª Região acórdão assim ementado:

"Processual civil – Conflito de competência – Art. 109, § 3.º, da CF/1988 – Art. 112 do Código de Processo Civil. I – A interpretação do juízo prevalente há de ser sopesada em conformidade com os princípios processuais que estabelecem o equilíbrio e a igualdade das partes, que não podem, a pretexto de livre escolha, dificultar o exercício da ampla defesa da parte contrária. II – Entretanto tais aspectos, com ressalva do entendimento pessoal desta relatora, não podem ser ditados de ofício".[61]

A segunda corrente jurisprudencial realça a imperatividade do comando constitucional, levando em conta que o texto utilizou-se da expressão "serão", em vez de "poderão", para afirmar a exclusividade do foro. Para a classificação dessa competência em absoluta, apresentam-se duas argumentações: (a) uma considera presente a razão funcional,[62] fazendo incidir a primeira parte do art. 111 do CPC; e (b) a outra entende que todas as disposições previstas na Constituição são inderrogáveis.[63] Em harmonia com esta corrente, o Tribunal Pleno do STF, por maioria de votos,[64] enfrentou a matéria no passado, em julgado assim ementado:

"Competência – Execução fiscal da União contra devedor domiciliado em comarca do interior. Sendo competente para processá-lo e julgá-lo em primeira instância o juiz estadual, não pode a União optar por ajuizá-lo na capital do Estado e perante a Justiça Federal. Interpretação do art. 126 da Constituição. Recurso extraordinário não conhecido".[65]

61. AgIn 218.271, rel. Des. Fed. Julieta Lunz, *DJ* II, 31.10.1996, p. 83.413.

62. Nesse sentido: "Previdenciário – Conflito de competência – Benefício de natureza pecuniária. O § 3.º do art. 125 da Constituição erigiu critério de competência funcional, para as causas contra instituição de Previdência Social cujo objeto for benefício de natureza previdenciária, como exceção ao princípio geral do *caput* desse mesmo artigo" (TFR, CComp 7.454/RJ, rel. Min. Dias Trindade, cuja ementa encontra-se transcrita e mencionada no voto vencido do Incidente de Uniformização de Jurisprudência no AgIn 44.114/RN, que resultou no Enunciado 252 do extinto TFR – *RTFR* 163/271).

63. Segundo consta no voto referido na nota anterior, "Calmon de Passos sustenta que, por exceção ao princípio, a competência, mesmo a territorial, nas causas da União, é absoluta, por força de disposição constitucional".

64. O Min. Moreira Alves votou com a maioria, embora defenda qualificação oposta em relação às ações previdenciárias. Na Constituição anterior, podia-se arguir que os casos eram diversos porque tratados em diferentes dispositivos (arts. 125, § 3.º, e 126), embora com irrefutável afinidade. Hoje, contudo, estão unidos no art. 109, § 3.º, da Carta.

65. RE 90.866/RJ, rel. Min. Xavier de Albuquerque, *RTJ* 91/351.

No voto condutor do aresto acima, consta que "José Afonso da Silva, por exemplo, opina que o dispositivo constitucional tem eficácia limitada, porque depende de lei que a integre: 'mas – escreve –, sobrevindo esta, o texto passa a ter não só eficácia plena, mas inclusive eficácia derrogatória da norma geral (art. 125, § 1.º, 1.ª parte), pois só se estabelece regra de excepcionalidade em face da regra geral indicada, e é dos princípios gerais de direito que a norma de exceção incide justamente afastando a norma geral' (*Execução fiscal*, 2. ed., p. 53)".[66]

No extinto TFR, o Min. Carlos Thibau, em voto vista, suscitou, no AgIn 44.114/RN, incidente de uniformização da jurisprudência, propondo a chancela da "imposição do foro do domicílio do segurado, que deve ser garantido à parte, até por uma questão de segurança na instrução, porque, muitas vezes, na maior parte delas, os advogados desses segurados são residentes na Capital, interessando aos advogados, mas não a seus clientes, que essas questões previdenciárias sejam ajuizadas na Capital".[67] Entretanto, o entendimento que considera exclusiva e absoluta a competência dos Juízes Estaduais, embora tenha cultivado o parecer favorável da Subprocuradoria-Geral da República e o voto dos Ministros Dias Trindade, como relator, e Carlos Thibau, acabou vencido, editando-se o verbete 252, em sentido contrário, com a seguinte redação:

"O § 3.º do art. 125 da Constituição Federal institui hipótese de competência relativa, pelo que não elide a competência concorrente da Justiça Federal."

A terceira posição harmoniza-se, em parte, com a anteriormente exposta, ao considerar a comarca estadual, na ausência de vara federal, nos termos do art. 109, § 3.º, da Carta, hipótese de foro exclusivo.[68] De fato, em lugar algum do direito positivo há previsão de escolha para a espécie. A norma utiliza-se da expressão "serão" e não "poderão", denotando evidente imperatividade, jamais faculdade. Contudo, diverge no que respeita à conceituação como funcional e/ou absoluta, situando a referida competência como territorial e, consoante a regra geral, relativa. Não obstante a tortuosidade da redação final do enunciado 252 da Súmula do TFR, que atribui, em aparente contradição, as qualidades de relativa e concorrente para a competência federal delegada, são palavras do voto condutor, proferido pelo Min. Assis Toledo, Relator para o acórdão: "Sr. Presidente, interpreto o § 3.º do art. 125 da Constituição como uma hipótese de competência territorial. Em assim sendo, não poderia atribuir-lhe o caráter absoluto. A competência territorial é prorrogável".[69]

66. *RTJ* 91/353.

67. *RTFR* 163/273.

68. Vide, supra, item 2.4, inclusive com a transcrição de trecho escrito por Chiovenda que enfrenta com clareza a distinção entre foros exclusivos e concorrentes.

69. *RTFR* 163/274.

Registre-se, por oportuno, que situação semelhante ocorreu no âmbito do TRF da 2.ª Região, pois, ao inscrever o Enunciado 15 na sua Súmula, também conjugou a relatividade com a concorrência, demarcando aplicação às causas de natureza previdenciária. Mas, novamente aqui, a elucidação da plenitude do verbete exsurge da análise de outros elementos do acórdão, bastando, para tanto, a transcrição das seguintes palavras da ementa do respectivo Incidente de Uniformização de Jurisprudência:[70]

"Constitucional – Processual civil. Incidente de uniformização de jurisprudência – Inteligência do art. 109, § 3.º, da CF/1988 – Divergência superada – Natureza jurídica da competência.

A divergência entre os membros que compõem este tribunal, acerca de interpretação do art. 109, § 3.º, da CF/1988, foi se dirimindo, ao ponto de que, atualmente, a matéria encontra-se pacificada, no sentido de que a violação ao critério fixado pelo referido dispositivo constitucional acarreta mera incompetência relativa.

A identificação da natureza da competência tem como parâmetro a preponderância, ora do interesse público, a acarretar a incompetência absoluta, ora do interesse privado, a que corresponde a incompetência relativa.

Na espécie, a regra visa a facilitar o ajuizamento da ação pelo segurado, facultando-lhe a escolha do foro.

O extinto TFR, sob a análise de dispositivo similar, constante do § 3.º art. 125 da Constituição anterior, havia editado a Súmula 252, cujo teor serve para embasar o entendimento adotado por este Tribunal.

Acolhido o incidente de uniformização de jurisprudência, suscitado pelo Ministério Público Federal, no sentido de se tratar de incompetência relativa o que dispõe o § 3.º do art. 109 da CF/1988, no que tange tão somente às lides previdenciárias (...)".

A nota característica dessa posição reside na possibilidade de aforamento perante órgão judicial territorialmente incompetente, ficando essa falta sujeita à impugnação do réu, mediante o oferecimento de exceção, no prazo legal, pois, do contrário, prorrogada estará a competência do juízo perante o qual foi proposta a demanda. Nessa direção:

"Processual civil – Conflito de competência – Execução fiscal, proposta por autarquia federal, fora do domicílio do executado – Hipótese em que somente o próprio executado, mediante a competente *exceptio declinatoria fori*, poderá insurgir-se contra o foro escolhido pelo exequente – Procedência do conflito".[71]

70. AgIn 95.02.08985-5, j. 14.09.1995, tendo como relator o eminente processualista e Des. Fed. Paulo Espírito Santo.

71. STJ, CComp 1.963, 1.ª Seção, rel. Min. Ilmar Galvão, *DJ* I, 19.08.1991, p. 10975.

"Constitucional e processual – Competência da Justiça Federal – Ação de natureza previdenciária – Segurado domiciliado no interior do Estado.

A norma prevista no art. 109, § 3.º, da CF/1988 não atribui competência absoluta à Justiça Estadual para julgamento das causas ali mencionadas, mas, apenas, competência territorial, por delegação constitucional.

Ajuizada a causa na Justiça Federal, na capital, por escolha do segurado, e não tendo sido excepcionado o juízo, prorrogou-se a competência da Justiça Federal".[72]

Sendo caso de incompetência relativa, seria aplicável o Enunciado 33 da Súmula do STJ.[73] Nesse sentido:

"Processual civil – Conflito negativo de competência – Execução fiscal – Devedor domiciliado na sede da comarca da Justiça Estadual – Art. 109, § 3.º, CF/1988; art. 15 da Lei 5.010/1966 – Súmulas 33 e 58 do STJ e 40 do TFR. 1. O art. 109, § 3.º, CF/1988 trata da competência territorial, não podendo o juiz dela declinar de ofício, ainda que o devedor mude de domicílio (art. 15 da Lei 5.010/1966 – Súmulas 33 e 58 do STJ). 2. A Justiça Estadual é competente para processar e julgar execução fiscal promovida pelo Conselho Regional de Corretores de Imóveis, se a comarca do foro do domicílio do devedor não for sede de vara federal (Súmula 40 do TFR). 3. Conflito conhecido para declarar a competência do juízo estadual, suscitante".[74]

Em relação às causas previdenciárias, contudo, o STF acabou firmando posição em torno do primeiro entendimento exposto, ou seja, consagrando a competência concorrente, ao inserir o Enunciado 689 na sua Súmula:

"O segurado pode ajuizar ação contra a instituição previdenciária perante o juízo federal do seu domicílio ou nas varas federais da Capital do Estado-membro."

---

72. TRF-5.ª Reg., AgIn 90.05.01083/PB, 1.ª T., rel. Juiz Ridalvo Costa, *DJ* II, 18.01.1991, p. 545.

73. Enunciado 33 da Súmula do STJ: "A incompetência relativa não pode ser declarada de ofício".

74. STJ, CComp 6.206, 1.ª Seção, *DJ* I, 21.02.1994. Na mesma direção: "Agravo de instrumento – Benefício previdenciário – Art. 109, § 3.º, da CF/1988 – Incompetência – Declaração *ex officio* – Impossibilidade – Regras de competência relativa. I – O art. 109, § 3.º, da CF/1988 advém do intuito do legislador constitucional de favorecer o hipossuficiente, que possui menores condições de demandar e de se defender. II – Tal regra de competência, pelo simples fato de ter sido erigida a condição de dispositivo constitucional, não lhe retira o cunho de norma de fixação de competência territorial e, portanto, relativa. III – É vedada a declaração de ofício da incompetência relativa. IV – Agravo provido" (TRF-3.ª Reg., AgIn 3016797, 5.ª T., rel. Juiz Pedro Rotta, *DJ* 22.10.1996, p. 80.352).

7.3.4 Os casos previstos

A única hipótese constitucionalmente prevista de delegação da competência da Justiça Federal para a Estadual diz respeito às causas em que forem parte instituição de previdência social e segurado. Na parte final do § 3.º do art. 109 a Carta previu que, se a comarca não for sede de vara federal, "a lei poderá permitir que outras causas sejam também processadas e julgadas pela justiça estadual". O verbo "permitir", no caso, está empregado no sentido de estabelecer, como afirmam os Ministros Thompson Flores[75] e Moreira Alves.[76]

A legislação, que já estabelecia casos de delegação da competência da Justiça Federal para a Estadual, foi recepcionada pela nova Carta. No campo do Processo Civil, as Leis 5.010/1966 e 6.815/1980, além do Dec.-lei 227/1967, [77] preveem expressamente a delegação. O STJ, inicialmente, passou a interpretar de modo ampliativo o instituto, entendendo-o presente nas Leis 6.969/1981[78] (usucapião especial) e 7.347/1985[79] (ação civil pública). A hermenêutica seguida no passado pelo STJ, embora possuísse caráter eminentemente prático, era delicada, pois pinçava, na legislação ordinária, situações em que julgava oportuna a incidência da regra de delegação, sem que houvesse, para tanto, qualquer menção expressa nesse sentido. Na medida em que a norma é excepcionalíssima, porque permite que um órgão da Justiça Estadual exerça a competência da Justiça Federal, deve decorrer de manifesta intenção do legislador ordinário, pois, do contrário, aplicar-se-ão as regras gerais, exercendo cada julgador a sua função inerente. No caso da ação civil pública, *a fortiori*, o entendimento esposado no Enunciado 183 da Súmula do STJ afrontava o texto legal, porque, ao estabelecer o foro do local do dano, passava a contar com ressalva específica em relação à Justiça Federal, nos termos do art.

75. "A expressão nele usada 'permitir' foi menos feliz. Mas compreende-se que ela deva equivaler a estabelecer, e, assim, deve ser interpretada" – em voto publicado na *RTJ* 91/355-356.

76. "Note-se que a EC 7/1977 – elaborada quando já discutida essa matéria no TFR – tornou mais clara a redação do art. 126, introduzindo acréscimos nele, mas, no particular, deixou inalterada a forma inicial 'a lei poderá permitir...' que a legislação ordinária vinha entendendo como 'a lei poderá estabelecer'" (*RTJ* 91/355).

77. De acordo: "Compete à Justiça Federal processar justificações judiciais destinadas a instruir pedidos perante entidades que nela têm exclusividade de foro, ressalvada a aplicação do art. 15, II, da Lei 5.010/1966" (Súmula 32 do STJ).

78. Súmula 11 do STJ: "A presença da União ou de qualquer de seus entes, na ação de usucapião especial, não afasta a competência do foro da situação do imóvel".

79. "Compete ao Juiz Estadual, nas comarcas que não sejam sede de vara da Justiça Federal, processar e julgar ação civil pública, ainda que a União figure no processo" (Súmula 183 do STJ – cancelada).

93[80] da Lei 8.078/1990 combinado com o art. 21[81] da Lei 7.347/1985.[82] "Sem razão, portanto, as vozes da doutrina[83] e do STJ, que interpretaram a utilização da expressão 'justiça local' como sinônimo de justiça estadual, ainda que, em relação à Justiça Federal, por força da previsão de delegação fulcrada no art. 109, § 3.º, da CF/1988", como afirmado em outra obra.[84]

Enfrentando a questão, em sede de recurso extraordinário, assentou o STF a inafastabilidade das regras constitucionais sobre competência em relação às ações coletivas, proferindo acórdão com a seguinte ementa:

"Ação civil pública promovida pelo Ministério Público Federal – Competência da Justiça Federal – Art. 109, I e § 3.º, da CF/1988 – Art. 2.º da Lei 7.347/1985.

O dispositivo contido na parte final do § 3.º do art. 109 da CF/1988 é dirigido ao legislador ordinário, autorizando-o a atribuir competência (*rectius*, jurisdição) ao Juízo Estadual do foro do domicílio da outra parte ou do lugar do ato ou fato que deu origem à demanda, desde que não seja sede de Varas da Justiça Federal, para causas específicas dentre as previstas no inc. I do referido art. 109.

No caso em tela, a permissão não foi utilizada pelo legislador que, ao revés, se limitou, no art. 2.º da Lei 7.347/1985, a estabelecer que as ações nele previstas 'serão propostas no foro do local onde ocorrer o dano, cujo juízo terá competência funcional para processar e julgar a causa'.

Considerando que o Juiz Federal também tem competência territorial e funcional sobre o local de qualquer dano, impõe-se a conclusão de que o afastamento da jurisdição federal, no caso, somente poderia dar-se por meio de referência expressa à Justiça Estadual, como a que fez o constituinte na primeira parte do mencionado § 3.º em relação às causas de natureza previdenciária, o que no caso não ocorreu.

---

80. Lei 8.078/1990, art. 93, *caput*: "Ressalvada a competência da justiça federal, é competente para a causa a justiça local: (...)".

81. Lei 7.347/1985, art. 21: "Aplicam-se à defesa dos direitos e interesses difusos, coletivos e individuais, no que for cabível, os dispositivos do Título III da lei que instituiu o Código de Defesa do Consumidor".

82. Defendendo essa opinião: NEIVA, José Antonio Lisbôa. *A competência...* cit., p. 317-318, e SILVA, Wilney Magno de A. *Ação civil pública e controle jurisdicional dos atos administrativos*. Rio de Janeiro: Aldebarã, 1996. p. 148, nota 341.

83. GRINOVER, Ada Pellegrini et al. *Código brasileiro de defesa do consumidor: comentado pelos autores do anteprojeto*. 6. ed. Rio de Janeiro: Forense Universitária, 2000. p. 777.

84. MENDES, Aluisio Gonçalves de Castro. *Ações coletivas no direito comparado e nacional*. 2. ed. São Paulo: Ed. RT, 2010. p. 233.

Recurso conhecido e provido."[85]

Tratando-se de matéria constitucional, cabia ao STF efetuar a interpretação final do tema, razão pela qual, pouco tempo depois, foi seguido pelo STJ, em julgamento que culminou com a pacificação do entendimento e o cancelamento, na súmula, do Enunciado 183.[86]

O art. 15 da Lei 5.010/1966 estabelece:

"Art. 15. Nas comarcas do interior onde não funcionar Vara da Justiça Federal (art. 12), os juízes estaduais são competentes para processar e julgar:

I – os executivos fiscais da União e de suas autarquias, ajuizados contra devedores domiciliados nas respectivas comarcas;

II – as vistorias e justificações destinadas a fazer prova perante a administração federal, centralizada ou autárquica, quando o requerente for domiciliado na comarca;

III – os feitos ajuizados contra instituições previdenciárias por segurados ou beneficiários residentes na comarca, que se referirem a benefícios de natureza pecuniária;

IV – as ações de qualquer natureza, inclusive os processos acessórios e incidentes a ela relativos, propostas por sociedades de economia mista com participação majoritária federal contra pessoas domiciliadas na comarca, ou que versem sobre bens nela situados."

O inc. III acima, hoje, está derrogado pelo próprio art. 109, § 3.º, da CF/1988, que estabeleceu norma menos restritiva.

O Dec.-lei 30/1966, acrescentou novo inciso (IV) ao art. 15 da Lei 5.010/1966. Todavia, a inovação inseriu regra inconstitucional, porque a Carta Magna então vigente, de 1946, com a redação dada pelo Ato Institucional 02,

85. RE 228.955-9/RS, rel. Min. Ilmar Galvão, *DJU* 14.04.2000, p. 56.

86. EDcl no CComp 27.676, rel. Min. José Delgado, *DJU* 05.03.2001: "Processual civil – Embargos de declaração – Conflito de competência – Ação civil pública – Local do dano – Juízo federal – Art. 109, I e § 3.º, da CF/1988 – Art. 2.º da Lei 7.347/1985. 1 – O tema em debate, por ser de natureza estritamente constitucional, deve ter a sua interpretação rendida ao posicionamento do Colendo STF, que entendeu que o dispositivo contido na parte final do art. 3.º, do art. 109, da CF/1988, é dirigido ao legislador ordinário, autorizando-o a atribuir competência ao Juízo Estadual do foro do domicílio da outra parte ou do lugar do ato ou do fato que deu origem à demanda, desde que não seja sede de Vara da Justiça Federal, para causas específicas dentre as previstas no inc. I, do referido art. 109. No caso dos autos, o Município onde ocorreu o dano não integra apenas o foro estadual da comarca local, mas também o das Varas Federais. 2 – Cancelamento da Súmula 183 deste STJ, que se declara. 3 – Embargos de declaração acolhidos, com efeitos modificativos, para o fim de reconhecer o Juízo Federal da 16.ª Vara da Seção Judiciária do Estado da Bahia".

de 1965, não previa, na competência da Justiça Federal, o processamento e julgamento das ações em que as sociedades de economia mista figurassem como parte.[87]

O § 2.º do art. 119 da Lei 6.815/1980, referindo-se à entrega solene do certificado de naturalização, determinou:

"Quando não houver juiz federal na cidade em que tiverem domicílio os interessados, a entrega será feita através do juízo ordinário da comarca e, na sua falta, pelo da comarca mais próxima".

Athos Gusmão Carneiro[88] lembra, ainda, como caso de delegação de competência, o procedimento previsto no art. 27, VI a XVI, do Dec.-lei 227/1967, que versa sobre direitos minerais, quando existente lide quanto à indenização devida pelos danos e prejuízos causados pelos trabalhos de pesquisa. Todavia, embora o referido Dec.-lei 227/1967, de fato, contenha norma a indicar a referida delegação, o problema está em que a hipótese trata de eventual controvérsia entre particulares, não ensejando a intervenção como parte, originária ou superveniente, dos entes indicados no art. 109, I, da CF/1988, não estando, por outro lado, a matéria em questão – indenização em razão de trabalhos de pesquisa mineral – sob a competência da Justiça Federal. Assim sendo, conforme entendimento do STF[89] e do STJ,[90] o processo relacionado com os direitos de mineração será da competência da Justiça Estadual. Entretanto, figurando como parte um ente federal, como a União, ou, em razão da incidência de outra causa de competência federal, poderá ocorrer a delegação prevista no Dec.-lei 227/1967, se não houver vara federal instalada no local.

87. Os Tribunais sempre afirmaram a competência da Justiça do Estado para as sociedades de economia mista. Nesse sentido, os seguintes enunciados de uniformização da jurisprudência: (a) Súmula 517 do STF: "As sociedades de economia mista só têm foro na Justiça Federal, quando a União intervém como assistente ou opoente"; (b) Súmula 42da do STJ: "Compete à Justiça Comum Estadual processar e julgar as causas cíveis em que é parte sociedade de economia mista e os crimes praticados em seu detrimento".

88. *Jurisdição e competência* cit., p. 92.

89. "Conflito de competência entre o TFR e o TJSP para conhecer de controvérsia originada em procedimento de avaliação regulado por diversas normas do art. 27 do Código de Mineração (Dec.-lei 227/1967). Tratando-se, como se trata, de procedimento para avaliação de prejuízos a serem indenizados pelo titular de pesquisa ao proprietário ou ao posseiro do terreno em que se vai fazer essa operação, tudo sucede no plano dos interesses privados do pesquisador e do proprietário ou do posseiro. Ausência de interesse da União no caso. Competência da Justiça Estadual e não da Justiça Federal. Precedentes da Corte" (CJur 6.071/SP, Pleno, j. 13.02.1978, rel. Min. Antonio Neder, *RTJ* 85/424).

90. Súmula 238 do STJ: "A avaliação da indenização devida ao proprietário do solo, em razão de alvará de pesquisa mineral, é processada no Juízo Estadual da situação do imóvel".

Ressalte-se, como consta supra, no item 7.3.1, que, ao tempo da Lei 5.010/1966, não havia previsão constitucional para qualquer delegação da competência da Justiça Federal, tendo a mesma surgido na Carta de 1967, art. 119, § 3.º, voltada unicamente para a ação fiscal. Poder-se-ia, portanto, questionar a própria constitucionalidade das hipóteses lançadas no Dec.-lei 227/1967 e na Lei Orgânica da Justiça Federal.

8

COMPETÊNCIA INTERNA NAS VARAS FEDERAIS

O art. 93, I, da CF/1988 restabeleceu o cargo de Juiz Substituto, como inicial da carreira da Magistratura. Na Justiça Federal, a Lei 8.235/1991 criou, nos termos do seu art. 1.º, 186 (cento e oitenta e seis) cargos de Juiz Federal Substituto, distribuídos pelas cinco Regiões, em número exatamente igual ao de varas federais existentes,[1] a fim de que houvesse, em cada órgão judicial, o respectivo cargo de Juiz Federal e de Juiz Federal Substituto. Nesse sentido, dispôs expressamente a referida lei:

"Art. 1.º (...)

Parágrafo único. Cabe a cada Tribunal Regional Federal proceder à redistribuição dos cargos, de modo que, em cada vara, haja um cargo de Juiz Federal e um de Juiz Federal Substituto.

Art. 2.º O provimento dos cargos de Juiz Federal Substituto dar-se-á mediante concurso público de provas e títulos organizado pelos Tribunais Regionais Federais, observado o disposto no art. 93, inciso I, da Constituição Federal e na forma estabelecida em seus regimentos internos."

Posteriormente, com a ampliação do número de varas federais nas regiões, conforme descrito *supra*, no item 7.1, foi mantida a estrutura acima, ou seja, a criação, sempre, dos respectivos cargos de Juiz Federal e Juiz Federal Substituto em cada vara surgida.[2]

---

1. Art. 1.º São criados, nos Quadros de Juízes Federais Substitutos da Justiça Federal de Primeiro Grau, 186 (cento e oitenta e seis) cargos, assim distribuídos: I – 58 (cinquenta e oito) para a 1.ª Região; II – 35 (trinta e cinco) para a 2.ª Região; III – 35 (trinta e cinco) para a 3.ª Região; IV – 31 (trinta e um) para a 4.ª Região; e V – 27 (vinte e sete) para a 5.ª Região."

2. Lei 8.251/1991 (1.ª Região): "Art. 2.º São criadas, com os respectivos cargos de Juiz Federal e Juiz Federal Substituto, dezesseis Varas Federais, assim distribuídas: (...)". Lei 8.535/1992 (2.ª Região): "Art. 1.º São criadas trinta e cinco Varas na Justiça Federal de Primeiro Grau da 2.ª Região, na Seção Judiciária do Estado do Rio de Janeiro. Art. 2.º São

Há, portanto, em todas as varas federais, hoje, dois juízes, devendo ser objeto de estudo os métodos adotados para a divisão interna dos processos. O problema do preenchimento ou ocupação do cargo não interfere na questão da fixação da competência interna ou da repartição dos feitos entre os juízes, porque, no caso, a dificuldade fática deve ser resolvida, em definitivo, pelos procedimentos legais de remoção, promoção ou nomeação, bem como, provisoriamente, pela designação para o exercício temporário das funções alheias, com ou sem prejuízo das próprias. Não tem cabimento, assim, que qualquer órgão judicial, enquanto não provido o cargo, deixe de receber novos processos ou não haja o prosseguimento dos que já estão sob a sua responsabilidade.

Como afirmado por Athos Gusmão,[3] por "vezes, o encontro do 'juízo competente' não esgota a tarefa de fixação de competência. Existem varas dotadas de mais de um juiz (em Porto Alegre, v.g., nas Varas Cíveis e na Vara de Falências e Concordatas estão dois juízes), e a causa será então distribuída a um deles". Sendo matéria pertinente à competência, ainda que entre juízes concorrentes, há que se ter presente o princípio do juiz natural, como garantia para o devido processo legal. Segundo Nelson Nery Júnior,[4] costuma-se "salientar que o princípio do juiz natural se traduz no seguinte conteúdo: (a) exigência de determinabilidade, consistente na prévia individualização dos juízes por meio de leis gerais, isto é, a preconstituição do direito italiano (art. 25 da CF italiana); (b) garantia de justiça material (independência e imparcialidade dos juízes); (c) fixação da competência, vale dizer, o estabelecimento de critérios objetivos para a determinação da competência dos juízes; (d) observância das determinações de procedimento referentes à divisão funcional interna, tal como ocorre com o *Geschäfstverteilungsplan* do direito alemão". A questão da divisão interna entre juízes começou a despertar maior atenção após a Constituição de 1988, com a inclusão do cargo de Juiz Substituto no início da carreira. Enquanto em outros ramos do Poder Judiciário nem sempre há a pluralidade de juízes vinculados ao

---

criados, no Quadro de Juízes da Justiça Federal de Primeiro Grau da 2.ª Região, trinta e cinco cargos de Juiz Federal e trinta e cinco cargos de Juiz Federal Substituto. Parágrafo único. Haverá em cada Vara um cargo de Juiz Federal e um de Juiz Federal Substituto". Lei 8.416/1992: "Art. 2.º, parágrafo único. Haverá em cada Vara um cargo de Juiz Federal e um Juiz Federal Substituto". Lei 8.424/1992: "Art. 1.º São criadas, com os respectivos cargos de Juiz Federal e Juiz Federal Substituto, trinta e uma Varas na Justiça Federal de Primeiro Grau da 4.ª Região, assim distribuídas: (...)". Lei 8.495/1992: "Art. 1.º Ficam criadas, com os respectivos cargos de Juiz Federal e Juiz Federal Substituto, três Varas na Justiça Federal de Primeiro Grau da 5.ª Região, assim distribuídas pelas Seções Judiciárias: (...)". Idem nas Leis 9.642/1998, 9.664/1998 e posteriores.

3. *Jurisdição e competência*. 8. ed. São Paulo: Saraiva, 1997. p. 60.

4. *Princípios do processo civil na constituição federal*. 3. ed. São Paulo: Ed. RT, 1996. p. 69.

mesmo órgão judicial, na Justiça Federal a duplicidade está sempre presente, como já dito, por expressa determinação legal, o que torna premente e relevante o debate sobre o tema.

Para que não haja afronta ao princípio do juiz natural, impõe-se, antes de tudo, que haja a fixação prévia, a partir de critérios objetivos, para a delimitação da competência de cada um dos juízes. Dois métodos poderiam ser, em tese, adotados: a repartição das funções entre os juízes (saneamento, instrução, decisão, execução etc.); e a divisão de processos (por matéria, valor da causa, qualidade das pessoas, distribuição...).

À luz do direito positivo, contudo, a solução encontra-se legalmente estabelecida: a distribuição.[5] O art. 252 do CPC determina que "será alternada a distribuição entre juízes e escrivães, obedecendo a rigorosa igualdade". A Lei Orgânica da Justiça Federal, por sua vez, ordena, da mesma forma, a "distribuição dos feitos entre os juízes", não bastando, portanto, a simples repartição entre juízos.

Algumas regiões têm adotado, também, outros métodos de separação dos processos, principalmente pela numeração, como entre pares e ímpares, mas, se, por um lado, garantem a prévia divisão, nem sempre, por outro, refletem com exatidão a igualdade almejada, inclusive quanto às classes de processos ajuizados. Sérgio Bermudes[6] ressalta ainda que, "onde há mais de um juiz, procede-se à distribuição por sorteio, para que o autor não influa na escolha do órgão judicial, observando-se, como é lógico, um sistema de compensação".[7]

5. Leciona Humberto Theodoro Júnior, (*Curso de direito processual civil*. 40. ed. Rio de Janeiro: Forense, 2003. vol. 1, p. 249-250): "Sempre que houver diversos órgãos concorrentes em matéria de competência ou atribuições, ou seja, vários juízes ou cartórios com igual competência, numa mesma comarca, haverá necessidade de distribuir os feitos entre eles na sua entrada em juízo. Pode haver distribuição só entre cartórios, e pode também haver distribuição simultânea entre juízes e cartórios. Se um só é o juiz competente e vários os cartórios que o auxiliam, a distribuição será só de cartórios. Se vários os juízes competentes e um só o cartório que os serve, a distribuição será só de juízes. Se vários são os juízes e também os cartórios, a distribuição compreenderá, a um só tempo, a determinação do juiz e do cartório do feito". Nesse mesmo sentido: Pontes de Miranda, Francisco Cavalcanti. *Comentários ao Código de Processo Civil*. 3. ed. Rio de Janeiro: Forense, 1996. t. III, p. 391-393.

6. *Introdução ao processo civil*. Rio de Janeiro: Forense, 1995. p. 52.

7. Decidiu o STJ (REsp 8.449/AM, *DJ* 09.12.1991, apud Teixeira, Sálvio de Figueiredo. *Código de Processo Civil anotado*. 5. ed. São Paulo: Saraiva, 1993. p. 153): "I – A distribuição da causa por dependência somente se dá nos casos autorizados por lei, sob pena de agressão ao princípio do juiz natural, um dos pilares do *due process of law*, devendo ser coibida com rigor qualquer praxe viciosa em contrário. II – Eventual anomalia na distribuição deve ser impugnada pelas vias hábeis, pena de preclusão, salvo em se tratando de competência absoluta".

Em todas as circunscrições da 4.ª Região (Rio Grande do Sul, Santa Catarina e Paraná), há a distribuição por vara, quando existente mais de uma, e, sempre, por juiz, atendendo, assim, plenamente ao princípio do juiz natural e à determinação legal. O método afasta, também, eventuais conflitos de competência e outros incidentes, entre os juízes da vara, além de decisões contraditórias. Por fim, mas não menos importante, estabelece a responsabilidade do juiz sobre o conjunto de processos a ele distribuído, delimitando, com mais nitidez, a prestação jurisdicional realizada não apenas pela vara como um todo, mas por cada juiz, em particular.

9
COMPETÊNCIA CÍVEL DOS TRIBUNAIS REGIONAIS FEDERAIS

9.1 Competência originária

Conforme será analisado nas seções seguintes, compete, originariamente, aos TRFs, nos termos do art. 108, I, da CF/1988, processar e julgar "as ações rescisórias dos julgados seus ou dos juízes federais da região" (alínea *b*, 2.ª parte), "os mandados de segurança e *habeas data* contra ato do próprio Tribunal ou de juiz federal" (alínea *c*), e "os conflitos de competência entre juízes federais vinculados ao Tribunal" (alínea *e*). Em grau de recurso, os Tribunais Regionais Federais julgam "as causas decididas pelos juízes federais e pelos juízes estaduais no exercício da competência federal da área de sua jurisdição" (art. 108, II).

9.1.1 Ações rescisórias

No que diz respeito às ações rescisórias, estão compreendidas, também, as sentenças prolatadas pelos Juízes Estaduais, quando no exercício da competência federal.[1] O texto constitucional não é expresso nesse sentido, pois menciona, tão somente, os julgados dos Juízes Federais, além dos proferidos pelo próprio Tribunal Regional. Mas, na espécie, os pronunciamentos dos Juízes de Direito que extinguem o processo, no primeiro grau de jurisdição, com julgamento do mérito, devem ser equiparados aos prolatados pelos Juízes Federais, porque aqueles agem, por delegação, como se fossem estes, em conformidade com o comando constitucional inscrito no § 3.º do art. 109.

1. De acordo: CARNEIRO, Athos Gusmão. *Jurisdição e competência*. 8. ed. São Paulo: Saraiva, 1997. p. 90-91.

Deve-se interpretar extensivamente ou, se considerada a hipótese de lacuna e não de mera hermenêutica, aplicar, por analogia, o disposto no § 4.º do referido art. 109 da CF/1988, para a fixação da competência dos TRFs. Sendo caso de competência funcional para a revisão dos julgados dos Juízes Estaduais no exercício de competência federal, não há razão para serem adotados órgãos *ad quem* diferentes para as possibilidades de revisão das decisões judiciais. Não por outro motivo, a jurisprudência tem entendido que a competência dos TRFs, quando delegada a competência federal, é ampla, abrangendo não apenas os recursos. Assim sendo, também os conflitos de competência entre Juiz Federal e Juiz Estadual, situados na mesma região,[2] o duplo grau obrigatório de jurisdição e as ações autônomas de impugnação, como as rescisórias e os mandados de segurança, devem ser julgados pelos TRFs quando o Juiz de Direito estiver no exercício da competência da Justiça Federal, por força do art. 109, § 3.º, da CF/1988. Do contrário, os Tribunais Estaduais seriam chamados a processar e julgar ações rescisórias relacionadas com causas totalmente estranhas à competência da Justiça dos Estados.

Hipótese que vem despertando controvérsia no seio do STJ é o da ação rescisória de julgado estadual, no exercício da sua própria competência, proposta pela União, entidade autárquica, fundação pública ou empresa pública federal (art. 109, I, da CF/1988). A 2.ª Seção do STJ tem decidido em favor da competência dos Tribunais Regionais Federais, como se pode extrair de julgado assim ementado:

"Competência – Ação rescisória – Ingresso no feito da Caixa Econômica Federal por motivo superveniente. Comparecendo à lide como litisconsorte necessária a empresa pública federal, competente para apreciar a ação rescisória, intentada com o objetivo de desconstituir julgado de Corte Estadual, é o TRF e não o prolator do acórdão rescindendo. Precedentes do STF. Conflito conhecido, declarado competente o suscitante." [3-4]

Os precedentes do STF,[5] mencionados na ementa, de fato, consagravam, nas Cartas anteriores, a competência do extinto TFR, sob o argumento, também

2. Conforme infra, item 9.1.3.

3. CComp 1.968/ES, v.u., rel. Min. Barros Monteiro, *RSTJ* 30/66.

4. Posteriormente, não mais por unanimidade, a 2.ª Seção manteve o entendimento anterior, em acórdão com a seguinte ementa: "Competência – Ação rescisória – Ingresso no feito de empresa pública federal. A habilitação no feito de empresa pública federal como assistente litisconsorte acarreta a transferência para o Tribunal Regional da competência a fim de julgar a ação rescisória de acórdão da Corte Estadual. Justifica-se essa competência excepcional porque, de regra, a ação rescisória envolve o *judicium rescindens* e o *judicium rescisorium*" (CComp 5.427-3/SE, rel. p/ acórdão Min. Cláudio Santos, *RSTJ* 76/23).

5. *RTJ* 96/999, 99/67 e 121/697.

invocável perante a Constituição vigente,[6] de que, entre "o foro cativo da ação de impugnação – o da Justiça na qual se proferiu a decisão rescindenda – e o foro privilegiado, surgido posteriormente por motivo de transferência para a União e para a autarquia federal da condição de partes na relação processual, não há dúvida de que prevalece o último",[7] bem como que "a ação rescisória não envolve apenas a desconstituição do julgado, o *judicium rescindens*, mas o *judicium rescisorium*, o novo julgamento da causa, o que confirma a razão da competência federal para o julgamento, quando a União nela intervenha, nas posições previstas no texto constitucional".[8]

A 1.ª Seção do STJ, por maioria, resolveu esposar tese contrária à defendida pela Segunda Seção, ao afirmar a competência dos Tribunais Estaduais para julgar as ações rescisórias contra os seus acórdãos, ainda que intervenha ente federal, em aresto com a ementa abaixo:

"Constitucional e processo civil – Ação rescisória – Competência. I – Em princípio, compete ao TJDF processar e julgar, originariamente, mandado de segurança contra ato do Procurador-Geral da Justiça do Distrito Federal. II – O TJDF é competente para a ação rescisória de seus acórdãos, mesmo em sendo autora a União Federal. III – Ação não conhecida com remessa dos autos ao Tribunal competente".[9]

Athos Gusmão Carneiro[10] defende, na espécie, que, "embora a matéria seja controvertida na jurisprudência –, temos por certo que um TRF, v.g., não poderá apreciar demanda rescisória de sentença prolatada por juiz estadual, ainda que autora da demanda rescisória seja a União Federal; e isso inclusive porque a competência originária dos TRFs limita-se às rescisórias 'de julgados seus ou dos juízes federais da região' (art. 108, I, *b*, da CF/1988). O 'interesse' da União será, pois, nesse caso particular, apreciado pelo tribunal estadual, com eventual recurso especial ou extraordinário para o STJ ou o STF, estes, sim, tribunais 'nacionais'".

A competência, em razão da pessoa, prevista no art. 109, I, da CF/1988, diz respeito aos Juízes Federais. Certo é que a situação, por quase vinte anos, desde a Carta de 1946 até a EC 2/1965, foi diametralmente oposta: a qualidade da pessoa federal deslocava o feito, apenas no âmbito do segundo grau, para o julgamento de eventual recurso pelo TFR, contra decisão proferida por Juiz

6. Na primeira edição deste livro defendeu-se posição diversa.

7. Voto do Min. Décio Miranda, CJur 6.278-8/GO, Pleno, j. 03.12.1980, *RTJ* 96/999.

8. Voto do Min. Rafael Mayer, CJur 6.282/BA, *RTJ* 99/67. Veja, também, *RTJ* 121/691.

9. AR 338, rel. p/ acórdão Min. José de Jesus Filho, *DJ* I, 12.05.1997, p. 18743.

10. *Jurisdição e competência* cit., p. 145-146. Vide, também, na obra citada, verbete 82, item 3, p. 90-91.

de Direito. De fato, não há na Constituição vigente norma expressa alguma que estabeleça o pretendido deslocamento, após o encerramento da atividade do julgador no primeiro grau de jurisdição. Portanto, o Tribunal de Justiça do Estado será, *a priori*, competente para processar e julgar as ações rescisórias dos seus acórdãos e das sentenças prolatadas pelos Juízes de Direito, salvo quando estes estiverem exercendo a competência federal ou quando o autor da ação rescisória for um dos entes federais enunciados no inc. I do art. 109 da Constituição CF/1988. Deve prevalecer, assim, revendo entendimento anterior, uma interpretação sistemática da Lei Maior. A Carta Magna, ao elencar a competência *ratione personae*, no inc. I, não pretendeu, naturalmente, estabelecer a competência para os entes federais apenas no primeiro grau de jurisdição. Pelo contrário, assim o fez sob a ótica do que ocorre normalmente nos processos, em que, estabelecida a competência de primeiro grau, segue-se a competência funcional vertical para o respectivo tribunal de segunda instância. Todavia, diante da situação excepcional, na qual o ente federal ajuíza uma ação de impugnação, como a ação rescisória ou o mandado de segurança, ou interpõe um recurso, não se pode estabelecer, sob pena da quebra da harmonia, permissivo para que o ente federal seja processado e julgado pela Justiça Estadual. O entendimento esposado deve ser interpretado em sentido amplo, para incidir sobre os "dois tipos de remédios utilizáveis contra as decisões judiciais: os *recursos* e as *ações autônomas de impugnação*".[11] Não por outra razão, a discussão sobre a competência para as ações rescisórias de julgados estaduais guarda paralelo com o mandado de segurança impetrado contra ato de autoridade judiciária estadual, assunto este que será apreciado *infra*, no próximo tópico.

Registre-se, por fim, que os TRFs são competentes, com fulcro no art. 27, § 10, do ADCT, para as ações rescisórias dos julgados do extinto TRF, quando a coisa julgada impugnada tiver passado para a esfera do Tribunal Regional. Do contrário, se o objeto da rescisão estiver, agora, sob a competência do STJ, este deverá efetuar o processamento e julgamento da respectiva ação.[12]

9.1.2 *Mandados de segurança e* habeas data

Os TRFs são competentes para os mandados de segurança e *habeas data* contra ato do próprio Tribunal ou de Juiz Federal, com fulcro no art. 108, I, *c*, da CF/1988.

11. Barbosa Moreira, José Carlos. *Comentários ao Código de Processo Civil*. 7. ed. Rio de Janeiro: Forense, 1998. vol. 5, p. 99.

12. *RTJ* 148/703.

Ato do Tribunal compreende o praticado pelos seus órgãos, como a Presidência, Vice-Presidência, Corregedoria, Grupos, Seções, Turmas, Relator ou outros previstos no Regimento Interno.[13]

A competência dos TRFs engloba, também, os mandados de segurança contra atos administrativos eventualmente praticados pelos Juízes Federais, incluindo o Diretor do Foro.[14]

Em relação aos Juízes Estaduais, há competência dos TRFs, assim como, e pelos mesmos motivos expostos supra, no que diz respeito às ações rescisórias, quando o ato impugnado estiver sendo praticado no exercício da competência federal, delegada por força do art. 109, § 3.º, da CF/1988. Do contrário, não havendo delegação federal, a competência para processar e julgar os mandados de segurança contra os atos dos Juízes de Direito será do Tribunal de Justiça ou de Turma Recursal do Juizado Especial do Estado, conforme o caso, ressalvando-se, também, a possibilidade da competência do TRF, em razão da qualidade da parte autora, por ser o impetrante um ente federal, nos termos do art. 109, I, da CF/1988. Preserva-se, por conseguinte, coerência e unicidade, no que diz respeito à estrutura judicial federativa, na qual os entes federais litigam perante a Justiça Federal, e aos órgãos que poderão revisar as decisões proferidas em primeiro grau, em termos de ações impugnativas ou de recursos, na linha da jurisprudência consagrada pelo STF.[15] Essa vem sendo a posição assumida pelo STJ, como consta na ementa abaixo:

"Processual civil – Mandado de segurança – Impetração por empresa pública federal contra ato praticado por juiz estadual, em processo de inventário – Competência originária do TRF.

I – 'A competência para julgamento de mandado de segurança impetrado por empresa pública federal é da Justiça Federal (art. 109, I, da CF/1988), mesmo que a autoridade coatora seja autoridade estadual. Aplicação do princípio federativo da prevalência do órgão judiciário da União sobre o do Estado-membro

13. LC 35/1979, art. 21, VI.

14. Nesse sentido: "Processual civil – Mandado de segurança – Ato de Juiz Federal – Diretor do Foro – Competência do TRF – Nulidade do processo. Os mandados de segurança impetrados contra atos de Juiz Federal no exercício da Diretoria do Foro, embora de natureza administrativa, devem ser processados e julgados, originariamente, pelo TRF. Competência funcional fixada pelo art. 108, I, *c*, da CF/1988" (TRF-5.ª Reg., REO 555.448, 3.ª T., *DJ* II, 20.09.1996, p. 70.608).

15. Revisando pensamento esposado na primeira edição do presente livro e de acordo com o defendido para as ações rescisórias e para os recursos. Contra: Athos Gusmão Carneiro (op. cit., p. 145): "Cuidando-se de decisão de *juiz estadual*, somente o tribunal do respectivo Estado poderá conhecer do mandado de segurança, ainda que este tenha sido impetrado pela União Federal ou por entidade autárquica ou empresa pública federal".

(Súmula 511 do STF). Todavia, se o ato atacado foi praticado por juiz de direito, deve-se conjugar aquele princípio com o da hierarquia, atribuindo-se competência originária, simetricamente com o disposto no art. 108, I, *c*, da CF/1988, a órgão jurisdicional superior, ou seja, ao TRF. Precedente do STF (RE 176.8881-9/RS, Pleno, rel. Min. Ilmar Galvão, *DJ* 06.03.1998)' (RMS 18.172/SP, rel. Min. Teori Albino Zavascki, *DJ* 04.10.2004). II – Recurso provido para remeter os autos à Justiça Federal."[16]

O STF, como supramencionado na ementa, ao julgar o RE 176.881-9, acabou reafirmando a jurisprudência do extinto TFR[17] e seguindo linha de pensamento compatível com o que vinha decidindo em termos de ações rescisórias e recursos, como bem apontado pelo eminente Ministro do STJ Arnaldo Esteves Lima, no artigo "Competência do mandado de segurança". Entendeu, na ocasião, a Excelsa Corte, pela aplicação, por simetria, da regra do art. 109, I, da CF/1988, confirmando, por conseguinte, julgado proferido pelo TRF da 4.ª Região. O acórdão do STF foi assim ementado:

"Mandado de segurança impetrado por autarquia federal contra ato de juiz de direito – Competência. Em princípio, qualquer ação proposta pelos entes relacionados no inc. I do art. 109 da CF/1988 é de competência da Justiça Federal. Tratando-se, entretanto, de mandado de segurança, que, em nosso sistema jurídico-processual, se rege também pelo princípio da hierarquia, prevê o inc. VIII do mesmo dispositivo a competência dos tribunais federais, obviamente, em razão do respectivo grau hierárquico. Em relação aos juízes federais, a competência é dos tribunais regionais federais (art. 108, I, *c*, da CF/1988), regra que, por simetria, é de aplicar-se aos juízes de direito. Acórdão que, por encontrar-se orientado no sentido exposto, não merece reparo. Recurso extraordinário não conhecido".[18]

9.1.3 Conflitos de competência

Dispõe a alínea *e* do inc. I do art. 108 da CF/1988 que os conflitos de competência entre Juízes Federais vinculados ao Tribunal deverão ser processados e julgados pelo respectivo TRF. Faltou dizer, em acréscimo, para deixar claro, que também será do TRF a competência para decidir o conflito entre Juiz Federal e

16. STJ, RMS 18.198/SP, 1.ª T., j. 22.02.2005, rel. para acórdão Min. Francisco Falcão, *DJ* 01.07.2005, p. 377. O STJ estava, antes da mencionada decisão do STF, seguindo entendimento diverso e mantendo a competência dos Tribunais de Justiça. Nesse sentido: Ccomp 15.203/RS, 1.ª Seção, rel. Min. Antônio de Pádua Ribeiro, *DJ* 26.02.1996, p. 3.910, e CComp 1.558/MG, 2.ª Seção, rel. Min. Nilson Naves, *DJ* 22.04.1991, p. 4.769.

17. *RTFR* 134/331, *RTFR* 113/290 e *RTFR* 139/337.

18. STF, RE 176.881/RS, Pleno, j. 13.03.1997, rel. p/acórdão Min. Ilmar Galvão, *DJ* 06.03.1998, p. 18.

Juiz Estadual no exercício da delegação prevista no art. 109, § 3.º, da Carta, ou, ainda, entre Juízes de Direito investidos da referida delegação. Para sanar qualquer dúvida a respeito, foi editada, pelo STJ, a Súmula 3: "Compete ao Tribunal Regional Federal dirimir conflito de competência verificado, na respectiva Região, entre Juiz Federal e Juiz Estadual investido de jurisdição federal".

O texto constitucional exige a vinculação dos Juízes em conflito, assim entendida, em relação aos Juízes Estaduais investidos da competência federal, como situados dentro da área de competência do Tribunal Regional. Havendo vinculação a Tribunais diversos ou envolvendo outra Corte, a competência, para dirimir o conflito, será do Superior Tribunal de Justiça, por força no disposto no art. 105, I, *d*, da Carta. É o que ocorre, por exemplo, quando em conflito Juízes Federais de regiões diversas.

O conflito só pode ser suscitado pelo Juiz, nos termos do art. 116 do CPC, quando for o caso de competência absoluta. Pois, sendo relativa, a incompetência não deve ser declarada de ofício, conforme os arts. 111 e 114 do CPC. A regra é aplicável inclusive nos casos em que o magistrado recebe os autos de outro órgão judicial, estando ou não vinculado ao juízo remetente. Nesse sentido, afirmou o Min. Sálvio de Figueiredo Teixeira, como relator, no CComp 4.401-1/PR: "A questão, nestes termos, diversamente, resumir-se-ia à indagação quanto à competência controvertida, se absoluta ou relativa. Sendo absoluta, seria de mister que o Juiz procedesse à suscitação do conflito, posto que a decisão daquele Tribunal, que não exerce em relação a ele vinculação hierárquica, não poderia obrigá-lo. Em se cuidando, entretanto, de competência relativa, em que se admite a prorrogação em face da inércia da parte interessada, não seria dado ao juiz suscitar o conflito. Esse, aliás, o entendimento do STJ, que veio a cristalizar-se no Enunciado 33 da sua Súmula, *verbis*: 'A incompetência relativa não pode ser declarada de ofício'".

9.2 Competência recursal

Compete aos Tribunais Regionais Federais julgar, em grau de recurso, as causas decididas pelos Juízes Federais e pelos Juízes Estaduais no exercício da competência federal da área de sua jurisdição, com base no art. 108, II, da CF/1988.

O órgão julgador dos recursos é definido em razão da função, em termos verticais, a fim de atender aos princípios da recorribilidade e do duplo grau de jurisdição.[19] A Constituição não estabelece os recursos cabíveis, aplicando-se as normas previstas no Código de Processo Civil e em leis especiais.

19. Theodoro Júnior, Humberto. *Curso de direito processual civil*. 40. ed. Rio de Janeiro: Forense, 2003. vol. 1. p. 28.

A função precípua dos Tribunais Regionais Federais é a apreciação, como órgão revisor, seja através dos recursos, das ações autônomas de impugnação ou da remessa oficial, dos pronunciamentos dos Juízes Federais, bem como dos Juízes Estaduais que estejam exercendo as suas funções sob o manto da competência federal ou quando o recorrente for um ente federal, nos termos do art. 109, I, da CF/1988. Será competente o TRF para conhecer e julgar o recurso sempre que o Juiz de Direito assumir as funções federais, ainda que indevidamente.[20] Se a decisão ou sentença for, por exemplo, de Juiz de Direito, dentro da sua própria competência, o recurso deve ser apreciado pelo Tribunal do Estado, ainda que seja apenas para declarar a incompetência do juízo *a quo* e determinar a remessa para a Justiça Federal, salvo quando o recorrente for a União, autarquia federal ou empresa pública federal.

A intervenção da União, das entidades autárquicas, fundações públicas ou empresas públicas federais no processo, após a prolação da sentença, desloca a competência para a Justiça Federal. No passado, a competência recursal do extinto Tribunal Federal de Recursos chegou a ser determinada em razão da pessoa, nos termos do art. 104, II, *a*,[21] da Carta de 1946, para atender à estruturação atípica criada, ou seja, em que a Justiça Federal existia tão somente no segundo grau de jurisdição. Restabelecida a Justiça Federal de primeira instância, em 1965, a Carta seguinte, de 1967, voltou a conferir ao extinto TFR a função de "julgar, em grau de recurso, as causas decididas pelos Juízes Federais".[22] Na Carta vigente, como nas duas anteriores, conservou-se a competência em razão da pessoa, fazendo-se menção expressa aos Juízes Federais, ou seja, no primeiro grau de jurisdição. Todavia, não se pode, com isso, afirmar que os entes federais, quando intervierem apenas após a prolação da sentença, tenham que permanecer sob julgamento da Justiça Estadual. Sobre o tema já se pronunciou, no passado, o STF:

"Conflito negativo de jurisdição entre o TFR e o TJSP – Manifestação de interesse da União perante o Tribunal de Justiça Estadual, com pedido de anulação do feito *ab initio*. Só à Justiça Federal cabe dizer se há, na causa, interesse da

20. Como bem decidiu o TRF-4.ª Reg., AMS 94.04.18726/SC, 3.ª T., rel. Juiz Volkmer de Castilho, *DJ* II, p. 55.801: "Competência – Apelação em mandado de segurança – Exercício indevido de jurisdição federal. A segurança contra ato de autoridade federal previdenciária só pode ser requerida perante o juízo federal. Competência do TRF para apreciar apelação de exercício irregular da jurisdição federal, hipótese abrangida pelo art. 108, II, da CF/1988".

21. Constituição de 1946: "Art. 104. Compete ao Tribunal Federal de Recursos: (...); II – julgar em grau de recurso: (*a*) as causas decididas em primeira instância, quando a União for interessada como autora, ré, assistente ou opoente, exceto as de falência ou quando se tratar de crimes praticados em detrimento de bens, serviços ou interesses da União, ressalvada a competência da Justiça Eleitoral e a da Justiça Militar".

22. Constituição de 1967, art. 117, II.

União. Se o TFR reconhecer a existência desse interesse e der pela competência da Justiça Federal, incumbir-lhe-á decretar a nulidade do processo, mantendo os atos não decisórios, se aproveitáveis. Conflito conhecido, dando-se pela competência do Tribunal suscitante." [23]

O STJ, do mesmo modo, reformulando o seu entendimento anterior,[24] passou a entender que a intervenção ou o recurso de ente federal desloca a competência para o TRF. Nesse sentido, respectivamente, os arestos da 1.ª e da 2.ª Seções:

"Conflito negativo de competência – Intervenção da União após o julgamento em 1.º grau da justiça comum estadual – Apelação – Competência do TRF. 1. Intervindo a União no feito, após o julgamento de primeiro grau da justiça comum estadual, compete ao Tribunal Regional Federal o respectivo julgamento da apelação interposta. Conflito conhecido, declarado competente o TRF da 1.ª Região, o suscitante."[25]

"Processo civil – Competência – Agravo em conflito negativo – Ação proposta e sentença proferida no âmbito da Justiça Comum Estadual – Cessão de direitos – Caixa Econômica Federal – Recurso de apelação – Justiça Federal. A cessão de direitos à Caixa Econômica Federal, com a sua consequente intervenção após a prolação da sentença e antes do julgamento do recurso de apelação, desloca a competência para a Justiça Federal, que, se admitir a intervenção, poderá julgar o mérito do recurso, conforme o entendimento firmado na 2.ª Seção do STJ. Agravo no conflito de competência não provido."[26]

Não se alegue, todavia, que a própria Suprema Corte incluiu na sua súmula o Enunciado 518[27] – "A intervenção da União, em feito já julgado pela segunda instância e pendente de embargos, não desloca o processo para o TFR" – para denotar contrariedade lógica com os precedentes invocados. Isso porque, conforme se

23. STF, CJur 5.993, Pleno, j. 25.03.1976, rel. Min. Cunha Peixoto, *RTJ* 78/398.

24. Em sentido contrário vinha decidindo o STJ, CComp 2.783/RS, 2.ª Seção, rel. Min. Sálvio de Figueiredo, *DJ* I, 08.06.1992, p. 8.598: "Competência – Usucapião de imóvel – Presença da União Federal – Conflito negativo entre os Tribunais de Justiça de Santa Catarina e Regional Federal – Competência daquele para apreciar decisão de juiz estadual – Orientação da Corte. I – Em se tratando de decisão de juiz estadual, que não se encontra no exercício de competência da Justiça Federal, ao Tribunal Estadual cabe apreciá-la recursalmente. II – Entendendo o Tribunal de Justiça ser incompetente o juiz estadual, incumbe-lhe apreciar o recurso para invalidar a decisão de primeiro grau e determinar a remessa dos autos ao juiz federal competente, não lhe sendo admitido declinar para o Regional Federal, que não tem competência para rever decisão de juiz que não lhe esteja vinculado jurisdicionalmente". Veja, também: *RSTJ* 31/93 e o Enunciado 55 da Súmula do STJ.

25. CComp 39.435, j. 24.09.2003, rel. Min. Teori Albino Zavascki, *DJ* 13.10.2003, p. 223.

26. AgRg no CComp 38.531, rel. Min. Nancy Andrighi, *DJ* 15.03.2004, p. 148.

27. Vide, ainda, o CJur 6.151/SP, *RTJ* 95/47.

pode depreender do enunciado, bem como da ementa e do próprio voto condutor do precedente,[28] a Corte Suprema reafirma que, em caso de recurso, por parte da União ou dos entes federais, contra decisão proferida por Juiz Estadual, a competência seria do então TFR (hoje do respectivo TRF). Mas, no caso específico, não ocorrera, inicialmente, a interposição de qualquer recurso por ente federal, razão pela qual os autos foram encaminhados ao Tribunal de Justiça, para que procedesse, como de praxe, ao julgamento da apelação. Somente após o julgamento do apelo, e diante da divergência ocorrida, foram interpostos embargos infringentes.

Por outro lado, os TRFs serão incompetentes para apreciar as decisões, em sentido lato, de outros órgãos judiciais que não os descritos no art. 108, II, da CF/1988, como as Varas do Trabalho[29] e Juízes Eleitorais, diante da falta de competência material, considerando a respectiva especialização.

A competência funcional estabelecida no art. 108, II, da CF/1988 encontra exceções. As causas entre Estado estrangeiro ou organismo internacional e Município ou pessoa domiciliada ou residente no País, embora julgadas pelos Juízes Federais, nos termos do art. 109, II, da Carta, estão sujeitas a recurso ordinário, a ser apreciado pelo STJ, conforme disposto no art. 105, II, *c*, da CF/1988. Falece competência aos TRFs, também, nas execuções fiscais federais "de valor igual ou inferior a 50 (cinquenta) Obrigações Reajustáveis do Tesouro Nacional – ORTN",[30] porque nestas "só se admitirão embargos infringentes e de declaração", que serão julgados pelo próprio órgão monocrático, nos termos do art. 34[31] da Lei 6.830/1980.

---

28. STF, CJur 3.931/GB, Pleno, j. 17.04.1968, rel. Min. Oswaldo Trigueiro, *RTJ* 47/73.

29. Como decidiu o TRF-3.ª Reg., RO 94.03.095743/SP, 2.ª T., rel. Juiz Célio Benevides, *DJ* II, p. 65.308: "Trabalhista – Competência – Apreciação de recurso interposto contra decisão proferida por Junta de Conciliação e Julgamento – Retorno dos autos ao TRT. I – A competência recursal desta Corte, nos termos do art. 108, II, da CF/1988 limita-se às causas decididas pelos Juízes Federais e pelos Juízes Estaduais no exercício da competência federal. II – Não cabe a este Tribunal apreciar recurso ou anular decisão proferida por juízes que não lhe são vinculados. III – Recurso não conhecido, determinando-se o retorno dos autos ao TRT da 2.ª Região".

30. Conforme art. 34 da Lei 6.830/1980. Como parâmetro em termos de valores atuais: "Com a extinção da ORTN, o valor de alçada deve ser encontrado a partir da interpretação da norma que extinguiu um índice e o substituiu por outro, mantendo-se a paridade das unidades de referência, sem efetuar a conversão para moeda corrente, para evitar a perda do valor aquisitivo. 50 ORTN = 50 OTN = 308,50 BTN = 308,50 UFIR = R$ 328,27 (trezentos e vinte e oito reais e vinte e sete centavos) a partir de janeiro/2001, quando foi extinta a UFIR e desindexada a economia. O valor de alçada deve ser auferido, observada a paridade com a ORTN, no momento da propositura da execução, levando em conta o valor da causa" (STJ, REsp 636.084, 2.ª T., j. 17.06.2004, rel. Min. Eliana Calmon, *DJ* 13.09.2004, p. 227).

31. O STF afirmou a constitucionalidade do artigo no AgIn no AgRg 114.709-1/CE, 2.ª T., rel. Min. Aldir Passarinho, *DJU* 28.08.1987, p. 17578.

10

COMPETÊNCIA DOS JUIZADOS ESPECIAIS FEDERAIS CÍVEIS

10.1 Organização dos Juizados Especiais Federais

Diante da falta de referência expressa quanto à Justiça Federal, na redação do art. 98 da Constituição da República, os Juizados Especiais Federais acabaram sendo criados após a introdução, pela EC 22/1999, de parágrafo[1] específico, determinando que lei federal dispusesse sobre a criação de juizados especiais no âmbito da Justiça Federal, consubstanciada na edição do referido estatuto – a Lei 10.259/2001[2] –, que passou a regular a instituição dos Juizados Especiais Cíveis e Criminais no âmbito da Justiça Federal. A referida lei não tratou, nos seus 27 artigos, de modo exauriente as questões pertinentes ao processo e ao procedimento perante os Juizados Especiais Federais, fazendo alusão

1. A EC 22/1999 determinou a inclusão de parágrafo único, que, depois, com a EC 45/2004, passou a ser o atual § 1.º.
2. Publicada em 13.07.2001.

expressa à aplicação da Lei 9.099/1995, no que não fosse conflitante com as suas normas específicas.[3]

Os Juizados Especiais Federais são compostos, basicamente, de órgãos de primeira e de segunda instância. Na primeira, existem os Juizados Especiais Federais, que são Varas Federais específicas, com ou sem especialização, com um juiz titular e um substituto, e os Juizados Especiais Adjuntos,[4] que, como a denominação indica, integram Varas Federais, com ou sem especialização. Nos Juizados Adjuntos, o que existe, na verdade, é um órgão judicial comum, no qual se acopla uma estrutura de Juizado Especial, permitindo-se que os magistrados se utilizem dos mecanismos e procedimentos previstos para os Juizados Especiais. A segunda instância é composta de Turmas Recursais, com composição e competência definidas pelos respectivos Tribunais Regionais Federais,[5] com juízes de primeiro grau.

10.2 Parâmetros constitucionais e legais para a fixação da competência dos Juizados Especiais Federais Cíveis

Em termos de competência cível, a Constituição previu, no art. 98, I, a competência dos Juizados Especiais para a conciliação, o julgamento e a execução de causas cíveis de menor complexidade. Por outro lado, o inc. X do art. 24 da Magna Carta prevê a competência legislativa concorrente da União, dos Estados e do Distrito Federal para a criação, funcionamento e processo do Juizado de Pequenas Causas.

Poder-se-ia questionar, a partir da denominação diversa atribuída nos dois dispositivos constitucionais referidos, se poderiam existir duas espécies de juizados, ou seja, um voltado para causas de menor complexidade e outro para a solução de pequenas causas, considerando-se que, sob o ponto de vista ontológico, os dois conceitos – de menor complexidade e diminuto valor da causa – não se confundem.[6]

---

3. Art. 1.º da Lei 10.259/2001.

4. Art. 18, parágrafo único: "Serão instalados Juizados Especiais Adjuntos nas localidades cujo movimento forense não justifique a existência de Juizado Especial, cabendo ao Tribunal designar a Vara onde funcionará".

5. Art. 21 da Lei 10.259/2001.

6. É o que tem afirmado a doutrina. Nesse sentido: Tourinho Neto, Fernando da Costa; Figueira Júnior, Joel Dias. *Juizados especiais federais cíveis e criminais*. São Paulo: Ed. RT, 2002. p. 119-124; Pereira, Guilherme Bollorini. *Juizados especiais federais cíveis: questões de processo e de procedimento no contexto do acesso à justiça*. Rio de Janeiro: Lumen Juris, 2004. p. 121-125; e Bochenek, Antônio César. *Competência cível da Justiça Federal e dos Juizados Especiais Cíveis*. São Paulo: Ed. RT, 2004. p. 180-184.

A complexidade, que se quer afastar, estará relacionada com a maior ou menor dificuldade para se processar e julgar uma causa, levando-se em conta o trabalho que o juiz e seus auxiliares terão para conduzir e julgar o processo. Nesse sentido, podem se vislumbrar situações subjetivas[7] e objetivas, que podem ensejar esse quadro menos simples e, por conseguinte, suscetível de maiores cuidados e demora, em termos de processo.

Imagine-se, por exemplo, uma causa subjetivamente complexa, como em um processo falimentar[8] ou para a defesa de interesses difusos, coletivos e individuais homogêneos.[9] Em relação aos direitos individuais homogêneos, embora o valor patrimonial, individualmente considerado, possa, e normalmente seja, diminuto, no conjunto costuma representar vultosas quantias.[10]

A falta de complexidade, por exemplo, em termos de verificação tão somente da anterioridade de uma lei tributária que cria ou majora um tributo, pode, no entanto, representar significativos valores pecuniários. Por outro lado, há execuções fiscais, de valor irrisório, mas que implicam em hercúlea atividade para a localização e expropriação de bens do executado. Costuma-se, também, apontar especialmente a atividade probatória como referencial para a falta ou não de complexidade para as causas.[11]

Não obstante a possível dicotomia de expressões – menor complexidade e pequenas causas –, não se pode concluir que haja comando constitucional no sentido da criação de órgãos judiciais distintos. Interpretando histórica e sistematicamente, é factível de se concluir que a menção às pequenas causas tenha ocorrido por força da precursora Justiça de Pequenas Causas, que imperava antes da Constituição de 1988, por força da Lei 7.244/1984.[12]

7. Como a própria intervenção de terceiros. Nesse sentido, o Enunciado 14 do 2.º Fórum Nacional dos Juizados Especiais Federais (Fonajef), que entendeu não ser cabível a referida intervenção. Os enunciados podem ser consultados no site www.ajufe.org.br.

8. Expressamente afastado na Lei 9.099/1995, art. 3.º, § 2.º, do âmbito dos Juizados Especiais Estaduais.

9. Também excluídos da esfera dos Juizados Especiais Federais, por força do art. 3.º, § 1.º, I, da Lei 10.259/2001.

10. Sobre o tema e a importância das ações coletivas, em termos de acesso à Justiça, economia processual e judicial, bem como para a preservação do princípio material e processual da isonomia, vide Mendes, Aluisio Gonçalves de Castro. *Ações coletivas no direito comparado e nacional*. 2. ed. São Paulo: Ed. RT, 2010. especialmente p. 27-38.

11. Pereira, Guilherme Bollorini. Op. cit., p. 122, afirma que "a simples necessidade de produção de prova técnica já é suficiente para configurar a complexidade da causa nos Juizados Especiais do Estado do Rio de Janeiro", ponderando, contudo, que nos "Juizados Especiais Federais as coisas são um pouco diferentes, eis que a prova técnica é expressamente admitida pela Lei 10.259/2001".

12. Revogada pelo art. 97 da Lei 9.099/1995.

As Leis 9.099 e 10.259 consumaram a previsão constitucional, adotando critérios objetivos, como o valor e a natureza da causa ou do procedimento, e subjetivos, como a qualidade das partes, firmando uma concepção mesclada de pequena causa e menor complexidade, para a criação de uma nova justiça e de um novo procedimento sumaríssimo, informados pela simplicidade, oralidade, economia processual, informalidade e celeridade, na busca da ampliação do acesso à justiça e da efetividade do direito processual.

Em relação aos Juizados Especiais Federais Cíveis, a Lei 10.259/2001 estabeleceu, em termos de parâmetros para a fixação da competência, a combinação: (a) do valor da causa (até sessenta salários mínimos);[13] (b) da qualidade da parte (podem ser partes, como autores, as pessoas físicas e as microempresas e empresas de pequeno porte, assim definidas na Lei 9.317/1996 [revogada pela LC 123/2006], e, como rés, a União, autarquias, fundações e empresas públicas federais);[14] (c) da matéria ou do procedimento[15] (com a exclusão das ações: (1) referidas no art. 109, incs. II (entre Estado estrangeiro ou organismo internacional e Município ou pessoa domiciliada ou residente no País), III (fundadas em tratado ou contrato da União com Estado estrangeiro ou organismo internacional) e XI (sobre direitos indígenas), da Constituição da República, de mandado de segurança, de desapropriação, de divisão e demarcação, populares, execuções fiscais e por improbidade administrativa e as demandas sobre direitos ou interesses difusos, coletivos ou individuais homogêneos; (2) sobre bens imóveis da União, autarquias e fundações públicas federais;[16] (3) para a anulação ou cancelamento de ato administrativo federal, salvo o de natureza previdenciária e o de lançamento fiscal; (4) que tenham como objeto a impugnação da pena de demissão imposta a servidores públicos civis ou de sanções disciplinares aplicadas a militares.

10.3 Competência em razão do valor da causa

Estabeleceu o art. 3.º da Lei 10.259/2001 que ao Juizado Especial Federal cível compete processar, conciliar e julgar causas, naturalmente da competência da Justiça Federal, com valor de até 60 (sessenta) salários mínimos. A confrontação entre o valor da causa e o respectivo limite deve ter como parâmetro tem-

13. Nos termos do art. 3.º, *caput*.

14. Art. 6.º da Lei 10.259/2001. Lembre-se que a qualidade da parte não é o único critério fixador da competência da Justiça Federal. Por outro lado, o legislador estabeleceu, com clareza, o polo no qual os entes federais podem estar nos Juizados Especiais Cíveis Federais, ou seja, na qualidade de demandados e não como demandantes.

15. Art. 3.º da Lei 10.259/2001.

16. Observe-se que não estão afastadas, em tese, mas na prática, pelo valor, as demandas sobre bens imóveis das empresas públicas federais.

poral o momento do ajuizamento da ação, levando-se em consideração o salário mínimo então vigente.[17]

O valor da causa deve vir fixado em moeda corrente nacional, nos termos dos arts. 258 a 260 do CPC, com pequenas ressalvas. O art. 260 do Estatuto Processual, por sinal, já tratava de definir parâmetros para a estipulação, quando se estivesse diante de prestações vincendas. No entanto, o § 2.º do art. 3.º da Lei dos Juizados Especiais Federais resolveu disciplinar novamente a questão. Como ressaltado por Carreira Alvim,[18] "existe uma atecnia nesse artigo, ao falar em obrigações *vincendas*, porque se as obrigações forem realmente *vincendas* não podem ser objeto de exigência em sede judicial, nem perante os juizados especiais. A referência feita pelo texto a '*obrigações vincendas*' deve soar como '*prestações vincendas*', ou seja, a obrigação consta de prestações vencidas e prestações que se vencerão no curso do processo (prestações *vincendas*)". O dispositivo em questão também peca por ser incompleto, principalmente se comparado com o art. 260 do diploma processual pátrio, porque expressa que "a soma de 12 (doze) parcelas não poderá exceder o valor referido no art. 3.º, *caput*", da Lei 10.259/2001, quando, na verdade, o limite deverá ser observado levando-se em conta não apenas as parcelas vincendas, mas, também, as parcelas vencidas e todos os demais aspectos mencionados nos arts. 259 e 260 do CPC.[19]

Em caso de litisconsórcio ativo, com pedidos para cada um dos litisconsortes, o limite deve ser considerado individualmente para cada autor.[20] Ressalte-se, no entanto, que o juiz poderá limitar o número de litisconsortes, com base no art. 46, parágrafo único, do CPC.[21] Problema que guarda certa simetria com o do litisconsórcio, para a consideração da competência em termos de valor da

17. Em conformidade com o Enunciado 15 do 2.º Fórum Nacional dos Juizados Especiais Federais (Fonajef): "Na aferição do valor da causa, deve-se levar em conta o valor do salário mínimo em vigor na data da propositura de ação".

18. *Juizados especiais federais*, p. 19.

19. É o entendimento firmado pela 3.ª Seção do STJ: "Conflito de competência – Turma Recursal do Juizado Especial Federal e Juízo Federal – Previdenciário – Ação de revisão de benefício – Lei 10.259/2001 – Prestações vencidas e vincendas – Somatório – Valor de alçada. Do exame conjugado da Lei 10.259/2001 com o art. 260 do CPC, havendo parcelas vincendas, tal valor deve ser somado às vencidas para os fins da respectiva alçada. Conflito conhecido declarando-se a competência da Justiça Federal" (CComp 46.732/MS, j. 23.02.2005, rel. Min. José Arnaldo da Fonseca, *DJ* 14.03.2005, p. 191.

20. Nos termos do Enunciado 18 do 2.º Fórum Nacional dos Juizados Especiais Federais (Fonajef): "No caso de litisconsorte ativo, o valor da causa, para fins de fixação de competência deve ser calculado por autor".

21. Como consta do Enunciado 19 do 2.º Fórum Nacional dos Juizados Especiais Federais (Fonajef): "Aplica-se o parágrafo único do art. 46 do CPC em sede de Juizados Especiais Federais".

causa, é o da cumulação de pedidos e a regra prevista no inc. II do art. 259 do CPC. A discussão está relacionada com a inderrogabilidade da competência do Juizado Especial Federal, nos termos do § 3.º do art. 3.º da Lei 10.259/2001. Isso porque as causas de valor inferior a 60 (sessenta) salários mínimos, que não estejam excluídas da sua competência, deverão ser processadas e julgadas tão somente pelos Juizados Especiais Federais. Mas se, para um pedido de valor inferior a 60 (sessenta) salários mínimos, há incompetência absoluta dos demais órgãos judiciais, seria possível que houvesse o desaparecimento da referida incompetência quando o pedido, de valor diminuto, por exemplo equivalente a 40 (quarenta) salários mínimos, fosse cumulado com outro pedido, também de valor inferior, como, *e.g.*, de importância igual a 25 (vinte e cinco) salários mínimos, totalizando, assim, pedidos em montante de 65 (sessenta e cinco) salários mínimos? O problema é delicado, porque se, por um lado, contraria o sentido e a praxe decorrente da aplicação do art. 259, II, do Estatuto Processual, por outro a ausência de tratamento diferenciado para a questão consistiria em possibilidade fácil para se burlar a norma especial, com o ajuizamento perante órgãos comuns de causas que, a rigor, só poderiam ser propostas perante o Juizado Especial. A cumulação, tanto em termos subjetivos, como objetivos, não pode, do mesmo modo, burlar o sentido da norma contida no art. 292, § 1.º, II, do CPC, que estabelece, como requisito de admissibilidade para a reunião de pedidos, "que seja competente para conhecer deles o mesmo juízo". Isoladamente, o pedido seria da competência do Juizado Especial. Por conseguinte, para que a regra cogente de competência não fosse desrespeitada, das duas uma teria que ser a solução: a) a inadmissibilidade da cumulação, por ofensa ao art. 292, § 1.º, II, do Estatuto Processual; b) a possibilidade de cumulação, perante o Juizado Especial Federal Cível, considerando-se, para a aferição da competência, o valor de cada pedido isoladamente. Não se pense, por outro lado, que não existam motivos subjacentes e de índole pecuniária. As causas submetidas aos Juizados Especiais não ensejam a condenação na verba de honorários sucumbenciais. Teori Albino Zavascki chamou a atenção para o problema:

> A pergunta está feita, ainda que implicitamente: será cabível a cumulação de pedidos quando a soma deles importar a transferência da competência do Juizado para a vara comum?
>
> Rigorosamente não. Os pedidos cumulados irão a um juiz que não é competente para julgar nenhum deles, mudando, assim, a competência absoluta, e os não cumulados são da competência absoluta do juizado especial.
>
> (...) Enfrentamos essa questão no Estado do Rio Grande do Sul (...), onde os advogados estão cumulando pedidos, alguns manifestamente improcedentes, para fugirem do Juizado. Trata-se de algo paradoxal, mas, economicamente, evidencia haver sucumbência fora do Juizado Especial. (...)

(...) A solução para esse caso seria considerar, para efeito de competência, o valor da causa segundo o pedido de cada autor, réu ou pedido cumulado, o que nos impõe a regra do sobredireito. Há que se interpretar novamente o Código de Processo Civil para tirar-lhe as virtualidades e dar efetividade ao litisconsórcio. (...)

Proponho, em última análise, que se considere, implícita ou explicitamente, que cada pedido, autor ou réu cumulado, seja tratado como causa ou demanda autônoma, em que, sinceramente, não vejo nenhuma barbaridade, pois é comum que ocorra". [22]

10.4 Causas excluídas da competência dos Juizados Especiais Federais Cíveis

A competência cível da Justiça Federal, conforme exposto nos capítulos anteriores, encontra-se definida no art. 109, I, II, III, VIII, X e XI, da Constituição. Em termos de Juizados Especiais, houve expressa exclusão dos incs. II, III e XI, por força do art. 3.º, § 1.º, I, da Lei 10.259/2001, bem como dos mandados de segurança, previstos no inc. VIII.

Restaria, assim, em tese, a possibilidade de processamento, nos Juizados Especiais Federais Cíveis, das causas previstas nos incs. I, VIII (em relação aos *habeas data*) e X (para a execução de carta rogatória, após o *exequatur*, e de sentença estrangeira, após a homologação), mas a inclusão das hipóteses elencadas nos incs. VIII e X não é pacífica.

Ricardo Cunha Chimenti[23] considera que a "regra, portanto, é que todas as causas de até 60 salários mínimos que não foram expressamente excluídas da competência dos Juizados Especiais Federais tramitarão por este (ainda que não previstas no art. 3.º da Lei 9.099/1995), excetuadas aquelas de maior complexidade (em respeito ao art. 98 da CF)".

Antônio César Bochenek, [24] por outro lado, assevera: "Todas as ações que seguem procedimentos especiais estão excluídas da competência do Juizado Especial Federal, dada a especialidade do microssistema. O objetivo não é sobrecarregar o Juizado com várias espécies de procedimentos incompatíveis", bem como "não são admitidas as ações sujeitas a procedimentos especiais, tanto as explícitas na Lei 10.259/2001 (ações populares, de divisão e demarcação, de de-

22. Ajufe, *Anais*, Seminário *Juizados especiais federais: inovações e aspectos polêmicos*, p. 158-160.

23. *Teoria e prática dos juizados especiais cíveis estaduais e federais*, p. 30.

24. *Competência cível da justiça federal e dos juizados especiais cíveis*, p. 256-257.

sapropriação, execuções fiscais e de mandado de segurança) como as implícitas (ações civis públicas, de *habeas data*, restauração de autos, embargos de terceiro, monitórias e de execuções em geral)". Defende, ainda, que os "procedimentos de carta precatória, rogatória ou de ordem são incompatíveis no Juizado Especial Federal".

Sob o ponto de vista jurídico, a redação da Lei 10.259/2001, de fato, não excluiu expressa ou implicitamente o processamento de *habeas data* ou do cumprimento de sentença estrangeira ou de carta rogatória. Pelo contrário, ao afastar, expressamente, vários incisos do art. 109 da Constituição e outras matérias e causas sujeitas a determinados procedimentos, forte passa a ser o argumento no sentido de que a competência abrangeria as demais causas arroladas no dispositivo constitucional, com exceção dos processos que ficariam inviabilizados pela limitação subjetiva determinada pelo art. 6.º da Lei dos Juizados Especiais Federais. Por outro lado, todavia, não se pode negar que exclusões como a do mandado de segurança se deram em razão da diversidade de procedimento, fazendo com que prevaleça a leitura no sentido de que haveria a vedação à utilização de outros procedimentos nos Juizados Especiais Federais, em benefício da sua celeridade, simplicidade e informalidade, que poderiam ficar comprometidos, diante da utilização de procedimentos diversificados. A leitura é razoável, diante do comando constitucional, que determinou a instituição dos Juizados Especiais para a solução de causas menos complexas, como meio de fomento para o acesso e o bom funcionamento da Justiça, o que pode ser reforçado com argumentos práticos, à luz do grande quantitativo de processos que estão sendo encaminhados para os novos órgãos, sendo, naturalmente, mais prático e fácil a condução de processos sujeitos ao mesmo procedimento. É de se afastar, portanto, da competência dos Juizados Especiais, os processos de *habeas data* e para o cumprimento de cartas rogatórias e de sentenças estrangeiras.

Por conseguinte, conclui-se que, do rol constitucional, os Juizados Especiais Federais Cíveis são competentes tão-somente para as causas arroladas no inc. I do art. 109 da Magna Carta, mas, mesmo assim, com algumas restrições.

Embora a Constituição fixe a competência federal em razão apenas da presença da União, entidade autárquica ou empresa pública, na qualidade de parte ou em função de uma das modalidades de intervenção de terceiros, nos Juizados Especiais Federais a atuação dos entes federais estará limitada à condição de demandadas, nos termos do art. 6.º, II, da Lei 10.259/2001. Assim sendo, não poderão figurar no polo ativo[25] ou em decorrência da intervenção de terceiro.[26]

25. Lei 10.259/2001, art. 6.º, I.

26. Art. 10 da Lei 9.099/1995: "Não se admitirá, no processo, qualquer forma de intervenção de terceiro nem de assistência. Admitir-se-á o litisconsórcio".

O art. 3.º, § 1.º, da Lei 10.259/2001 afastou, ainda, da competência do Juizado Especial Federal Cível, as ações de mandado de segurança, de desapropriação, de divisão e demarcação, populares, execuções fiscais e por improbidade administrativa e as demandas sobre direitos ou interesses difusos, coletivos ou individuais homogêneos (a); sobre bens da União, autarquias e fundações públicas federais (b); para a anulação ou cancelamento de ato administrativo federal, salvo o de natureza previdenciária e o de lançamento fiscal (c); e que tenham como objeto a impugnação da pena de demissão imposta a servidores públicos civis ou de sanções disciplinares aplicadas a militares (d).

A restrição em relação às demandas sobre direitos ou interesses individuais homogêneos diz respeito, naturalmente, apenas às demandas coletivas.[27] A ação coletiva pode "ser definida, sob o prisma do direito brasileiro, como o direito apto a ser legítima e autonomamente exercido por pessoas naturais, jurídicas ou formais, conforme previsão legal, de modo extraordinário, a fim de exigir a prestação jurisdicional, com o objetivo de tutelar interesses coletivos, assim entendidos os difusos, os coletivos em sentido estrito e os individuais homogêneos". [28]

10.5 Competência territorial dos Juizados Especiais Federais Cíveis

O estudo da competência de foro para os Juizados Especiais Federais Cíveis exige o conhecimento da organização da Justiça Federal e a análise das normas constitucionais e legais pertinentes.[29]

A estruturação da Justiça Federal não se confunde com a organização da Justiça Estadual ou com a divisão política dos Estados-membros, embora possa colher de ambos elementos definidores. Esclarecendo: enquanto a divisão política faz com que a Federação esteja estruturada a partir de Estados-membros e de Municípios, a Justiça Estadual, por sua vez, possui um fracionamento do Estado em regiões judiciárias, em comarcas e em foros ou varas distritais. Por sua vez, a Justiça Federal encontra-se estruturada em cinco regiões, por sua vez desmembradas em seções judiciárias, que se recortam em circunscrições, subseções ou varas localizadas em conformidade com as normas de organização, fixadas em leis ou por atos normativos dos Tribunais Regionais Federais.

27. Nesse sentido, o Enunciado 22 do 2.º Fórum Nacional dos Juizados Especiais Federais (Fonajef): "A exclusão da competência dos Juizados Especiais Federais quanto às demandas sobre direitos ou interesses difusos, coletivos ou individuais homogêneos somente se aplica quanto a ações coletivas".

28. Mendes, Aluisio Gonçalves de Castro. *Ações coletivas* ... cit., p. 26.

29. Remete-se o leitor, para tanto, especialmente aos Capítulos 1, item 1.4, e 7.

Cada Estado, bem como o Distrito Federal, constituirá uma seção judiciária.[30] Todavia, o desmembramento da seção judiciária, em circunscrições ou subseções, poderá ocorrer a partir do agrupamento de municípios ou de comarcas, ou seja, utilizando-se da estruturação política ou judiciária local. Ressalte-se, por conseguinte, que todo município ou comarca estará dentro dos limites territoriais de uma circunscrição, seção ou vara localizada na seção judiciária do Estado. Tudo o que se mencionou no presente parágrafo pode parecer singelo, mas é de fundamental importância para a compreensão da competência de foro da Justiça Federal e, em especial, a dos Juizados Especiais Federais, como se verá adiante.

Por outro lado, não se pode esquecer que há normas formalmente constitucionais disciplinando a competência territorial, contando, portanto, com a devida supremacia sobre eventuais regras legais. A Constituição da República estabeleceu, no art. 109, § 2.º, que as causas intentadas em face da União[31] poderão ser aforadas na seção judiciária em que for domiciliado o autor, naquela onde houver ocorrido o ato ou fato que deu origem à demanda ou onde esteja situada a coisa, ou, ainda, no Distrito Federal. Portanto, quando a demandada for a União, haverá competência concorrente eletiva, ou seja, qualquer um dos foros (do domicílio do autor; do local em que ocorreu o ato ou fato que deu origem à demanda; onde esteja situada a coisa; ou do Distrito Federal) poderá ser o escolhido pelo autor para o ajuizamento da demanda. A Magna Carta estatuiu, também, no § 3.º do art. 109, a possibilidade de ajuizamento, perante a justiça estadual, de causas em que forem parte instituição de previdência social e segurado, quando a comarca não for sede de Vara Federal. Naturalmente, as supramencionadas disposições constitucionais continuam a ser aplicáveis em sede de Juizados Especiais Federais. Ressalte-se, ainda, que, quando há a previsão de mais de um foro competente, não se está tratando de incompetência, relativa ou absoluta, mas, sim, de competência concorrente.[32]

A Lei 10.259/2001 não estabeleceu critérios específicos para a fixação da competência de foro, ou seja, em que local a demanda poderá ser proposta. Estatuiu, no entanto, no art. 20, em regra digna de crítica, que, onde não houver Vara Federal, a causa poderá ser proposta no Juizado Especial Federal mais próximo do foro definido no art. 4.º da Lei 9.099/1995, vedando a aplicação da Lei 10.259/2001 no juízo estadual.

30. Art. 110 da Constituição da República.

31. O § 1.º do art. 109 da Constituição, que trata da competência nas causas em que a União for autora, não encontra aplicação em termos de Juizados Especiais Federais, diante da vedação contida no art. 6.º, I, da Lei 10.259/2001.

32. Como descrito no item 2.4.

Registre-se, desde logo, que as regras previstas na Lei 9.099/1995 seriam, de todo modo, aplicáveis em termos de Juizados Especiais Federais, salvo no que foi regulado pela Constituição, diante da falta de regras específicas na Lei 10.259/2001, considerando-se que as normas do Código de Processo Civil somente podem ser invocadas subsidiariamente, ou seja, diante da falta de norma especial, para o Juizado Federal e para os Juizados Especiais em geral.

Por conseguinte, pode-se concluir que o disposto no art. 20 não encontra aplicação em relação à União e às causas previdenciárias, porque reguladas especialmente na Constituição da República. Em seguida, que as normas para a fixação do foro competente, para as demandas em face das demais autarquias, das fundações públicas e das empresas públicas, estão dispostas no art. 4.º da Lei 9.099. Há, no caso, competência concorrente eletiva, na qual o autor poderá escolher o Juizado do foro: I – do domicílio do réu ou do local onde exerça atividades econômicas ou mantenha estabelecimento, filial, agência, sucursal ou escritório;[33] II – do lugar onde a obrigação deva ser satisfeita; III – do domicílio do autor ou do local do ato ou fato, nas ações de reparação de dano de qualquer natureza.

Quanto ao previsto no art. 20 da Lei 10.259/2001, deve-se entender que a possibilidade de ajuizamento em Juizado Especial mais próximo do foro definido no art. 4.º da Lei 9.099 ocorrerá quando houver Vara Federal, mas não Juizado Especial Federal Cível ou Adjunto, na Circunscrição/Subseção, tendo, assim, a legislação, em nome da facilitação ao acesso à Justiça, garantido o direito do cidadão ao respectivo órgão especial. Poderá haver a hipótese de existência, na Circunscrição/Subseção, de uma Vara Federal localizada em Município ou Comarca diversa daquela em que se encontra o Juizado Especial Federal. Assim sendo, o foro federal será o mesmo e poderão os jurisdicionados se utilizar livremente tanto da Vara Federal quanto do Juizado Especial Federal, caso não haja delimitação territorial diversa. O art. 20 da Lei 10.259/2001 tratou de outra situação, ou seja, a da ausência de Juizado Especial Federal no foro federal respectivo. Quando se fala em "mais próximo", não se deve considerar a expressão com excesso de rigor, pois a ideia de proximidade leva em consideração, obviamente, o Juizado Especial Federal que possa ser alcançado com maior facilidade, rapidez e modicidade em termos de custos, o que será determinado não apenas pela distância, mas, também, pelos meios de transporte, preços etc. Na prática, pode-se olvidar da aplicação da norma em questão, pois dificilmente será capaz de cumprir os seus objetivos. Afinal, por maior fervor que se tenha

33. Em termos de Juizados Federais, como apenas as pessoas jurídicas, no caso as autarquias, fundações e empresas públicas federais, podem ser demandadas, não há falar em "local onde aquele exerça atividades profissionais", conforme previsto no art. 4.º, I, da Lei 9.099/1995.

em relação aos Juizados Especiais, é de se duvidar que o dispositivo legal seja capaz de arregimentar muitos adeptos, a ponto de fazer com que as pessoas saiam das suas circunscrições ou subseções, com dispêndio de tempo e dinheiro, na busca dos referidos órgãos especiais. A regra poderá, no entanto, por outras razões não declaradas, como a busca de magistrado que comungue com teses mais favoráveis ao autor ou por conveniência para o autor ou seu advogado, em termos de ser a localidade onde exerça as suas funções ou trabalho, ser invocada, o que, salvo melhor juízo, já seria suficiente para justificar a sua revogação.

A incompetência territorial, em regra, é relativa, podendo, assim, ser modificada, implicando, também, na impossibilidade de reconhecimento de ofício pelo juiz.[34] Todavia, no âmbito dos Juizados Especiais Federais e aplicando-se subsidiariamente a Lei 9.099/1995,[35] ver-se-á que devem incidir, no caso, regras especiais. A primeira, prevista no art. 51, III, determina o reconhecimento de ofício, com ressalva da opção aberta pelo art. 20 da Lei 10.259/2001, sempre que houver incompetência de foro para processo instaurado perante os Juizados Especiais. O art. 51, III, da Lei 9.099/1995 é claro, no sentido de autorizar a extinção do processo quando for reconhecida a incompetência territorial na esfera dos Juizados Especiais, também em caráter excepcional, pois, como se sabe, a constatação da incompetência, em geral, enseja, nos termos dos arts. 311 e 113 do CPC, a remessa dos autos para o juiz competente, sem que haja a extinção do processo. No caso dos Juizados Especiais e apenas na hipótese de incompetência territorial, como determina o inc. III do art. 51 da Lei 9.099/1995, o processo deverá ser extinto. Por conseguinte, a incompetência de foro nos Juizados Especiais deve ser considerada como absoluta, sendo impugnável mediante contestação, que conterá, nos termos do art. 30 da Lei 9.099/1995, toda matéria de defesa, exceto arguição de suspeição ou impedimento do juiz.

10.6 Os Juizados Especiais Federais Cíveis no âmbito da competência de juízo

Como parte integrante de uma subseção ou circunscrição judiciária federal, o Juizado Especial Federal é um órgão com especialização definida em razão principalmente do valor da causa, embora com competência também estabelecida, por exclusão, em razão da matéria e do procedimento. O Juizado Especial

34. Nos termos do Enunciado 33 da Súmula do STJ, a incompetência relativa não pode ser declarada de ofício. Registre-se, contudo, que excepcionalmente, nos termos dos arts. 112, parágrafo único, e 114 do CPC, com a redação dada pela Lei 11.280/2006, o juiz poderá declarar de ofício a nulidade de eleição de foro estabelecida em contrato de adesão, declinando da competência para o foro do domicílio do réu.

35. Por força do art. 1.º da Lei 10.259/2001.

Federal estará, assim, em regra, ao lado de outros órgãos judiciais federais com a mesma competência territorial. A discussão, portanto, em torno da possibilidade de processamento e julgamento por um Juizado Especial Federal diz respeito à competência de juízo. Não parece plausível e lógico se pensar na instalação de um Juizado Especial Federal como único órgão judicial federal em uma subseção ou circunscrição, pois, de regra, deve haver pelo menos uma vara sem especialização, com competência residual, ou seja, para o processamento das causas que não podem ser submetidas ao órgão especializado.

É lição corrente de que a competência de juízo é absoluta. Todavia, no sistema brasileiro, em observância ao princípio do juiz natural, as regras sobre competência devem estar prévia e legalmente fixadas. Assim sendo, não pode e não deve a concepção pessoal do intérprete se sobrepor ao comando legal, sendo suscetível de subjetividade, por exemplo, a aferição, diante de um caso concreto, sobre se o interesse público ou particular está a nortear a opção. O Código de Processo Civil é claro e conclusivo, ao estabelecer, como regra geral, nos arts. 111 e 102, que a competência em razão do valor e do território são derrogáveis (incompetência relativa) e, *a contrario sensu*, que as fixadas pelo critério da matéria, da função e da qualidade das partes são inderrogáveis (incompetência absoluta). A regra geral pode, naturalmente, ser excepcionada diante de norma especial. É o que ocorre, por exemplo, no próprio Código de Processo Civil, quando a parte final do art. 95 estabelece hipótese de inderrogabilidade (incompetência absoluta) para as ações fundadas em direito real sobre direito de propriedade, vizinhança, servidão, posse, divisão e demarcação de terras e nunciação de obra nova.

A competência do Juizado Especial Federal Cível, como dito, é estabelecida em razão do valor da causa, mas, também, por exclusão, pela natureza da matéria e do procedimento. Poder-se-ia, portanto, se a lei silenciasse a respeito, distinguir as situações, concluindo-se pela derrogabilidade, quando a competência fosse fixada pelo valor da causa, ou inderrogabilidade, para as causas excluídas em razão da matéria e do procedimento. Por outro lado, em sede de juizados especiais, haveria, ainda, a discussão sobre a possibilidade de opção, admitida predominantemente no âmbito dos juizados especiais. O legislador, no entanto, regulou com norma especial a questão, estabelecendo que no "foro onde estiver instalada Vara do Juizado Especial, a sua competência é absoluta".[36] Tratando-se, obviamente, de competência de juízo, a incompetência somente poderá ocorrer diante da existência do órgão especializado, no caso o Juizado Especial, no foro (leia-se na circunscrição ou subseção). O ajuizamento de demandas perante órgãos especializados, sejam eles criminais, previdenciários, de

36. Art. 3.º, § 3.º, da Lei 10.259/2001.

órfãos e sucessões etc., só poderá ser exigido e ocorrer se houver vara especializada efetivamente criada e instalada no respectivo foro. Do contrário, só restará ao jurisdicionado o ajuizamento perante o órgão judicial com competência ampla/residual ou se valer do art. 20 da Lei 10.259/2001 (propositura no Juizado Especial Federal mais próximo). Nesta última hipótese, todavia, não se estará mais trabalhando principalmente no campo da competência do juízo, mas, sim, da competência de foro, pois o legislador estará criando novo foro com competência concorrente, embora neste a competência do Juizado Especial Federal, porque existente, será inderrogável.

10.7 A criação superveniente de Juizado Especial Federal Cível

A regra especial da competência inderrogável ou absoluta para os Juizados Especiais Federais Cíveis também pode sofrer exceções, desde que legalmente fixadas, não se atingindo, assim, o princípio do juiz natural. É o que ocorre, por expressa determinação do art. 25 da Lei 10.259/2001: "Não serão remetidas aos Juizados Especiais as demandas ajuizadas até a data de sua instalação". Trata-se de regra especial diante do art. 87 do CPC, pois, diante dos casos de incompetência absoluta, não prevalece, em geral, o princípio da *perpetuatio jurisdictionis*.

Registre-se que o dispositivo supramencionado, da Lei dos Juizados Especiais Federais, não dispôs regra de transição apenas para os primeiros Juizados Especiais Federais a serem instalados. É norma que, visando ao bom funcionamento dos órgãos a serem criados, em benefício do jurisdicionado, procurou resguardar o Juizado Especial Federal da contaminação decorrente do eventual número excessivo de processos nas Varas Federais existentes. Deverão permanecer, assim, em tramitação nas Varas Federais, de competência ampla ou especializada, os processos que já haviam sido ajuizados anteriormente à instalação do Juizado Especial Federal, ainda quando versando sobre valores inferiores a sessenta salários mínimos.

Quatro hipóteses poderão ocorrer, diante do comando expresso no art. 25 da Lei 10.259/2001: (a) a criação de Juizado Especial Federal autônomo em circunscrição/subseção na qual já existia Vara Federal, situação que se encaixa perfeitamente dentro do previsto no dispositivo, ou seja, o novo órgão receberá tão-somente as novas ações, ajuizadas a partir da instalação do Juizado Especial; (b) o estabelecimento de nova circunscrição/subseção, com a criação de Juizado Especial Federal autônomo e Vara Federal: [37] neste caso, o novo foro federal estará recebendo tanto os processos de competência federal em tramita-

37. Como visto anteriormente, não há sentido na criação de Juizado Especial Federal em circunscrição/subseção desprovida de Vara Federal.

ção na Justiça Estadual, por força do art. 109, § 3.º, da CF/1988, quanto novos processos, mas os Juizados Especiais Federais, também por força do art. 25, deverão receber apenas os novos processos, sendo os antigos encaminhados para a Vara Federal; (c) a criação apenas de um Juizado Especial Federal, sem que haja outra Vara Federal, em Comarca desprovida até então de qualquer órgão da Justiça Federal, ou seja, a situação *b* sem Vara Federal a não ser a do Juizado Especial: neste caso, os processos que estavam na Justiça Estadual, por força do art. 109, § 3.º, da CF/1988, deverão, segundo o entendimento do STJ,[38] permanecer na Justiça Estadual, em razão do art. 25 da Lei 10.259/2001; (d) a criação de Juizado Especial Federal Adjunto, ou seja, na verdade não se está instalando um novo órgão judicial, mas, apenas, se abrindo a possibilidade de divisão interna, para processamento pelo procedimento sumaríssimo dos Juizados Especiais das causas que lhes seriam afetas, se existente o Órgão Especial. Assim sendo, sem prejuízo dos atos já realizados, parece razoável que se adote o procedimento sumaríssimo também para os processos pendentes, considerando-se que o processo deve, em regra, seguir o procedimento legalmente estabelecido, não se subsumindo, na hipótese, o previsto no art. 25 da Lei 10.259/2001.

10.8 Modificações da competência por conexão e continência

A conexão e a continência podem ensejar, em regra, no processo civil, a modificação da competência, nos termos do art. 102, fazendo com que haja a reunião de demandas propostas em separado. Ressalte-se, em primeiro lugar, que a reunião de processos, em razão da continência ou da conexão, somente poderá ocorrer se não houver incompetência absoluta do juízo prevento para o processo a ser reunido. Em decorrência do que se analisou nos itens anteriores, a situação deve receber, em parte, tratamento diferenciado nos Juizados Especiais Federais Cíveis.

Considerando-se, no caso, que a incompetência de foro e de juízo, na esfera dos Juizados Especiais Federal, é absoluta, não será possível a reunião

38. "Conflito de competência – Ação previdenciária ajuizada na Justiça Estadual antes da implantação do Juizado Especial Federal – Competência do Juízo de Direito – Lei 10.259/2001. 1. A Lei 10.259/2001, que instituiu os Juizados Especiais Cíveis e Criminais no âmbito da Justiça Federal, é clara ao dispor que 'não serão remetidas aos Juizados Especiais as demandas ajuizadas até a data de sua instalação'. 2. No caso, a ação foi ajuizada em 29 de outubro de 2004, data em que o Juizado Especial Federal ainda não havia sido instalado em Catanduva, São Paulo, o que somente ocorreu em 28 de março deste ano. 3. Conflito conhecido para declarar competente o Juízo de Direito da 1.ª Vara Cível de Catanduva, o suscitante" (CComp 52.673/SP, 3.ª Seção, j. 28.09.2005, rel. Min. Paulo Gallotti, *DJ* 16.11.2005, p. 191).

de processos, salvo se estiverem tramitando perante Juizados Especiais Federais situados no mesmo foro, ou seja, perante a mesma Circunscrição ou Subseção Judiciária.

10.9 Conflitos de competência envolvendo Juizados Especiais Federais Cíveis

Em termos de conflito de competência com o envolvimento de Juizado Especial Cível, diversas situações podem ocorrer: (a) conflito entre um juiz de Juizado Especial Federal e um magistrado de outro ramo da Justiça (Juiz do Trabalho, Eleitoral, Militar ou Estadual); (b) conflito entre um juiz de Vara Federal comum de competência ampla ou especializada e um juiz de Juizado Especial Federal, sendo ambos de regiões diversas; (c) conflito entre juízes de Juizados Especiais Federais de regiões diversas; (d) conflito entre um juiz de Vara Federal comum de competência ampla ou especializada e um juiz de Juizado Especial Federal, sendo ambos da mesma região; (e) conflito entre juízes de Juizados Especiais Federais da mesma região, mas ligados a Turmas diversas; (f) conflito entre juízes de Juizados Especiais Federais da mesma região e vinculados à(s) mesma(s) Turma(s); (g) conflito entre uma TRF e um juiz que não lhe seja vinculado; (h) conflito entre TRF; (i) conflito entre TRF e um TRF; (j) conflito entre uma Turma Recursal ou Juizado Especial Federal de 1.º grau e um Tribunal Superior diverso do STJ.

Nas três primeiras hipóteses (*a*, *b* e *c*), ocorrerá um conflito de competência envolvendo órgãos judiciais que não se encontram vinculados ao mesmo Tribunal, seja porque se situam em ramos diversos (situação *a*), ou porque pertencem a regiões diferentes (casos *b* e *c*). Portanto, pode-se afirmar que os conflitos deverão ser julgados pelo STJ,[39] com fulcro no art. 105, I, *d*, da CF/1988. Na conjuntura *j* (conflito entre uma Turma Recursal ou Juizado Especial Federal de 1.º grau e um Tribunal Superior diverso do STJ), por envolver Tribunal Superior,[40] o conflito será resolvido pelo STF, com supedâneo no art. 102, I, *o*, da Magna Carta.

---

39. Como decidido pelo STF: "Conflito de competência – Justiça Federal Militar de primeira instância e Justiça Federal de primeira instância – Afastamento. Na dicção da ilustrada maioria, entendimento em relação ao qual divergi, na companhia do Ministro Ilmar Galvão, estando ausente, na ocasião, justificadamente, o Ministro Celso de Mello, compete ao STJ, e não ao STF, dirimir o conflito, enquanto não envolvido o Superior Tribunal Militar" (CComp 7.087, rel. Min. Marco Aurélio, *DJ* 31.08.2001).

40. Nesse sentido, o entendimento reiterado do STF: "Conflito de competência – TST e Juiz Federal de primeira instância – Competência originária do STF para dirimir o conflito – Reclamação de servidor público federal deduzida contra a União – Litígio trabalhista

Na ocorrência *d* (conflito entre um juiz de Vara Federal comum de competência ampla ou especializada e um juiz de Juizado Especial Federal, sendo ambos da mesma região), os juízes, na linha recursal, não estão vinculados ao mesmo órgão judicial, na medida em que os Juízes Federais estão submetidos – exceto quando se trata de recurso ordinário constitucional e de embargos infringentes do art. 34 da Lei 6.830/1980 – ao respectivo TRF, enquanto os Juizados Especiais Federais à Turma Recursal local. Mas, em sentido amplo, os órgãos judiciais e os respectivos Juízes Federais, da mesma região, encontram-se vinculados a um determinado TRF, razão pela qual vem se entendendo que os conflitos envolvendo juízes federais da mesma região, ainda que situados em Juizados Especiais Federais, devem ser apreciados pelo correspondente TRF, com supedâneo no art. 108, I, *e*, da Carta Constitucional. A situação guarda paralelo com o conflito envolvendo um Juizado Especial e um Juiz de Direito, ambos pertencentes aos quadros da justiça de determinado Estado, tendo o Tribunal Pleno do STF decidido, na espécie, pela competência do respectivo Tribunal de Justiça, tendo, na oportunidade, repelido a competência tanto do próprio STF como do STJ para a resolução de tais conflitos.[41] Confir-

– Existência de contrato de trabalho celebrado em período anterior ao da vigência do regime jurídico único – Reconhecimento da competência da Justiça do Trabalho" (CComp 7.027, rel. Min. Celso de Mello, *DJ* 01.09.1995); "Conflito de competência – Execução trabalhista e superveniente declaração de falência da empresa executada – Competência deste Supremo Tribunal para julgar o conflito, à luz da interpretação firmada do disposto no art. 102, I, *o*, da CF. Com a manifestação expressa do TST pela competência do juízo suscitado, restou caracterizada a existência de conflito entre uma Corte Superior e um juízo de primeira instância, àquela não vinculado, sendo deste Supremo Tribunal a competência para julgá-lo" (CComp 7.116, rel. Min. Ellen Gracie, *DJ* 23.08.2002); e "Conflito negativo de competência entre Juiz Federal e o TST – Reclamação trabalhista – Instituto Brasileiro de Geografia e Estatística – IBGE – Alegado vínculo sob o molde de contrato de trabalho. Entendimento desta Corte, no sentido de que, em tese, se o empregado público ingressa com ação trabalhista, alegando estar vinculado ao regime da CLT, compete à Justiça do Trabalho a decisão da causa (CComp 7.053, rel. Min. Celso de Mello, *DJ* 07.06.2002; CComp 7.118, rel. Min. Maurício Corrêa, *DJ* 04.10.2002). Conflito de competência julgado procedente, ordenando-se a remessa dos autos ao TST" (CComp 7.134, rel. Min. Gilmar Mendes, *DJ* 15.08.2003).

41. "Conflito negativo de competência suscitado pelo Juízo de Direito e pelo Juizado Especial Cível e Criminal de Trindade (GO), em face da interpretação do parágrafo único do art. 66 da Lei 9.099/1995. 1. Incompetência do STF e do STJ para processar e julgar conflito negativo de competência entre Juízo de Direito e Juizado Especial Cível e Criminal (arts. 102, I, *o*, e 105, I, *d*, da CF/1988). 2. O art. 125, § 1.º, da CF/1988 dispõe que 'a competência dos tribunais será definida na Constituição do Estado'. Por sua vez, o art. 46, VIII, *m*, da Constituição goiana estabelece que 'compete privativamente ao Tribunal de Justiça processar e julgar, originariamente, os conflitos de competência entre juízes'. 3. Competência do Tribunal de Justiça do Estado de Goiás. 4. Conflito negativo de competência não

mando o entendimento aqui exposado nas edições anteriores, o STJ inseriu na sua súmula o enunciado 428: "Compete ao Tribunal Regional Federal decidir os conflitos de competência entre juizado especial federal e juízo federal da mesma seção judiciária".

No evento *e* (conflito entre juízes de Juizados Especiais Federais da mesma região, mas submetidos a Turmas diversas), aplica-se o mesmo raciocínio esposado no parágrafo anterior, com a competência para o TRF, nos termos do art. 108, I, *e*, da CF/1988,[42] não sendo o caso de se submeter o conflito à Turma Nacional de Uniformização, diante da sua competência limitada nos termos do art. 14 da Lei 10.259/2001, não lhe cabendo, segundo o seu texto, sequer a resolução de divergências processuais.

Na situação *f* (conflito entre juízes de Juizados Especiais Federais da mesma região e ligados a uma mesma Turma), não há razão para se deixar de interpretar sistemática e teleologicamente o quadro. A competência deve ser da própria Turma Recursal à qual estão ligados os Juizados Especiais em conflito. Se houver a vinculação a mais de uma Turma, o problema se resolverá com a distribuição para uma das turmas ou com a reunião conjunta das turmas, levando-se em conta eventual normatização local.[43]

Na hipótese g (conflito entre uma Turma Recursal Federal e um juiz que não lhe seja vinculado), poder-se-ia considerar, se ambos estivessem situados na mesma região, sedutora a aplicação do mesmo raciocínio esposado no caso *e*, para defender a competência do respectivo TRF. Mas esse não tem sido o entendimento do STF, com base exatamente em entendimento que procura acentuar, na espécie, a peculiaridade de que se está diante de um órgão revisor – a Turma Recursal –, que seria, a rigor, também um órgão de segunda instância, não podendo submetê-lo ao crivo de outro juízo revisor. O pensamento advém de situação análoga à que se encontravam os Tribunais de Alçada, sendo, no passado,

conhecido" (CComp 7.096/GO, j. 01.06.2000, rel. Min. Maurício Corrêa, *RTJ* 175/548). Em 26.08.2009, o STF pode expressamente referendar o seu entendimento em relação aos conflitos entre juízes federais e juizados especiais federais dentro da mesma região, ao dar provimento a recurso extraordinário (RE 590.409/RJ), para anular o acórdão proferido pelo STJ, determinando a remessa para o Tribunal Regional da 2.ª Região.

42. Como decidido pelo STJ: "Nos casos de conflito de competência entre juízes federais vinculados ao mesmo TRF, cabe a este processar e julgar o feito, como determina o art. 108, I, *e*, da CF/1988" (1.ª Seção, j. 23.11.2005, rel. Min. Eliana Calmon, *DJ* 12.12.2005, p. 253).

43. É o que ocorre, por exemplo, na Seção Judiciária do Rio de Janeiro, pois o Regimento Interno das respectivas turmas recursais estabelece a competência do plenário (turmas reunidas) para deliberar sobre conflitos de competência no âmbito da sua competência territorial.

marcante a divergência sobre a questão entre o STF[44] e o STJ.[45] Em relação aos conflitos entre Turmas Recursais dos Juizados Especiais, federais ou estaduais, com os respectivos juízes de órgãos comuns da Justiça Federal ou Estadual, o STJ[46] vem conhecendo reiteradamente os incidentes, assumindo, assim, a sua competência, em conformidade com o entendimento do STF. Pelos mesmos motivos, será o STJ competente nas suposições *h* (conflito entre Turmas Recursais Federais) e *i* (conflito entre Turma Recursal Federal e um TRF).

Com base, entretanto, no pensamento perfilhado no julgamento do RE 590.409/RJ, pode-se visualizar uma nova tendência do STF, no sentido de considerar a vinculação dos Juizados Especiais Federais e turmas localizadas dentro da mesma região ao respectivo TRF.[47] Seguindo-se esse entendimento, nas hipóteses *g* (conflito entre uma Turma Recursal Federal e um juiz que não lhe seja vinculado) e *h* (conflito entre Turmas Recursais Federais), se os órgãos judiciais em conflito estiverem na mesma região a competência será do pertinente TRF. Do contrário, se em regiões diversas, a competência será do STJ. E, por fim, não se admitiria conflito entre Turma Recursal Federal e o TRF da respectiva região, considerando-se a linha recentemente adotada de vinculação. O incidente so-

44. Nesse sentido tem decidido reiteradamente o STF: "Direito constitucional, penal e processual penal – Conflito negativo de competência, entre a Turma Recursal do Juizado Especial Criminal da Comarca de Belo Horizonte e o Tribunal de Alçada do Estado de Minas Gerais – Competência do STJ para dirimi-lo (art. 105, I, *d*, da CF/1988), e não do STF (art. 102, I, *o*). 1. As decisões de Turma Recursal de Juizado Especial, composta por Juízes de 1.º grau, não estão sujeitas à jurisdição de Tribunais estaduais (de Alçada ou de Justiça). 2. Também as dos Tribunais de Alçada não se submetem à dos Tribunais de Justiça. 3. Sendo assim, havendo conflito de competência entre Turma Recursal de Juizado Especial e Tribunal de Alçada, deve ele ser dirimido pelo STJ, nos termos do art. 105, I, *d*, da CF/1988, segundo o qual a incumbência lhe cabe, quando envolva 'tribunal e juízes a ele não vinculados'. 4. Conflito não conhecido, com remessa dos autos ao STJ, para julgá-lo, como lhe parecer de direito. 5. Plenário. Decisão unânime" (CComp 7.081/MG, rel. Min. Sydney Sanches, *DJ* 27.09.2002, p. 81). Vide também CComp 7.106/MG, rel. Min. Ilmar Galvão, *DJ* 08.11.2002, p. 22; e CComp 7.090/PR, rel. Min. Celso de Mello, *DJ* 05.09.2003, p. 31.

45. Enunciado 22 da Súmula: "Não há conflito de competência entre o Tribunal de Justiça e Tribunal de Alçada do mesmo Estado-membro".

46. Nessa direção: "Conflito de competência entre Turma Recursal do Juizado Especial e Tribunal de Alçada – Mandado de segurança impetrado contra ato judicial da presidente da Turma Recursal – Competência do STJ para dirimir o conflito – Competência da Turma Recursal para examinar o *mandamus* impetrado contra seu próprio ato judicial – Precedentes do STF. O egrégio STF firmou posicionamento no sentido da competência do STJ para o exame dos conflitos que envolvam as Turmas Recursais dos Juizados Especiais, nos termos do art. 105, I, *d*, da Constituição Federal" (CComp 41.190/MG, j. 26.10.2005, rel. Min. Cesar Asfor Rocha, *DJ* 02.03.2006, p. 135).

47. Vide a parte final da nota 43.

mente seria admitido se envolvesse turmas recursais federais e TRFs de regiões diversas, conflito que seria resolvido pelo STJ.

10.10 A competência dos Juizados Especiais Federais Cíveis para os recursos e mandados de segurança: a competência funcional vertical

A competência funcional é a que define a atuação de diversos órgãos judiciais no mesmo processo, podendo a divisão ocorrer em sentido horizontal (entre juízes no mesmo grau de jurisdição), como ocorre quando se atua em razão de uma diligência a ser cumprida por carta precatória, ou vertical (com o funcionamento de órgãos judiciais de grau diverso de jurisdição), quando o Tribunal ou a Turma Recursal aprecia um recurso ou uma ação autônoma de impugnação (como o mandado de segurança contra ato judicial). O presente item abordará tão-somente a competência funcional vertical, ou seja, para os recursos cabíveis e para o mandado de segurança como ação autônoma de impugnação de decisões judiciais, isto é, impetrado contra decisão judicial, no âmbito dos Juizados Especiais Federais.

10.10.1 Competência para os recursos no sistema dos Juizados Especiais Federais Cíveis

Em termos de recursos, são previstos os seguintes meios de impugnação: (a) o recurso inominado contra decisão que defere ou indefere medida cautelar no curso do processo, nos termos do art. 4.º da Lei 10.259/2001; (b) o recurso inominado contra sentença, em conformidade com os arts. 41 da Lei 9.099/1995 e 5.º da Lei 10.259/2001; (c) os embargos de declaração em relação às sentenças e acórdãos – arts. 48 a 50 da Lei 9.099/1995; (d) o pedido de uniformização de lei federal, no âmbito regional ou nacional – art. 14 da Lei 10.259/2001; (e) o incidente de uniformização perante o STJ,[48] previsto no

48. Quanto à constitucionalidade do recurso, há controvérsia. Marcelo da Fonseca Guerreiro afirma: "Infelizmente, trata-se de dispositivo flagrantemente inconstitucional. A competência do STJ é de ordem constitucional (art. 105 da CF/1988) e não vemos como uma norma infraconstitucional possa ampliá-la". Dentre outros, Joel Dias Figueira Júnior, *Juizados especiais federais cíveis e criminais*, p. 143 e 372-376, e Bochenek, Antonio César. Op. cit., p. 281-282, também defendem a inconstitucionalidade. Por outro lado, defende Guilherme Bollorini Pereira que, "tendo em vista a divisão territorial da Justiça Federal, sem essa providência, correr-se-ia o risco de os Juizados Especiais Federais de diferentes regiões interpretarem diferentemente uma mesma questão de direito material, o que tornaria letra morta as normas e princípios concernentes à missão constitucional do STJ, bem como inviabilizar-se-ia o funcionamento dos juizados especiais, daí decorrendo a desconfiança

art. 14, § 4.º, da Lei 10.259/2001; (f) o recurso extraordinário – art. 102, III, da Constituição da República.

O recurso contra decisão proferida pelo juiz do Juizado Especial Federal, que defere ou indefere medida cautelar no curso do processo, possui a natureza de agravo de instrumento e deverá ser interposto diretamente perante o órgão competente para a sua apreciação, ou seja, a respectiva Turma Recursal do Juizado Especial Federal. Devem ser tidas como recorríveis não apenas as medidas cautelares *stricto sensu*, mas, também, as antecipações de tutela.

O recurso inominado, que faz as vezes da apelação, contra sentença do Juizado Especial Federal Cível, deve ser interposto, no prazo de dez dias, perante o próprio órgão prolator, que fará o primeiro controle de admissibilidade, e será julgado também pela respectiva Turma Recursal do Juizado Especial Federal, nos termos do art. 41, § 1.º, da Lei 9.099/1995.

Os embargos de declaração, como de regra desprovidos do efeito devolutivo, serão apreciados sempre pelo próprio órgão prolator do pronunciamento, ou seja, o juiz de primeiro grau ou a Turma do Juizado Especial Federal, bem como a Turma de Uniformização ou o STF. Ressalte-se que apenas as sentenças e acórdãos são embargáveis de declaração, conforme previsão do art. 48 da Lei 9.099/1995.

O pedido de uniformização de interpretação de lei federal poderá ser interposto quando houver divergência entre pronunciamentos de Turmas Recursais. Quando os pronunciamentos decorrerem de Turmas da mesma região, será apreciado em reunião conjunta das Turmas em conflito, que poderão estar na mesma Seção Judiciária ou não. Se a divergência estiver fundada em acórdãos proferidos por Turmas Recursais de diferentes regiões ou quando houver decisão de Turma em contrariedade a súmula ou jurisprudência dominante do STJ, a competência para a apreciação do pedido será da Turma Nacional de Uniformização (presidida pelo Coordenador-Geral da Justiça Federal e composta por dez juízes federais, sendo dois de cada região, integrantes de Turmas Recursais), com fulcro no art. 14, § 2.º, da Lei 10.259. Registre-se que os pedidos de uniformização, regionais e nacional, somente serão cabíveis em relação às questões de direito material, como determina o *caput* do art. 14 da Lei 10.259/2001.

O incidente de uniformização perante o STJ, criado no art. 14, § 4.º, da Lei dos Juizados Especiais Federais, será julgado pela respectiva Seção Especializa-

da população no Poder Judiciário, com tudo de ruim que tal situação produz no meio social. Por essas razões, entendemos que a regra do § 4.º do art. 14 da Lei 10.259/2001 é compatível com a Constituição da República" (Op. cit., p. 200).

da.[49] Será de dez dias o prazo para suscitar o incidente de uniformização, para o oferecimento de manifestação da parte contrária e para agravar das decisões do relator.[50]

O recurso extraordinário será cabível, nos termos do art. 102, III, da CF/1988, quando a decisão proferida em última instância (o que poderá ocorrer na Turma Recursal, nas Turmas Reunidas ou na Turma Nacional de Uniformização, conforme o caso) contrariar dispositivo da Constituição; declarar a inconstitucionalidade de tratado ou lei federal; julgar válida lei ou ato de governo local contestado em face da Constituição; ou julgar válida lei local contestada em face de lei federal. O juízo de admissibilidade deverá ser feito, dependendo de qual for o órgão *a quo*, perante o Presidente da Turma Recursal, do Coordenador dos Juizados Especiais da Região ou do Presidente da Turma Nacional de Uniformização.[51]

10.10.2 Competência para a apreciação dos mandados de segurança contra Juizado Especial Federal Cível

A Constituição da República afirma, no art. 108, I, *c*, que compete aos TRFs processar e julgar, originariamente, "os mandados de segurança e os *habeas data* contra ato do próprio Tribunal ou de juiz federal". A interpretação mais literal do artigo levaria a crer que seria da competência dos TRFs o julgamento de mandado de segurança contra ato de Juízes Federais dos Juizados Especiais, tendo em vista serem eles magistrados de primeira instância. Contudo, o direito positivo hodierno preza por uma interpretação cada vez mais sistemática dos dispositivos legais.

A redação originária do art. 98 da Constituição da República fez com que se firmasse o entendimento de que os Juizados Especiais seriam privativos da Justiça Estadual, bem como do Distrito Federal e Territórios. Com a EC 22/1999 pretendeu-se expressamente a extensão da organização dos Juizados Especiais para o âmbito federal. Como sói ocorrer no sistema legislativo, alterou-se a redação do dispositivo diretamente relacionado, ou seja, o art. 98 da Constituição

49. Nos termos da Res. 2, de 12.03.2002, da Presidência do STJ. Vide, também, a Res. do Conselho da Justiça Federal 390/2004,. O § 10 do art. 14 da Lei 10.259/2001 determinou que os Tribunais Regionais, o STJ e o STF, no âmbito de suas competências, expedissem normas regulamentando a composição dos órgãos e os procedimentos a serem adotados para o processamento e o julgamento do pedido de uniformização e do recurso extraordinário.

50. Art. 4.º da Res. 2.

51. Nos termos da Res. do Conselho da Justiça Federal 3902004.

da República, sem que se procedesse à atualização de outros enunciados normativos implicados, como o próprio art. 108, para excepcionar expressamente, na competência dos Tribunais Regionais Federais, as causas sujeitas à apreciação dos Juizados Especiais.

Poder-se-ia mesmo discutir se a modificação expressa seria necessária. Em sintonia com o que ocorre no âmbito estadual,[52] a derrogação seria consequência lógica e necessária do próprio sistema judicial pertinente aos Juizados Especiais. Não seria razoável que pronunciamentos judiciais efetuados pelos juízes dos Juizados Especiais ficassem sujeitos a impugnações, submetidas, por um lado, à apreciação das Turmas Recursais e, por outro, a ações autônomas de impugnação, dentre as quais sobressaem o mandado de segurança e a revisão criminal, levadas a julgamento por outro órgão judicial, no caso o TRF. O estabelecimento de órgãos distintos, para a apreciação de julgado, seria incoerente e propiciador de decisões conflitantes e contraditórias. Não por outra razão, o sistema processual procura manter sempre uma linha clara e coerente na atribuição de competência a órgãos únicos para apreciação dos meios de impugnação das decisões judiciais: o recurso, as ações autônomas de impugnação e o duplo grau obrigatório de jurisdição. Sabe-se que, no âmbito dos Juizados Especiais, não é cabível o duplo grau obrigatório de jurisdição (art. 13 da Lei 10.259/2001) – sendo assim, restam às partes os recursos e as ações autônomas de impugnação como forma de rever as decisões judiciais. É nesse aspecto que deve ser ressaltada a interpretação do art. 98 da Constituição Federal, quando estabelece, no âmbito dos Juizados Especiais, "o julgamento de recursos por turmas de juízes de primeiro grau", no plural, indicando, em sentido amplo, os meios cabíveis de impugnação, como, na espécie, o mandado de segurança.

52. Em relação aos Juizados Especiais Estaduais, o STJ já havia reiteradamente assim decidido: "Juizado Especial Cível – Mandado de segurança – Tribunal de Justiça. Inexiste lei atribuindo ao Tribunal de Justiça competência para julgar mandado de segurança contra ato da Turma Recursal do Juizado Especial Cível. Recurso ordinário improvido" (STJ, ROMS 10.357/RJ, 4.ª T., rel. Min. Ruy Rosado de Aguiar, *DJ* 01.07.1999, p.178); "Processual civil – Mandado de segurança – Juizados Especiais. 1. Os Tribunais de Justiça não têm competência para rever as decisões proferidas pelos Juizados Especiais, ainda que em sede de mandado de segurança. 2. Recurso ordinário improvido" (STJ, ROMS 6.552/RS, 2.ª T., rel. Min. Paulo Gallotti, *DJ* 21.02.2000, p. 111); e "Processual civil – Conflito de competência – Mandado de segurança – Ato de Juiz de Direito do Juizado Especial Cível. (...) Mandado de segurança contra ato de Juiz de Direito do Juizado Especial Cível e Criminal de Rio Verde/GO deve ser apreciado pela Turma Julgadora do Juizado Especial Cível daquele comarca. Conflito conhecido" (STJ, CComp 27.193/GO, 1.ª Seção, rel. Min. Garcia Vieira, *DJ* 14.02.2001, p. 16).

Analogamente aos Juizados Especiais Estaduais, deve-se afirmar no âmbito federal a competência das Turmas Recursais para julgar mandado de segurança contra ato de juiz dos Juizados Especiais Federais, como vem sendo entendido pela jurisprudência.[53]

53. Nesse sentido, o entendimento do STJ: "(...) V – O julgamento de mandado de segurança contra ato jurisdicional compete ao órgão colegiado competente em grau recursal, sendo inaplicável, *in casu*, o art. 108, I, alínea *c*, porque versa sobre decisão de Juiz Federal no exercício da jurisdição do juizado especial, competindo, assim, à Turma Recursal do Juizado Especial Federal e não ao TRF. VI – A teor do art. 41 e respectivo § 1.º da Lei 9.099/1995 (aplicável aos Juizados Especiais Federais, por força do art. 1.º da Lei 10.259/2001), os recursos cabíveis das decisões dos juizados especiais devem ser julgados por Turmas Recursais. VII – Conforme já se manifestou o STJ, é a Turma Recursal competente para o julgamento do mandado de segurança impetrado pelo INSS contra ato de juiz federal com jurisdição no Juizado Especial Federal. Precedentes. VIII – Embora a Lei 10.259/2001, em seu art. 3.º, § 1.º, I, preceitue não se incluir na competência do Juizado Especial Cível as ações de mandado de segurança, toda vez que houver algum ato praticado com ilegalidade ou abuso de poder, o remédio cabível é o mandado de segurança, por se cuidar de uma garantia constitucional. De fato, é o mandado de segurança uma ação civil de rito sumário, previsto no art. 5.º da Constituição Federal, inserido no título Das Garantias e Direitos Fundamentais. IX – Não se incluem na competência do Juizado Especial Federal ações de mandado de segurança, quando houver casos em que o segurado entenda possuir algum direito líquido e queira exercê-lo contra o Instituto Nacional do Seguro Social. Com certeza, este possível direito líquido e certo deverá ser exercido na Justiça Federal e não no Juizado Especial Federal, por vedação expressa da lei. Todavia, reprise-se, caso haja ato abusivo ou ilegal de juiz federal com atuação no Juizado Especial Federal, é cabível o mandado de segurança a ser julgado por Turma Recursal. X – Já restou assentado no RMS 18.433/MA, julgado pela E. 5.ª Turma, o entendimento de que os Juizados Especiais foram instituídos no pressuposto de que as respectivas causas seriam resolvidas no âmbito de sua jurisdição. Caso assim não fosse, não haveria sentido em sua criação e, menos ainda, na instituição das respectivas Turmas Recursais, pois a estas foi dada a competência de revisar os julgados dos Juizados Especiais, recebam ou não estes julgados o nome de recurso" (REsp 690.553/RS, 5.ª T., j. 03.03.2005, rel. Min. Gilson Dipp, *DJ* 25.04.2005, p. 361); e "Recurso em mandado de segurança – Processual civil – *Writ* impetrado contra Juiz Federal – Atuação no Juizado Especial Federal – Incompetência do TRF respectivo. Os Tribunais Regionais Federais não detêm competência para julgar, em grau recursal, as causas decididas pelos Juizados Especiais Federais, no que não são legitimados para processar e julgar ação mandamental impetrada contra ato de Juizado Especial Federal. Precedentes análogos deste Tribunal. Recurso desprovido" (RO em MS 16.766/RS, 5.ª T., j. 26.04.2005, rel. Min. José Arnaldo da Fonseca, *DJ* 23.05.2005, p. 308). O entendimento acabou sendo incluído na súmula do STJ: "Compete a turma recursal processar e julgar o mandado de segurança contra ato de juizado especial" (Súmula 376, Corte Especial, j. 18.03.2009, *DJe* 30.03.2009).

11

REFLEXÕES FINAIS

Criada pelo Dec. 848, de 11.10.1890, a Justiça Federal surge logo após e como decorrência natural da Proclamação da República e da Federação, em 1889, em substituição à forma unitária de Estado.

O Dec. 848, de 11.10.1890 elaborado por Campos Salles e inspirado principalmente na experiência norte-americana, instituiu, como órgãos da Justiça Federal, o STF, com quinze Ministros, e os Juízes Federais. Cada Estado, bem como o Distrito Federal, formava uma seção judiciária, com um Juiz Federal e um Juiz Substituto.

Mantendo, em linhas gerais, a mesma estrutura nas Constituições de 1891 e 1934, a Justiça Federal foi extinta pela Carta de 1937, sendo restabelecida no ano de 1965, por força do Ato Institucional 02. Nesse intervalo, a Constituição de 1946 criou o Tribunal Federal de Recursos, que foi instalado no dia 23 de junho de 1947. No ano de 1966 foi editada a Lei 5.010, de organização da Justiça Federal.

A Constituição de 1988 conferiu, no art. 92, tratamento nacional para o Poder Judiciário, composto do STF, do Conselho Nacional de Justiça, do STJ, e das Justiças Federal, do Trabalho, Eleitoral, Militar e Estadual. A nova Carta estabeleceu outra feição para a Justiça Federal, que passou a ser composta por Tribunais Regionais Federais, inicialmente em número de cinco, e por Juízes Federais.

A melhor e mais utilizada classificação dos órgãos judiciais considera como sendo especializados os Juízes e Tribunais do Trabalho, Eleitorais e Militares, e, como não especializados ou comuns, as Justiças Federal e dos Estados.

A jurisdição, como poder, está presente em todos os órgãos judiciais, sendo apenas o seu exercício efetuado dentro dos limites da competência do julgador.

A doutrina enquadra tradicionalmente a competência como pressuposto de validade do processo. Todavia, essa classificação não encontra respaldo no ordenamento legal pátrio, pois a incompetência relativa está sujeita à prorrogação e a absoluta invalida somente os atos decisórios, segundo os arts. 114 e 113, § 2.º do CPC, respectivamente.

A doutrina no Brasil costuma adotar a seguinte classificação, concebida por Chiovenda, para os critérios de determinação da competência: (a) objetivo, englobando o valor da causa, a natureza da causa e a qualidade das pessoas litigantes; (b) funcional; e (c) territorial.

A definição da competência inicia-se (a) com a aferição, nos arts. 88 e 89 do CPC, da jurisdição do Poder Judiciário brasileiro; passando-se, em seguida, do âmbito internacional para o interno, (b) à indagação se a causa está vinculada ao STF, ao STJ, ou às Justiças do Trabalho, Eleitoral, Militar ou Federal, pois, do contrário, será da Estadual; (c) cabendo, depois, a localização do foro, e, por fim, (d) a identificação do juízo e (e) juiz competente.

A competência é, em regra, absoluta, se definida em razão da matéria, da função ou da pessoa, e relativa, quando territorial ou fixada em função do valor da causa. Chiovenda subdividiu a competência territorial em exclusiva, quando apenas há um foro legalmente previsto como competente, e concorrente, em que há diversos foros competentes, subdividindo-se a última em eletiva (quando previsto em lei o direito de escolha) e sucessiva (não há opção do autor, mas apenas subsidiariedade, ou seja, indicação de outro local para suprir a inexistência de órgão judicial no lugar concebido como sendo o competente). Em posição correlata à competência concorrente e relativa, estão os fenômenos da prevenção e da prorrogação.

A Carta de 1988 manteve sob a competência da Justiça Federal o elenco fixado em 1969, acrescentando as disputas sobre direitos indígenas e os *habeas data* e suprimindo as causas trabalhistas.

A Constituição da República fixou os casos que devem ser processados e julgados pelos Juízes Federais, sendo inconstitucionais as normas infraconstitucionais que efetuem acréscimos ou diminuições às hipóteses arroladas nos incisos do art. 109, e inócuas as meras repetições legais.

A competência cível dos Juízes Federais foi determinada, na Constituição, art. 109, em razão da pessoa (incs. I, II e VIII – este último combinado com a natureza do processo), da matéria (incs. III, XI e X, *in fine* – nacionalidade e naturalização), e da função (inc. X – cumprimento de carta rogatória e execução de sentença estrangeira), sendo absoluta em razão dos critérios adotados.

A competência em razão da pessoa envolve as causas em geral, inclusive as de jurisdição voluntária e os mandados de segurança que não sejam da competência dos Tribunais, desde que haja a presença da União, das entidades autárquicas (estando as fundações públicas equiparadas) ou empresas públicas federais, como parte ou nas hipóteses de intervenção de terceiros em geral, ressalvando-se as falências e as execuções contra devedores insolventes, os acidentes de trabalho (cuja ação de revisão deve ser proposta no âmbito estadual, segundo o STF, ou federal, conforme o STJ, e que não engloba atualmente os acidentes de serviço do regime estatutário), e as causas sujeitas às Justiças Eleitoral e do Trabalho.

A redação do art. 114 da CF/1988 é inequívoca no sentido de atribuir à Justiça do Trabalho todos os litígios entre trabalhadores e empregadores, o que exclui, por um lado, todos aqueles que não se enquadram nas referidas categorias, como os servidores públicos, e, por outro, abrange os Estados estrangeiros e os organismos internacionais, não obstante a falta de menção específica no art. 109, II, da CF/1988. Diga-se o mesmo em relação às demais exceções inclusas no inc. I do mesmo artigo (falência e acidente do trabalho), que também se aplicam no inc. II, sendo, portanto, da competência estadual.

A competência para os mandados de segurança e os *habeas data*, embora leve também em consideração a natureza do processo, é fixada principalmente em razão da pessoa, no caso autoridade federal, cuja definição encontra-se na Lei 12.016/2009, com a combinação dos arts. 1.º, § 1.º, e 2.º.

Os Juízes Federais não são competentes para apreciar os mandados de segurança e os *habeas data* quando se estiver impugnando ato de Tribunal, inclusive atos administrativos nas Justiças Eleitoral, do Trabalho e Militar.

A jurisprudência firmou-se no sentido de que prevalece a condição do órgão colegiado sobre a dos integrantes para a fixação da competência, como tem ocorrido com os Ministros, recaindo, no caso, o feito para os Juízes Federais, nos termos do Enunciado 177 da Súmula do STJ.

Restritiva e de difícil compreensão é a interpretação dada pelo STF ao art. 109, III, da CF/1988, pois entende que a Justiça Federal é competente apenas quando a lide versar sobre disposições do próprio tratado. O STJ, ao que parece, está seguindo caminho diferente, ao decidir, em diversos casos, pela competência federal, em especial nos casos de responsabilidade civil por poluição de óleo.

Todas as disputas sobre direitos indígenas, independentemente da presença da União ou da Funai, passaram para a competência federal, situação que pode beneficiar os silvícolas, em razão do distanciamento das influências e pressões locais, mas, também, em alguns casos, dificultar-lhes o acesso à Justiça, podendo a lei ordinária contornar o problema, com fulcro no art. 109, § 3.º, da CF/1988.

As causas referentes à nacionalidade, gênero, envolvem as que dizem respeito à naturalização. Não obstante as opiniões em contrário de Pontes de Miranda e Cretella Júnior, a Justiça Federal também é competente, para as causas de jurisdição voluntária sobre nacionalidade (como a opção, nos termos do art.

12, I, *c*, da CF/1988) e naturalização (como a presidência da solenidade de entrega do certificado de naturalização, precedida da aferição dos requisitos indicados no art. 119 do Dec. 86.715/1981).

O cumprimento de carta rogatória e a execução de sentença estrangeira são os únicos casos de delimitação da competência federal em virtude de critério funcional.

O elemento geográfico define, em regra, a competência territorial, havendo a incidência do critério denominado funcional-territorial, sob o prisma horizontal, somente quando houver a atribuição de fases ou atos para órgãos ou juízes diversos, no curso do mesmo processo.

Havendo delimitação da competência em razão do lugar, estar-se-á diante de problema atinente à definição do foro, entendido esse como a circunscrição territorial legalmente atribuída ao órgão judicial.

Os foros da União, embora previstos na Constituição, assim como a competência territorial em geral, estão sujeitos à prorrogação, diante da falta de disposição expressa em contrário ao disposto no Código de Processo Civil e levando-se em consideração, também, que a regra atende, precipuamente, o interesse das partes.

A Justiça Federal está estruturada por regiões, seções estaduais e, eventualmente, subseções, quando instaladas varas no interior. Com a instalação fora das Capitais, opera-se corte na seção judiciária, não havendo, a partir de então, área comum, razão pela qual a competência das subseções, também denominadas circunscrições, será tipicamente de foro e relativa.

A competência de juízo pode, por outro lado, ser absoluta ou relativa, dependendo, para tanto, do critério utilizado, sendo da segunda espécie quando decorrente do território ou do valor da causa.

A jurisprudência tem considerado, predominantemente, a competência entre varas federais como territorial e relativa, não podendo, por conseguinte, ser declarada de ofício, em conformidade com o enunciado 33 da Súmula do STJ.

A previsão de delegação para a Justiça dos Estados surgiu, inicialmente, no âmbito da Justiça do Trabalho, na Carta de 1946, sendo introduzida na Justiça Federal, com a edição da Lei 5.010/1966, embora sem autorização expressa da Constituição.

A permissão constitucional para que os Juízes de Direito pudessem processar e julgar causas da competência da Justiça Federal, quando não instalada vara federal na comarca, foi introduzida na Constituição de 1967, tão somente, nesse primeiro momento, para as execuções fiscais, e, a partir da Constituição de 1969, também para os feitos previdenciários, bem como a permissão para que o legislador ordinário estabelecesse novas hipóteses de delegação.

A competência delegada envolve definição de foro, sendo, portanto, relativa, embora haja posições que defendam, em lados opostos, a improrrogabilidade e a concorrência.

Ao exercer o permissivo contido na parte final do art. 109, § 3.º, da CF/1988, o legislador ordinário não poderá alterar, de modo direto ou indireto, as regras pertinentes ao foro da União, porque previstas em norma hierarquicamente superior.

O STJ, por razões de ordem prática, vinha considerando, como casos de delegação de competência, por exemplo, o foro do lugar do dano, na ação civil pública, e o do local do imóvel, no usucapião especial, embora não haja menção direta ou implícita ao instituto previsto no art. 109, § 3.º, da Carta vigente. O STF considerou, entretanto, que a delegação para os Juízes de Direito deva ser expressa, fazendo com que o STJ revisse o seu entendimento e cancelasse o Enunciado 183 da sua Súmula.

O Código de Processo Civil e a Lei 5.010/1966 estabelecem que a distribuição dos processos ocorre entre Juízes, sendo esse o único critério legalmente previsto para a definição da competência interna nas varas federais, cuja aplicação é fundamental para a preservação do princípio do Juiz natural (art. 5.º, LIII, da CF/1988).

Os Tribunais Regionais Federais são funcionalmente competentes para revisar, na via recursal ou por ação de impugnação, salvo as exceções constitucionalmente previstas, os pronunciamentos judiciais dos Juízes Federais, compreendidos os proferidos por Juízes de Direito no exercício da delegação instituída no art. 109, § 3.º, da CF/1988, bem como as decisões dos Juízes Estaduais, quando houver intervenção ou recurso por parte de ente federal, nos termos do art. 109, I, da Magna Carta, com base no entendimento do STF e do STJ.

BIBLIOGRAFIA

ADAMOVICH, Eduardo Henrique Raymundo von. *Sistema da ação civil pública no processo do trabalho*. Rio de Janeiro: Ed. LTr, 2005.

AJUFE. *Anais*. Seminário Juizados especiais federais: inovações e aspectos polêmicos. Brasília: Ajufe, 2002.

ALVARENGA, Aristides Junqueira. *A competência criminal da justiça federal de primeira instância*. São Paulo: Saraiva, 1978.

AMARAL SANTOS, Moacyr. *Juizados especiais federais*. Rio de Janeiro: Forense, 2002.

_____. *Primeiras linhas de direito processual civil*. 18. ed. São Paulo: Saraiva, 1995. vol. 1.

ARRUDA ALVIM. Anotações sobre o tema da competência. In: BARBOSA MOREIRA, José Carlos. *Estudos de direito processual em homenagem a José Frederico Marques*. São Paulo: Saraiva, 1982.

_____. *Manual de direito processual civil*. 5. ed. São Paulo: Ed. RT, 1996. vol. 1.

_____; ARRUDA ALVIM WAMBIER, Teresa; MAURÍCIO, Ubiratan do Couto. *Competência: repertório de jurisprudência e doutrina*. São Paulo: Ed. RT, 1986.

BANDEIRA DE MELLO, Celso Antônio. *Curso de direito administrativo*. 6. ed. São Paulo: Malheiros, 1995.

BARBI, Celso Agrícola. *Comentários ao Código de Processo Civil*. 7. ed. Rio de Janeiro: Forense, 1992. vol. 1.

_____. *Do mandado de segurança*. 7. ed. Rio de Janeiro: Forense, 1993.

BARBOSA MOREIRA, José Carlos. Ação rescisória. Prazo de decadência. Competência para o julgamento. Interpelação de promissário comprador: validade e eficácia. *Temas de direito processual*. 2. ed. São Paulo: Saraiva, 1988. 2.ª série.

_____. Alienação fiduciária em garantia. Ação de busca e apreensão. Falência superveniente da devedora. Competência. *Temas de direito processual*. 2. ed. São Paulo: Saraiva, 1988. 1.ª série.

_____. *Comentários ao Código de Processo Civil*. 7. ed. Rio de Janeiro: Forense, 1998. vol. 5.

_____. A competência como questão preliminar e como questão de mérito. *Temas de direito processual*. São Paulo: Saraiva, 1989. 4.ª série.

_____. Conflito positivo e litispendência. *Temas de direito processual*. 2. ed. São Paulo: Saraiva, 1988. 2.ª série.

______. Interesses difusos e coletivos. *Revista Trimestral de Direito Público*. vol. 3. p. 187-203. São Paulo: Malheiros, 1993.

______. *O novo processo civil brasileiro*. 18. ed. Rio de Janeiro: Forense, 1996.

______. Petição inicial distribuída a um juízo e despachada por outro. Ineficácia do despacho para prevenir a competência. *Temas de direito processual*. 2. ed. São Paulo: Saraiva, 1988. 1.ª série.

______. Pode o juiz declarar de ofício a incompetência relativa? *Temas de direito processual*. São Paulo: Saraiva, 1994. 5.ª série.

______. Sobre pressupostos processuais. *Temas de direito processual*. São Paulo: Saraiva, 1989.4.ª série.

Bedaque, José Roberto dos Santos. Pressupostos processuais e condições da ação. *Justitia*. n. 53 (156). p. 48-66. São Paulo: [s. n.], out.-dez. 1991.

Bermudes, Sérgio. *Introdução ao processo civil*. Rio de Janeiro: Forense, 1995.

Bochenek, Antônio César. *Competência cível da Justiça Federal e dos Juizados Especiais Cíveis*. São Paulo: Ed. RT, 2004.

Brasil. *Cartas rogatórias: manual de instruções para cumprimento*. Brasília: Ministério da Justiça (Secretaria de Justiça), 1995.

Bueno Filho, Edgard Silveira. Competência da justiça federal. *Revista da Procuradoria-Geral do Estado de São Paulo*. p. 89-94. São Paulo: [s. n.], jun. 1990.

Buzaid, Alfredo. *Mandado de segurança*: do mandado de segurança individual. São Paulo: Saraiva, 1989. vol. 1.

Câmara, Alexandre Freitas. *Juizados especiais cíveis estaduais e federais*. 4 ed. Rio de Janeiro: Lumen Juris, 2008.

Carneiro, Athos Gusmão. *Intervenção de terceiros*. 6. ed. São Paulo: Saraiva, 1994.

______. *Jurisdição e competência*. 8. ed. São Paulo: Saraiva, 1997.

Carreira Alvim, José Eduardo. *Elementos de teoria geral do processo*. Rio de Janeiro: Forense, 1989.

Carrion, Valentin. *Comentários à Consolidação das Leis do Trabalho*. 13. ed. São Paulo: Ed. RT, 1990.

Carvalho, Milton Paulo. *Manual da competência civil*. São Paulo: Saraiva, 1995.

Carvalho, Vladimir Souza. *Competência da Justiça Federal*. 2. ed. Curitiba: Juruá, 1995.

Carvalho Filho, José dos Santos. *Ação civil pública: comentários por artigo*. Rio de Janeiro: Freitas Bastos, 1995.

Chimenti, Ricardo Cunha. *Teoria e prática dos juizados especiais cíveis estaduais e federais*. 7. ed. São Paulo: Saraiva, 2004.

Chiovenda, Giuseppe. *Instituições de direito processual civil*. 2. ed. Trad. J. Guimarães Menegale. Notas Enrico Tullio Liebman. São Paulo: Saraiva, 1943. vol. 2.

Cintra, Antonio Carlos de Araújo; Grinover, Ada Pellegrini; Dinamarco, Cândido Rangel. *Teoria geral do processo*. 7. ed. São Paulo: Ed.RT, 1990.

COLLAÇO, Daniel César Botto. *Direito constitucional*: competência cível e criminal do juiz federal. Belo Horizonte: Mandamentos, 1998.

COUTURE, Eduardo Juan. *Fundamentos del derecho procesal civil*. 3. ed. Buenos Aires: Depalma, 1993.

CRETELLA JÚNIOR, José. *Comentários à Constituição de 1988*. São Paulo: Forense Universitária, 1992. vol. 6.

_____. *Comentários à lei do mandado de segurança*: de acordo com a Constituição de 5 de outubro de 1988. 6. ed. Rio de Janeiro: Forense, 1993.

_____. *Curso de direito administrativo*. 12. ed. Rio de Janeiro: Forense, 1993.

CUNHA, Leonardo José Carneiro da. *Jurisdição e competência*. São Paulo: Ed. RT, 2008.

DINAMARCO, Cândido Rangel. *Intervenção de terceiros*. São Paulo: Malheiros, 1997.

DI PIETRO, Maria Sylvia Zanella. *Direito administrativo*. 3. ed. São Paulo: Atlas, 1992.

DIREITO, Carlos Alberto Menezes. *Manual do mandado de segurança*. 2. ed. Rio de Janeiro: Renovar, 1994.

DOLINGER, Jacob; TIBURCIO, Carmen. *Vade mecum de direito internacional privado*. Rio de Janeiro: Renovar, 1994.

FERRANTE, Miguel Jeronymo. *Nacionalidade: brasileiros natos e naturalizados*. 2. ed. São Paulo: Saraiva, 1984.

FERRAZ, Sérgio. *Mandado de segurança (individual e coletivo)*: aspectos polêmicos. 2. ed. São Paulo: Malheiros, 1993.

FERREIRA, Sérgio D'Andréa. *Direito administrativo didático*. 3. ed. Rio de Janeiro: Forense, 1985.

FERREIRA FILHO, Manoel Gonçalves. *Comentários à Constituição brasileira*. 4. ed. São Paulo: Saraiva, 1983.

FIGUEIREDO, Lucia Valle. *Mandado de segurança*. São Paulo: Malheiros, 1996.

FIUZA, Ricardo Arnaldo Malheiros. Tribunais Regionais Federais e juízes federais. Tribunais e juízes estaduais. Juizados especiais. *Revista do Curso de Direito da Universidade Federal de Uberlândia*. 20 (1-2). p. 307-322. Uberlândia: [s. n.], 1991.

FLAKS, Milton. *Mandado de segurança*: pressupostos da impetração. Rio de Janeiro: Forense, 1980.

GIL, Antonio Carlos. *Como elaborar projetos de pesquisa*. 3. ed. São Paulo: Atlas, 1996.

GRECO FILHO, Vicente. Comentários aos arts. 101 a 104 e 109 a 119. In: OLIVEIRA, Juarez (org.). *Comentários ao Código de Proteção do Consumidor*. São Paulo: Saraiva, 1991.

_____. *Direito processual civil brasileiro*. 9. ed. São Paulo: Saraiva, 1994. vol. 1.

GRINOVER, Ada Pellegrini et al. *Código brasileiro de defesa do consumidor*: *comentado pelos autores do anteprojeto*. 6. ed. Rio de Janeiro: Forense Universitária, 2000.

GUERREIRO, Marcelo da Fonseca. *Juizados especiais federais cíveis:* questões de processo e de procedimento no contexto do acesso à justiça. Rio de Janeiro: Ideia Jurídica, 2003.

JUCOVSKY, Vera Lúcia Rocha Souza. *Justiça federal nos países que a adotam*. Brasília: CJF, 1997.

LEITE, Eduardo de Oliveira. *A monografia jurídica*. 3. ed. São Paulo: Ed.RT, 1997.

LIEBMAN, Enrico Tullio. *Manual de direito processual civil*. 2. ed. Trad. e notas Cândido Rangel Dinamarco. Rio de Janeiro: Forense, 1985. vol. 1.

LIMA, Arnaldo Esteves. Competência do mandado de segurança. *Jornal do Commercio*, 19 jun. 1998.

LIMONGI FRANÇA, Rubens. *Manual de direito civil*. 4. ed. São Paulo: Ed.RT, 1980.

LOPES, Mauro Luís Rocha. *Processo judicial tributário: execução fiscal e ações tributárias*. 3. ed. Rio de Janeiro: Lumen Juris, 2005.

MACHADO, Guilherme Pinho. *Competência cível*: temas da justiça federal. Porto Alegre: Livraria do Advogado, 1999.

MALUF, Carlos Alberto Dabus. Competência da Justiça Federal para julgar ações de desapropriação movidas por empresas concessionárias de energia elétrica. *Revista de Processo*. vol. 58. p. 41. São Paulo: Ed. RT, abr. 1990.

MARCATO, Antônio Carlos. Breves considerações sobre jurisdição e competência. *Revista de Processo*. vol. 17. n. 66. p. 25-43. São Paulo: Ed. RT, abr.-jun. 1992.

MARINONI, Luiz Guilherme. *Novas linhas do processo civil*. 2. ed. São Paulo: Malheiros, 1996.

MARTINEZ, Wladimir Novaes. *Comentários à lei básica da previdência social*. 3. ed. São Paulo: Ed. LTr, 1995.

MAZZILLI, Hugo Nigro. *Manual do Promotor de Justiça*. 2. ed. São Paulo: Saraiva, 1991.

MEADOR, Daniel John. *Os tribunais nos Estados Unidos*. Trad. Ellen Gracie Northfleet. Brasília: Usis, 1996.

MEIRELLES, Hely Lopes. *Direito administrativo brasileiro*. 19. ed. São Paulo: Malheiros, 1994.

____. *Mandado de segurança*, ação popular, ação civil pública, mandado de injunção, habeas data.13. ed. São Paulo: Ed. RT, 1989.

MELLO, Celso D. de Albuquerque. *Curso de direito internacional público*. 9. ed. Rio de Janeiro: Renovar, 1992.

MELLO, Rodrigo Gaspar de. A competência da Justiça Federal para processar e julgar as causas fundadas em tratado: breve análise do inciso III do art. 109 da Constituição. *Revista Dialética de Direito Processual*. n. 78. p. 131. São Paulo: Dialética, set. 2009.

MENDES, Aluisio Gonçalves de Castro. *Ações coletivas no direito comparado e nacional*. 2 ed. São Paulo: Ed. RT, 2010.

_____. Ações coletivas nos países ibero-americanos: situação atual, Código Modelo e perspectivas. *Revista de Processo*. vol. 153. p. 188. São Paulo: Ed. RT, 2007.

_____. O anteprojeto de Código Brasileiro de Processos Coletivos: visão geral e pontos sensíveis. In: GRINOVER, Ada Pellegrini; MENDES, Aluisio Gonçalves de Castro; WATA-

NABE, Kazuo (coords.). *Direito processual coletivo e o anteprojeto de Código Brasileiro de Processos Coletivos*. São Paulo: Ed.RT, 2007.

_____. O anteprojeto de Código Brasileiro de Processos Coletivos e a legitimidade da Defensoria Pública para as ações coletivas. In: SOUSA, José Augusto Garcia de (coord.). *A Defensoria Pública e os processos coletivos: comemorando a Lei Federal 11.448, de 15 de janeiro de 2007*. Rio de Janeiro: Lumen Juris, 2008.

_____. O anteprojeto de Código-modelo de Processos Coletivos para os países ibero-americanos e a legislação brasileira. *Revista de Processo*. vol. 117. p. 109. São Paulo: Ed. RT, set. 2004.

_____. El anteproyecto del código modelo de procesos colectivos para los países iberoamericanos y la legislación brasileña. *La tutela de los derechos difusos, colectivos e individuales homogéneos: hacia un código modelo para Iberoamérica*. México: Porrúa, 2003.

_____. Causas perdidas. *Gazeta do Povo*, 18 jul. 1995.

_____. O Código Modelo de Processos Coletivos. In: LUCON, Paulo (coord.). *Tutela coletiva*. São Paulo: Atlas, 2006.

_____. O Código Modelo de Processos Coletivos para os países ibero-americanos. In: MAZZEI, Rodrigo; NOLASCO, Rita Dias (coords.). *Processo civil coletivo*. São Paulo: Quartier Latin, 2005.

_____. *Competência cível da Justiça Federal*. São Paulo: Saraiva, 1998.

_____. Construindo o código brasileiro de processos coletivos: o anteprojeto elaborado no âmbito dos programas de pós-graduação da UERJ e Unesa. In: LUCON, Paulo (coord.). *Tutela coletiva*. São Paulo: Atlas, 2006.

_____. Decisão ou sentença. *Revista Forense*. n. 333. vol. 92. Rio de Janeiro: Forense, jan.-mar. 1996.

_____. O direito processual coletivo e o anteprojeto de código brasileiro de processos coletivos. In: DIDIER JR., Fredie; MOUTA, José Henrique (coords.). *Tutela jurisdicional coletiva*. Salvador: JusPodivm, 2009.

_____. Direitos individuais homogêneos: sentença, liquidação e execução nos processos coletivos. *Juris Poiesis*. n. 10. Rio de Janeiro: Universidade Estácio de Sá, 2007.

_____. Do individual ao coletivo: os caminhos do direito processual brasileiro. *Revista de Processo*. vol. 165. p. 231. São Paulo: Ed. RT, nov. 2008.

_____. O juiz competente e a especialização no código modelo de processos coletivos. *Revista de Processo*, vol. 133. p. 267. São Paulo: Ed. RT, mar. 2006.

_____. *Kollektiver Rechtsschutz im Prozessrecht und kollektive Klagen in Deutschland und Brasilien*. Dissertação de mestrado, Johann Wolfgang Universität, Frankfurt am Main, 2000.

_____. Mercosul. *Revista de Jurisprudência da Seção Judiciária do Rio de Janeiro*. n. 7. Rio de Janeiro: Seção Judiciária do Rio de Janeiro, 2000.

_____. O poder judiciário no Brasil. *Direito civil e processo:* estudos em homenagem ao Professor Arruda Alvim. São Paulo: Ed. RT, 2008.

_____. Problemas e reforma do Poder Judiciário no Brasil. *Revista da Escola de Magistratura Regional Federal*. n. 2. Rio de Janeiro: Escola de Magistratura Regional Federal, 2000.

_____. O Projeto de Código Modelo de Processos Coletivos do Instituto Ibero-Americano de Direito Processual. *Revista da Seção Judiciária do Rio de Janeiro*. Rio de Janeiro: Justiça Federal, 2004.

_____. Relatório geral apresentado no Congresso Internacional de Roma sobre processos coletivos e o Anteprojeto de Código Modelo de Processos Coletivos para a Ibero-América. *Revista Ibero-americana de Derecho Procesal*. n. 5. Buenos Aires: Instituto Ibero-Americano de Direito Processual, 2004.

_____. Sentença, liquidação e execução nos processos coletivos para a tutela dos direitos individuais homogêneos. In: Santos, Ernane Fidélis dos et al (coords.). *Execução civil: estudos em homenagem ao professor Humberto Theodoro Jr.* São Paulo: Ed. RT, 2007.

_____. *Teoria geral do processo*. Rio de Janeiro: Lumen Juris, 2009.

_____. Tutela dos interesses difusos, coletivos em sentido estrito e individuais homogêneos no Brasil e em Portugal. *Revista Forense*. n. 373. Rio de Janeiro: Forense, 2004.

Monis de Aragão, Egas. *Comentários ao Código de Processo Civil*. 7. ed. Rio de Janeiro: Forense, 1992. vol. 2.

Moraes, José Roberto de. *Competência civil da Justiça Federal comum*. Dissertação de Mestrado, São Paulo, PUC.

Moreira Neto, Diogo de Figueiredo. *Curso de direito administrativo*. 10. ed. Rio de Janeiro: Forense, 1992.

Nascimento, Amauri Mascaro. *Curso de direito processual do trabalho*. 15. ed. São Paulo: Saraiva, 1994.

Negrão, Theotonio. *Código de Processo Civil e legislação processual em vigor*. 28. ed. São Paulo: Saraiva, 1997.

Neiva, José Antonio Lisbôa. Ação civil pública. Litisconsórcio de Ministérios Públicos. *Revista dos Tribunais*. vol. 707. p. 238 São Paulo: Ed. RT,set. 1994.

_____. A competência na ação civil pública e na ação popular. *Justitia*. n. 171. vol. 57. p. 38. São Paulo: [s. n.], 1995.

Nery Junior, Nelson. *Princípios do processo civil na constituição federal*. 3. ed. São Paulo: Ed. RT, 1996.

_____; Nery, Rosa Maria Andrade. *Código de Processo Civil comentado e legislação processual civil extravagante em vigor*. 2. ed. São Paulo: Ed. RT, 1996.

Nunes, Castro. *Do mandado de segurança e de outros meios de defesa contra atos do poder público*. Rio de Janeiro: Forense, 1954.

Oliveira, Alexandre Vidigal. Justiça federal: evolução histórico-legislativa. *Revista do Tribunal Regional Federal da 1.ª Região*. vol. 4. Brasília: out.-dez. 1996.

Paula, Alexandre de. *Código de Processo Civil anotado*. 6. ed. São Paulo: Ed.RT, 1994. vol. 1.

PEREIRA, Guilherme Bollorini. *Juizados especiais federais cíveis:* questões de processo e de procedimento no contexto do acesso à justiça. Rio de Janeiro: Lumen Juris, 2004.

PERRINI, Raquel Fernandez. *Competências da justiça federal comum.* São Paulo: Saraiva, 2001.

PIZZOL, Patricia Miranda. *A competência no processo civil.* São Paulo: Ed. RT, 2003.

PONCIANO, Vera Lúcia Feil. *Justiça federal:* organização, competência, administração e funcionamento. Curitiba: Juruá, 2008 (1.ª reimp. 2009).

PONTES DE MIRANDA, Francisco Cavalcanti. *Comentários à Constituição de 1967: com a Emenda n. 1, de 1969.* 2. ed. São Paulo: Ed. RT, 1970.

_____. *Comentários ao Código de Processo Civil.* 3. ed. Rio de Janeiro: Forense, 1996. t. III.

REIS, Novély Vilanova da Silva. *O que não deve ser dito:* notas de linguagem forense e algumas observações práticas. Brasília: Conselho da Justiça Federal, 1994.

REZEK, José Francisco. *Direito internacional público: curso elementar.* 2. ed. São Paulo: Saraiva, 1991.

ROCHA, Felippe Borring. *Juizados especiais cíveis.* 4. ed. Rio de Janeiro: Lumen Juris, 2005.

ROCHA, José de Albuquerque. *Teoria geral do processo.* 3. ed. São Paulo: Malheiros, 1996.

RUIZ, João Álvaro. *Metodologia científica.* 3. ed. São Paulo: Atlas, 1993.

SALDANHA, Nelson. Jurisdição e competência: nota sobre o sentido histórico-político da distinção. *Revista de Informação Legislativa.* vol. 27. n. 107. Brasília: [s. n.], jul.-set. 1990.

Silva, José Afonso da. *Curso de direito constitucional positivo.* 12. ed. São Paulo: Malheiros, 1996.

SILVA, Luís Praxedes Vieira da. *Juizados especiais federais cíveis.* Campinas: Millennium, 2002.

SILVA, Ovídio Araújo Baptista da; GOMES, Fábio Luiz. *Teoria geral do processo civil.* São Paulo: Ed. RT,1997.

SILVA, Wilney Magno de A. *Ação civil pública e controle jurisdicional dos atos administrativos.* Rio de Janeiro: Aldebarã, 1996.

SILVEIRA, Paulo Fernando. Da justiça federal. *Revista do Tribunal Regional Federal da 1.ª Região.* 6(3). Brasília, jul.-set. 1994.

SOUTO, João Carlos. *A União Federal em juízo.* São Paulo: Saraiva, 1998.

SUSSEKIND, Arnaldo; MARANHÃO, Délio; VIANNA, Segadas. *Instituições de direito do trabalho.* 11. ed. São Paulo: Ed. LTr, 1991. vol. 2.

TEIXEIRA, Sálvio de Figueiredo. *Código de Processo Civil anotado.* 5. ed. São Paulo: Saraiva, 1993.

_____; CARNEIRO, Athos Gusmão. O 12.º Anteprojeto. *Revista In Verbis.* n. 9. ano 2. Rio de Janeiro: Instituto dos Magistrados do Brasil, set.-out. 1997.

THEODORO JÚNIOR, Humberto. *Curso de direito processual civil*. 40. ed. Rio de Janeiro: Forense, 2003. vol. 1.

TUPINAMBÁ, Carolina. *Competência da justiça do trabalho à luz da reforma constitucional*. Rio de Janeiro: Forense, 2006.

TOURINHO NETO, Fernando da Costa; FIGUEIRA JÚNIOR, Joel Dias. *Juizados especiais federais cíveis e criminais*. São Paulo: Ed. RT, 2002.

TRIBUNAL REGIONAL FEDERAL DA 1.ª REGIÃO. Gabinete da Revista. (Brasil). *A Constituição na visão dos tribunais: interpretação e julgados artigo por artigo*. São Paulo: Saraiva, 1997. vol. 3.

ANEXO

A competência nas Súmulas do Supremo Tribunal Federal, do Superior Tribunal de Justiça, do extinto Tribunal Regional Federal, dos Tribunais Regionais Federais, da Turma Nacional de Uniformização dos Juizados Federais e das Turmas Seccionais dos Juizados Especiais Federais

Supremo Tribunal Federal

Súmulas Vinculantes

22. A Justiça do Trabalho é competente para processar e julgar as ações de indenização por danos morais e patrimoniais decorrentes de acidente de trabalho propostas por empregado contra empregador, inclusive aquelas que ainda não possuíam sentença de mérito em primeiro grau quando da promulgação da Emenda Constitucional 45/2004.

23. A Justiça do Trabalho é competente para processar e julgar ação possessória ajuizada em decorrência do exercício do direito de greve pelos trabalhadores da iniciativa privada.

27. Compete à Justiça estadual julgar causas entre consumidor e concessionária de serviço público de telefonia, quando a Anatel não seja litisconsorte passiva necessária, assistente, nem opoente.

Súmulas do STF

218. É competente o Juízo da Fazenda Nacional da capital do Estado, e não o da situação da coisa, para a desapropriação promovida por empresa de energia elétrica, se a União Federal intervém como assistente.

235. É competente para a ação de acidente do trabalho a Justiça Cível Comum, inclusive em segunda instância, ainda que seja parte autarquia seguradora.

251. Responde a Rede Ferroviária Federal S.A. perante o foro comum e não perante o Juízo Especial da Fazenda Nacional, a menos que a União intervenha na causa.

501. Compete à Justiça Ordinária Estadual o processo e o julgamento, em ambas as instâncias, das causas de acidente do trabalho, ainda que promovidas contra a União, suas autarquias, empresas públicas ou sociedades de economia mista.

504. Compete à Justiça Federal, em ambas as instâncias, o processo e o julgamento das causas fundadas em contrato de seguro marítimo (aplicável na vigência da revogada Constituição de 1967/1969, em razão do antigo art. 119, inciso IX).

508. Compete à Justiça Estadual, em ambas as instâncias, processar e julgar as causas em que for parte o Banco do Brasil S.A.

511. Compete à Justiça Federal, em ambas as instâncias, processar e julgar as causas entre autarquias federais e entidade públicas locais, inclusive mandados de segurança, ressalvada a ação fiscal, nos termos da Constituição Federal de 1967, art. 119, § 3.º.

517. As sociedades de economia mista só têm foro na Justiça Federal, quando a União intervém como assistente ou opoente.

518. A intervenção da União, em feito já julgado pela segunda instância e pendente de embargos, não desloca o processo para o Tribunal Federal de Recursos.

556. É competente a Justiça Comum para julgar as causas em que é parte sociedade de economia mista.

557. É competente a Justiça Federal para julgar as causas em que são partes a Cobal e a Cibrazem.

623. Não gera por si só a competência originária do Supremo Tribunal Federal para conhecer do mandado de segurança com base no art. 102, I, n, da Constituição, dirigir-se o pedido contra deliberação administrativa do tribunal de origem, da qual haja participado a maioria ou a totalidade de seus membros.

624. Não compete ao Supremo Tribunal Federal conhecer originariamente de mandado de segurança contra atos de outros tribunais.

627. No mandado de segurança contra a nomeação de magistrado da competência do Presidente da República, este é considerado autoridade coatora, ainda que o fundamento da impetração seja nulidade ocorrida em fase anterior do procedimento.

634. Não compete ao Supremo Tribunal Federal conceder medida cautelar para dar efeito suspensivo a recurso extraordinário que ainda não foi objeto de juízo de admissibilidade na origem.

635. Cabe ao presidente do tribunal de origem decidir o pedido de medida cautelar em recurso extraordinário ainda pendente do seu juízo de admissibilidade.

689. O segurado pode ajuizar ação contra a instituição previdenciária perante o juízo federal do seu domicílio ou nas varas federais da Capital do Estado-Membro.

727. Não pode o magistrado deixar de encaminhar ao Supremo Tribunal Federal o agravo de instrumento interposto da decisão que não admite recurso extraordinário, ainda que referente a causa instaurada no âmbito dos juizados especiais.

731. Para fim da competência originária do Supremo Tribunal Federal, é de interesse geral da magistratura a questão de saber se, em face da lei orgânica da magistratura nacional, os juízes têm direito à licença-prêmio.

736. Compete à Justiça do Trabalho julgar as ações que tenham como causa de pedir o descumprimento de normas trabalhistas relativas à segurança, higiene e saúde dos trabalhadores.

Súmulas do Superior Tribunal de Justiça

3. Compete ao Tribunal Regional Federal dirimir conflito de competência verificado, na respectiva Região, entre Juiz Federal e Juiz Estadual investido de jurisdição federal.

11. A presença da União ou de qualquer de seus entes, na ação de usucapião especial, não afasta a competência do foro da situação do imóvel.

32. Compete à Justiça Federal processar justificações judiciais destinadas a instruir pedidos perante entidades que nela tem exclusividade de foro, ressalvada a aplicação do art. 15, II, da Lei 5.010/1966.

33. A incompetência relativa não pode ser declarada de ofício.

34. Compete à Justiça Estadual processar e julgar causa relativa a mensalidade escolar, cobrada por estabelecimento particular de ensino.

41. O Superior Tribunal de Justiça não tem competência para processar e julgar, originariamente, mandado de segurança contra ato de outros tribunais ou dos respectivos órgãos.

42. Compete à Justiça Comum Estadual processar e julgar as causas cíveis em que é parte sociedade de economia mista e os crimes praticados em seu detrimento.

55. Tribunal Regional Federal não é competente para julgar recurso de decisão proferida por juiz estadual não investido de jurisdição federal.

58. Proposta a execução fiscal, a posterior mudança de domicílio do executado não desloca a competência já fixada.

59. Não há conflito de competência se já existe sentença com trânsito em julgado, proferida por um dos juízos conflitantes.

66. Compete à Justiça Federal processar e julgar execução fiscal promovida por Conselho de fiscalização profissional.

137. Compete à Justiça Comum Estadual processar e julgar ação de servidor público municipal, pleiteando direitos relativos ao vinculo estatutário.

150. Compete à Justiça Federal decidir sobre a existência de interesse jurídico que justifique a presença, no processo, da União, suas autarquias ou empresas públicas.

161. É da competência da Justiça Estadual autorizar o levantamento dos valores relativos ao PIS/Pasep e FGTS, em decorrência do falecimento do titular da conta.

170. Compete ao juízo onde primeiro for intentada a ação envolvendo acumulação de pedidos, trabalhista e estatutário, decidi-la nos limites da sua jurisdição, sem prejuízo do ajuizamento de nova causa, com o pedido remanescente, no juízo próprio.

173. Compete à Justiça Federal processar e julgar o pedido de reintegração em cargo publico federal, ainda que o servidor tenha sido dispensado antes da instituição do Regime Jurídico Único.

177. O Superior Tribunal de Justiça é incompetente para processar e julgar, originariamente, mandado de segurança contra ato de órgão colegiado presidido por Ministro de Estado.

206. A existência de vara privativa, instituída por lei estadual, não altera a competência territorial resultante das leis de processo.

218. Compete à Justiça dos Estados processar e julgar ação de servidor estadual decorrente de direitos e vantagens estatutárias no exercício de cargo em comissão.

224. Excluído do feito o ente federal, cuja presença levara o Juiz Estadual a declinar da competência, deve o Juiz Federal restituir os autos e não suscitar conflito.

235. A conexão não determina a reunião dos processos, se um deles já foi julgado.

236. Não compete ao Superior Tribunal de Justiça dirimir conflitos de competência entre juízos trabalhistas vinculados a Tribunais Regionais do Trabalho diversos.

254. A decisão do Juízo Federal que exclui da relação processual ente federal não pode ser reexaminada no Juízo Estadual.

270. O protesto pela preferência de crédito, apresentado por ente federal em execução que tramita na Justiça Estadual, não desloca a competência para a Justiça Federal.

324. Compete à Justiça Federal processar e julgar ações de que participa a Fundação Habitacional do Exército, equiparada à entidade autárquica federal, supervisionada pelo Ministério do Exército.

325. A remessa oficial devolve ao Tribunal o reexame de todas as parcelas da condenação suportadas pela Fazenda Pública, inclusive dos honorários de advogado.

349. Compete à Justiça Federal ou aos juízes com competência delegada o julgamento das execuções fiscais de contribuições devidas pelo empregador ao FGTS.

363. Compete à Justiça Estadual processar e julgar a ação de cobrança ajuizada por profissional liberal contra cliente.

365. A intervenção da União como sucessora da Rede Ferroviária Federal S.A. (RFFSA) desloca a competência para a Justiça Federal ainda que a sentença tenha sido proferida por Juízo Estadual.

368. Compete à Justiça Comum Estadual processar e julgar os pedidos de retificação de dados cadastrais da Justiça Eleitoral.

374. Compete à Justiça Eleitoral processar e julgar a ação para anular débito decorrente de multa eleitoral.

376. Compete à Turma Recursal processar e julgar o mandado de segurança contra ato de Juizado Especial.

383. A competência para processar e julgar as ações conexas de interesse de menor é, em princípio, do foro do domicílio do detentor de sua guarda.

428. Compete ao Tribunal Regional Federal decidir os conflitos de competência entre Juizado Especial Federal e Juízo Federal da mesma Seção Judiciária.

480. O juízo da recuperação judicial não é competente para decidir sobre a constrição de bens não abrangidos pelo plano de recuperação da empresa.

489. Reconhecida a continência, devem ser reunidas na Justiça Federal as ações civis públicas propostas nesta e na Justiça estadual.

Súmulas do extinto Tribunal Federal de Recursos

13. A Justiça Federal é competente para o processo e julgamento da ação de usucapião, desde que o bem usucapiendo confronte com imóvel da União, Autarquias ou Empresas Públicas Federais.

14. O processo e julgamento de ação possessória relativa a terreno do domínio da União, Autarquias e Empresas Públicas Federais, somente são da competência da Justiça Federal, quando dela participar qualquer dessas entidades, como autora, ré, assistente ou opoente.

15. Compete à Justiça Federal julgar mandado de segurança contra ato que diga respeito ao ensino superior, praticado por dirigente de estabelecimento particular.

16. Compete à Justiça Estadual julgar mandado de segurança contra ato referente ao ensino de 1.º e 2.º graus e exames supletivos (Lei 5.692, de 1971), salvo se praticado por autoridade federal.

17. A competência para homologar opção de servidor da União, Autarquias e Empresas Públicas Federais, pelo FGTS, é do Juiz Federal.

18. O processo e julgamento das reclamações trabalhistas de que trata o art. 110 da Constituição competem ao Juiz Federal da Seção Judiciária onde o empregado prestar serviços (CLT, art. 651), embora o empregador tenha sede e foro noutra unidade da federação (Superada a partir da Constituição da República de 1988).

19. Compete ao Tribunal Federal de Recursos julgar conflito de jurisdição entre Auditor Militar e Juiz de Direito dos Estados em que haja Tribunal Militar Estadual (CF, Art.192).

21. Após a Emenda Constitucional 7 de 1977, a competência para o processo e julgamento das ações de indenização, por danos ocorridos em mercadorias, no transporte aéreo, é da Justiça Comum Estadual, ainda quando se discuta a aplicação da Convenção de Varsóvia relativamente ao limite da responsabilidade do transportador.

24. A avaliação da indenização devida ao proprietário do solo, em razão de alvará de pesquisa mineral e processada no Juízo Estadual da situação do imóvel.

32. Na execução por carta (CPC, art. 747 c/c art. 658), os embargos do devedor serão decididos no juízo deprecante, salvo se versarem unicamente vícios ou defeitos da penhora, avaliação ou alienação dos bens.

33. O juízo deprecado, na execução por carta, é o competente para julgar os embargos de terceiro, salvo se o bem apreendido foi indicado pelo juízo deprecante.

40. A execução fiscal da Fazenda Pública federal será proposta perante o Juiz de Direito da comarca do domicílio do devedor, desde que não seja ela sede de vara da justiça federal.

44. Ajuizada a execução fiscal anteriormente à falência, com penhora realizada antes desta, não ficam os bens penhorados sujeitos a arrecadação no juízo falimentar; proposta a execução fiscal contra a massa falida, a penhora far-se-á no rosto dos autos do processo da quebra, citando-se o síndico.

49. Compete à Justiça Estadual processar e julgar as causas em que são partes instituições financeiras em regime de liquidação extrajudicial, salvo se a União Federal, suas entidades autárquicas e empresas públicas forem interessadas na condição de autoras, rés, assistentes ou opoentes.

51. Compete à Justiça Estadual decidir pedido de brasileira naturalizada para adicionar patronímico de companheiro brasileiro nato.

53. Compete à Justiça Estadual processar e julgar questões pertinentes ao direito de família, ainda que estas objetivem reivindicação de benefícios previdenciários.

60. Compete à Justiça Federal decidir da admissibilidade de mandado de segurança impetrado contra atos de dirigentes de pessoas jurídicas privadas, ao argumento de estarem agindo por delegação do Poder Público Federal.

61. Para configurar a competência da Justiça Federal, é necessário que a União, Entidade Autárquica ou Empresa Pública Federal, ao intervir como assistente, demonstre legítimo interesse jurídico no deslinde da demanda, não bastando a simples alegação de interesse na causa.

62. Compete à Justiça Federal processar e julgar ação de desapropriação promovida por concessionária de energia elétrica, se a União intervém como assistente.

66. Compete à Justiça do Trabalho processar e julgar os litígios decorrentes das relações de trabalho entre os Municípios de Território Federal e seus empregados.

67. Compete à Justiça Federal processar e julgar os litígios decorrentes das relações de trabalho entre os Territórios Federais e seus empregados (Superada a partir da Constituição da República de 1988).

72. Compete à Justiça do Trabalho processar e julgar os litígios decorrentes das relações de trabalho entre as fundações instituídas por Lei Federal e seus empregados (Superada a partir da Constituição da República de 1988).

82. Compete à Justiça do Trabalho processar e julgar as reclamações pertinentes ao cadastramento no Plano de Integração Social (PIS) ou indenização compensatória pela falta deste, desde que não envolvam relações de trabalho dos servidores da União, suas Autarquias e Empresas Públicas.

83. Compete à Justiça Federal processar e julgar reclamação trabalhista movida contra representação diplomática de país estrangeiro, inclusive para decidir sobre a preliminar de imunidade de jurisdição. (Superada a partir da Constituição da República de 1988).

87. Compete à Justiça Comum Estadual o processo e julgamento da ação de cobrança de contribuições sindicais (Superada a partir da Emenda Constitucional 45/2004).

88. Compete à Justiça do Trabalho o processo e julgamento de reclamação ajuizada contra a Rede Ferroviária Federal S.A. por servidor cedido pela União.

89. Compete à Junta de Conciliação e Julgamento, sediada em comarca do interior, cumprir carta precatória expedida por Juiz Federal, em matéria trabalhista.[1]

103. Compete ao Tribunal Federal de Recursos processar e julgar, originariamente, mandado de segurança impetrado contra ato de órgão colegiado presidido por ministro de Estado.

114. Compete à Justiça Comum Estadual processar e julgar as causas entre os sindicatos e seus associados.

148. É competente a Justiça Comum Estadual para processar e julgar ação cível proposta contra o escritório central de arrecadação e distribuição – Ecad.

150. Compete à Justiça do Trabalho processar e julgar os litígios entre a administração direta ou indireta do distrito federal e os seus servidores, regidos pela legislação trabalhista.

158. Compete à Justiça do Trabalho processar e julgar reclamação contra empresa privada, contratada para a prestação de serviços a administração pública.

169. Na comarca em que não foi criada Junta de Conciliação e Julgamento, é competente o Juiz de Direito para processar e julgar litígios de natureza trabalhista.[2]

180. Compete à Justiça Federal processar e julgar pedidos de complementação de proventos da aposentadoria dos ferroviários cedidos a Rede Ferroviária Federal S.A. imprópria a reclamação trabalhista para a espécie.

183. Compete ao Juiz Federal do Distrito Federal processar e julgar mandado de segurança contra ato do presidente do BNH.

189. Proposta a execução fiscal, a posterior mudança de domicilio do executado não desloca a competência já fixada.

216. Compete à Justiça Federal processar e julgar mandado de segurança impetrado contra ato de autoridade previdenciária, ainda que localizada em comarca do interior.

---

1. As Juntas de Conciliação e Julgamento foram substituídas pelas Varas do Trabalho, a partir da EC 29/1999.
2. As Juntas de Conciliação e Julgamento foram substituídas pelas Varas do Trabalho, a partir da EC 29/1999.

244. A intervenção da União, suas Autarquias e Empresas Públicas em concurso de credores ou de preferência não desloca a competência para a Justiça Federal.

252. O § 3.º do art. 125 da Constituição Federal institui hipótese de competência relativa, pelo que não elide a competência concorrente da Justiça Federal.

255. Compete à Justiça Federal processar e julgar causa cujo objeto diga respeito a eleições sindicais (Superada a partir da Emenda Constitucional 45/2004).

263. A produção antecipada de provas, por si só, não previne a competência para a ação principal.

Súmulas do Tribunal Regional Federal da 1.ª região

Não há enunciados tratando de competência.

Súmulas do Tribunal Regional Federal da 2.ª Região

15. O § 3.º do art. 109 da Constituição Federal de 1988, institui, quanto às causas de natureza previdenciária, hipótese de competência relativa, pelo que não elide a competência concorrente da Justiça Federal.

41. Na ação de desapropriação, ou de constituição de servidão administrativa, proposta por concessionária de energia elétrica, manifestando a União expressamente falta de interesse em intervir no feito, não poderá ser obrigada a integrar a relação processual, competindo o julgamento à Justiça Estadual.

50. As anuidades da Ordem dos Advogados do Brasil não têm natureza tributária e estão afetas às Turmas Especializadas em Direito Administrativo.

Súmulas do Tribunal Regional Federal da 3.ª Região

20. A regra do § 3.º do artigo 109 da Constituição Federal abrange não só os segurados e beneficiários da previdência Social, como também aqueles que pretendem ver declarada tal condição.

23. É territorial e não funcional a divisão da Seção Judiciária de São Paulo em Subseções. Sendo territorial, a competência é relativa, não podendo ser declinada de ofício, conforme dispõe o artigo 112 do CPC e Súmula 33 do STJ.

24. É facultado aos segurados ou beneficiários da Previdência Social ajuizar ação na Justiça Estadual de seu domicílio, sempre que esse não for sede de Vara da Justiça Federal.

26. Não serão remetidas aos Juizados Especiais Federais as causas previdenciárias e assistenciais ajuizadas até a sua instalação, em tramitação em Vara Federal ou Vara Estadual no exercício de jurisdição Federal delegada.

Súmulas do Tribunal Regional Federal da 4.ª Região

Não há enunciados tratando de competência.

Súmulas do Tribunal Regional Federal da 5.ª Região

Não há enunciados tratando de competência.

Súmulas da Turma Nacional de Uniformização

17. Não há renúncia tácita no Juizado Especial Federal, para fins de competência.

ENUNCIADOS DAS TURMAS RECURSAIS

Tribunal Regional Federal da 1.ª Região

Seção Judiciária de Goiás

3. Nas ações propostas por servidores de autarquias/fundações em que se questiona a exigibilidade da contribuição previdenciária incidente sobre o terço de férias, possui a União legitimidade passiva exclusiva quanto à pretensão de repetição de indébito, enquanto a autarquia/fundação possui legitimidade passiva exclusiva em relação ao pedido de suspensão da retenção dos valores da contribuição sobre a remuneração paga.

Seção Judiciária da Bahia

1. Nas ações de natureza previdenciária, a competência é concorrente, podendo ser ajuizadas tanto no juizado especial federal da subseção judiciária que abrange o domicílio do autor, quanto no juizado especial federal da Capital do Estado-membro.

Seção Judiciária de Minas Gerais

11. A União é parte legítima nas ações em que se pleiteia o fornecimento de tratamento médico ou medicamentos no âmbito do Sistema Único de Saúde (SUS).

12. A Agência Nacional de Telecomunicações (Anatel) não é parte legítima nas ações em que consumidores litigam contra concessionárias de serviços telefônicos a propósito de contratos assinados junto a estas últimas.

33. O pedido de renúncia, para fins de fixação da alçada do Juizado Especial Federal, incide sobre o valor da causa e não sobre o valor da condenação.

Tribunal Regional Federal da 2.ª Região

Seção Judiciária do Espírito Santo

6. Compete a Turma Recursal dos Juizados Especiais Federais processar e julgar mandado de segurança contra ato jurisdicional da lavra de Juízes vinculados às Varas dos Juizados Especiais Federais Cíveis e Criminais.

18. Para efeito de fixação da competência criminal dos Juizados Especiais Federais, cujo limite legal é de dois anos, não se leva em consideração a quantidade de pena em caráter isolado e sim o somatório das penas privativas de liberdade, abstratamente previstas.

Seção Judiciária do Rio de Janeiro

10. Não há renúncia tácita no Juizado Especial Federal, para fins de competência.

11. No caso de o juiz do Juizado Especial Federal reconhecer sua incompetência, deverá extinguir o processo ou suscitar conflito, e se for o caso.

20. Os Juizados Especiais Federais são incompetentes para processar e julgar demandas em que se pleiteia incidência de índices relativos aos expurgos inflacionários sobre a multa rescisória de 40% do FGTS, por se tratar de parcela de natureza trabalhista.

29. Os Juizados Especiais Federais são incompetentes para processar e julgar ações que tenham por objeto a concessão, revisão, manutenção e reajustamento de benefícios previdenciários decorrentes de acidente do trabalho (art. 109, inciso I, da CF/1988).

33. Os Juizados Especiais Federais são incompetentes para processar e julgar execução de honorários de advogado em favor das entidades mencionadas no art. 6.º, inciso II, da Lei 10.259/2001.

46. O Juizado Especial Federal é absolutamente incompetente para processar e julgar as causas envolvendo obrigações de trato sucessivo, cuja soma das doze prestações vincendas ultrapassar o limite de sessenta salários mínimos, não cabendo, neste caso, renúncia ao excedente.

47. A renúncia, para fins de fixação de competência dos Juizados Especiais Federais, só é cabível sobre parcelas vencidas até a data do ajuizamento da ação, tendo por base o valor do salário mínimo então em vigor.

62. O Juizado Especial Federal é incompetente para processar ações cujo objeto seja a reclassificação ou reenquadramento funcional de servidor público.

71. É absoluta a competência do Juizado Especial Federal do domicílio da parte autora, inclusive nas ações previdenciárias e assistenciais, nos termos do art. 3.º, § 3.º, da Lei 10.259/2001.

77. Os Juizados Especiais Federais são absolutamente incompetentes para processar e julgar feitos relativos à incidência do imposto de renda sobre proventos de previdência complementar, nos termos das Leis 7.713/1988 e 9.250/1995, em razão da complexidade da matéria.

Tribunal Regional Federal da 3.ª Região

Seção Judiciária de São Paulo

11. A Justiça Federal é competente para apreciar pedido de concessão de auxílio-acidente decorrente de acidente não vinculado ao trabalho.

25. A competência dos Juizados Especiais Federais é determinada unicamente pelo valor da causa e não pela complexidade da matéria (art. 3.º da Lei 10.259/2001).

Tribunal Regional Federal da 4.ª Região

Seção Judiciária do Rio Grande do Sul

11. Nas causas em que se discute a incidência do imposto de renda retido na fonte sobre a remuneração de servidores municipais ou estaduais, a competência para o julgamento da demanda é da Justiça Estadual.

Seção Judiciária de Santa Catarina

1. A União é parte ilegítima para figurar no polo passivo nas ações em que seja postulado o benefício assistencial previsto no artigo 20 da Lei 8.742/1993.

Tribunal Regional Federal da 5.ª Região

Seção Judiciária de Sergipe

3. É possível a renúncia expressa quanto aos valores excedentes a 60 (sessenta) salários mínimos, para fins de fixação de competência, no âmbito dos Juizados Especiais Federais.

8. Nos procedimentos, cujo valor da condenação ultrapasse sessenta salários mínimos, desde que tal acréscimo ocorra no curso do processo, e a parte não renuncie ao valor excedente, a execução deverá ser procedida no Juizado Especial Federal, via precatório.

OUTRAS OBRAS DO AUTOR

Ações coletivas e meios de resolução coletiva de conflitos no direito comparado e nacional. 3. ed. São Paulo: Ed. RT, 2012 (Coleção Temas Atuais de Direito Processual Civil, vol. 4).

Mandado de segurança individual e coletivo: a Lei n. 12.016/2009 comentada. Niterói: Impetus, 2010.

Teoria geral do processo. Rio de Janeiro: Lumen Juris, 2009.

Direito processual coletivo e o anteprojeto de Código Brasileiro de Processos Coletivos. São Paulo: Ed. RT, 2007.

Diagramação eletrônica:
Editora Revista dos Tribunais Ltda., CNPJ 60.501.293/0001-12.
Impressão e encadernação:
Orgrafic Gráfica e Editora Ltda., CNPJ 08.738.805/0001-49.